司法公正

规则研究与法理思考

曹 俊——著

法律出版社 LAW PRESS · CHINA
北京

图书在版编目（CIP）数据

司法公正：规则研究与法理思考 / 曹俊著. 北京：法律出版社，2024. -- ISBN 978-7-5197-9470-5

Ⅰ. D916

中国国家版本馆 CIP 数据核字第 20240VZ317 号

司法公正

——规则研究与法理思考

SIFA GONGZHENG

—GUIZE YANJIU YU FALI SIKAO

曹 俊 著

策划编辑 徐 菲
责任编辑 徐 菲
装帧设计 汪奇峰

出版发行 法律出版社
编辑统筹 法律出版社
责任校对 晁明慧
责任印制 胡晓雅
经　　销 新华书店

开本 710 毫米×1000 毫米 1/16
印张 18.25 **字数** 227 千
版本 2024 年 9 月第 1 版
印次 2024 年 9 月第 1 次印刷
印刷 北京虎彩文化传播有限公司

地址：北京市丰台区莲花池西里 7 号（100073）
网址：www.lawpress.com.cn
投稿邮箱：info@lawpress.com.cn
举报盗版邮箱：jbwq@lawpress.com.cn
销售电话：010-83938349
客服电话：010-83938350
咨询电话：010-63939796

书号：ISBN 978-7-5197-9470-5　　**定价**：76.00 元

凡购买本社图书，如有印装错误，我社负责退换。电话：010-83938349

曹 俊

法学博士，美国杜肯大学访问学者，曾任内蒙古大学讲师、中国政法大学副教授；曾于中央政法委从事司法体制机制改革调查研究、组织协调等工作，在国家电网浙江公司从事法律风险管控、合规管理等工作。主要研究领域：国际经济法、外商投资法律实务、司法制度、公司法、电力法等。1997年4-9月于香港某律师事务所研修；2008年10月参加最高人民法院考察美国少年司法制度活动；2011年12月参加外交部、联合国人权高专办主办“中国—联合国司法研讨会”，并作分专题主旨发言；2011年被国家检察官学院聘为兼职教授，现为海南师范大学教师。

前　言

在曾经从事的涉诉信访化解督导和司法体制机制改革的调查研究、组织协调、督导落实及参加全国人大常委会法工委就《刑事诉讼法》等法律修改的座谈研讨等工作中，我常常思考一个问题：那些被依法纠正的错案，曾经也是“依法”“经法定程序”宣判的，也是以“法律”的名义作出的有“法律约束力”的司法文书予以裁判的。这类司法文书，如果没有通过事后的司法监督程序得以撤销或纠正，原来以“法律”名义下达的判决，不仅没有化解矛盾、定分止争、惩恶扬善，反而还引发了相关当事人无休止的信访，消耗了涉案个人、相关单位和社会许多无谓的时间和能量。走完了法定的司法程序发生的冤错案件，不仅深深地伤害了被冤枉的人及其家庭，而且让司法的正义蒙羞，让司法的公信力大打折扣。这既损害司法个案一方当事人的合法权益，也减损社会公众对法治的信仰。抛开那些故意违法办案的情况，司法人员的职业素养、司法规则的制衡约束，对支撑和保障公正司法至关重要。由此，从规则改善及法理思考的视角探究公正司法就兼具了理论意义和实践价值。

目录

第一章 司法管辖与当事人诉权

第二章 司法协作与当事人权益救济

第三章 司法应以公平正义为价值追求

第四章 司法效率的提高需要以完善庭前程序为基础

第五章 司法的首要职能是证明案件

第六章 协商性司法的种类与程序

尾篇

第一章　司法管辖与当事人诉权

一、司法管辖与法律适用

(一)司法管辖

1. 寻求并得到司法救济遇到的第一个问题就是司法管辖

司法管辖，是案件当事人得到司法救济以及国家介入涉及公民个人以及社会组织的法律事务的开始。其法律意义在于，公民和社会组织在受到不法侵害或遇有权益纷争时，可以寻求国家公权力的法律救济，国家也借此通过保护合法、制裁违法、惩罚犯罪，实现定分止争、修复社会创伤、维护安定的社会秩序。

2. 司法管辖是案件当事人得到司法救济的门槛

司法管辖就是司法机关的职权范围，也即哪些社会事务、诉求、纷争或纠纷归属于司法的范畴，哪些当事人可以将诉求、纷争或纠纷诉诸司法机关处理或裁决，司法机关之间的权限如何划分和职能职级如何定位,等等。直接涉及国家的不同权力机构之间的职责划分,涉及不同性质法律事务的归属办理以及不同职级职能司法机构之间的业务分工。所有这些,都涉及司法机关的管辖权问题和司法机关适用法律的问题。因此,确定司法管辖,是司法的前提和开始。

法律所赋予公民享有的合法权益一旦受损或被侵害,若迈不进司法管辖的门槛,那么就失去了通过国家的司法救济通道来实现依法维权,或实现依法本应享有的实体权利的愿望和目标的前提。对于有法律诉求的每一个公民或组织来讲,司法管辖是他们从"名义权利"实现"实在权利"的开始,如果进入不了司法的管辖和程序,任何公民或组织的法律诉求则只能停留在法律的"名义上"或法律的"门前"。

尽管我们不能认为司法管辖是法律诉求进入国家救济渠道的唯一途径,但司法管辖在公民和组织实现依法维权、实现具体权利中具有重要意义和作用。如果一桩纠纷或一个法律上的诉求,没有司法机关受理或者司法机关不予受理,那相关的当事人或权利人,就无法踏入司法的"门槛",更无法得到国家司法的救济与司法公正了。因此,在讨论公正的司法时,首先需要关注的,就是司法管辖问题。

3. 司法的意义

司法是依靠国家的强制力,依法惩处侵犯合法权益的违法者、依法维护当事人合法权益的国家行为。司法的过程具体表现为,由法律赋予司法权限的司法机构及其人员,通过法定程序,依法查清有关诉讼和违法的事实,依据支撑事实的证据和所适用的法律予以裁决。司法机构及其人员裁决权益受损或被侵害所涉法律事务的纷争,既涉及刑事诉讼,也涉及民事诉讼和行政诉讼。

一件涉法律权益保障的法律事务或当事人之间的纷争和纠纷,一旦进入司法程序,司法机关便依法开展的审问或讯问。司法机关的活动,是以业已存在的法律为准绳,以有证据证实的、过去或现在的事实为根据,对各种诉求、争议及相关责任进行调查并依法作出决断或裁决。司法的实践价值是，以国家的强制力为后盾支撑司法裁决的执行，并以此“修复”受损的社会关系和社会秩序，“恢复”权利的原貌和法治的状态。

司法所具有的上述独有特征和属性，使其成为公民和组织可资利用的最有力量和最有效果的捍卫自己合法权益的途径和通道。鉴于此，司法也成为国家维护社会秩序，保证社会依法良性运行，保护公民个人人身安全、财产安全和其他合法权益的重要途径和力量，并由此成为国家治理社会的一种有效方式和一支重要力量。

(二)司法管辖与法律适用

1. 司法管辖将案件当事人与司法机关连接了起来

司法管辖首先牵涉一桩司法案件的两个方面，一方面是控告人或报案人、起诉人，直接关乎公民和组织的诉权保障；另一方面是司法机构及其所属人员，直接涉及国家对公民和组织给予司法救济或者说国家通过司法权对社会进行治理。依照我国现行的法律，依法行使司法职权的机构，在刑事案件中是公安机关、检察机关和审判机关；在民事案件和行政案件中，是审判机关；在涉及公益的民事案件、行政案件中，还涉及检察机关。

一个案件涉及司法管辖问题时，从控告人或报案人、起诉人的角度来讲，为实现维护其合法权益的目标，其就应当依据事实和法律行使控告权或报案权、起诉权，按照法定的程序和要求履行必要的程序、提供必要的材料及相应的证据、提出具体的诉求、列出支撑的理由、予以必要的配合和协助。

从应该依法受理控告或报案、起诉的公安机关、检察机关、审判机关及其所属工作人员的角度来讲，其就应当依法行事，遵守法定的条件和要求，依法查明事实并正确适用法律，保护控告人或报案人、起诉人的合法权益,依法制裁和惩罚违法犯罪分子,维护国家的法治和社会的秩序,通过公正司法营造安定有序、公正公平的生活环境和社会氛围。

一个案件纳入司法管辖,在宪法原则之下,实体法与程序法共同构成了司法管辖、司法裁决的法律依据。

2. 司法实践是诉讼法的源泉

“程序”一词来自拉丁语动词“procedere”,字面意义是“向前进”;日常是指“为达到某种结果而采取的行为方式”。法律术语上的“程序”,广义上是指“没有任何诉讼,没有任何冲突,为达到某种确定的结果而应当完成的一系列手续”;狭义上是指将“具有法律性质的困难提交到法院,以期产生某种处理结果而应当完成的全部手续”[1]。

在我国,法律规定的接受公民或组织控告、报案、起诉的机构,包括公安机关、检察机关和审判机关。关于程序的规定,主要体现在我国的三大诉讼法的内容之中,即《刑事诉讼法》、《民事诉讼法》和《行政诉讼法》。之所以说关于程序的内容主要体现在三大诉讼法之中,其依据在于司法实践不仅是三大诉讼法的规范对象,而且更主要的是,司法实践还是我国诉讼法的理论源泉。

在司法实践中,由于司法的需要,在依据《刑事诉讼法》《民事诉讼法》《行政诉讼法》开展司法活动时,司法机关(主要是国家的最高司法机关)有时还需要根据国家法律的原则要求和法治的精神,在不与国家法律抵触的前提下,对一些现行有效法律没有涉及的实践中的具体问题或遇到的新问题,研究制定一些据以操作的规范性依据,如最高人民法院、最高人民检察院、公安部有时会单独或联合制定下发案件办理过程中须遵循的办案规则。实际上,这一特点也是我国诉讼法律形成和日趋完善的真实历程和现实写照。在中华人民共和国成立初期,那时国家还未来得

[1] 参见[法]让·文森、塞尔日·金沙尔:《法国民事诉讼法要义》(上),罗结珍译,中国法制出版社2001年版,第1页。

及制定和颁布用以司法的程序法，是不是当时的司法机构就没有诉讼程序呢？当然不是，当时的司法机构没有共同的诉讼程序，这是事实；但各司法机构都有自己的一套办案程序。我国后来制定和不断修改完善诉讼法，主要就是在总结司法实践中的办案程序的基础上进行的。[1]

3. 司法适用法律的层次问题

依照我国法律，涉及各级人民法院和人民检察院的产生、组织和职权，涉及犯罪和刑罚，涉及对公民政治权利的剥夺、限制人身自由的强制措施和处罚，涉及民事基本制度和诉讼及仲裁制度等事项的，只能通过国家立法机关制定法律来设定。[2]《宪法》第5条规定，国家维护社会主义法制的统一和尊严。一切法律、行政法规和地方性法规都不得同宪法相抵触。由此，我国司法裁决所适用的法律，应该是国家立法机关所制定或经国家立法机关所批准或备案认可的规范性文件，否则，就难以在司法上实现《宪法》所规定的"国家维护社会主义法制的统一和尊严"的目标。因此，在论及我国司法裁决事项所适用的法律时，必须重视规范性文件的不同层级和"法"的含义的问题。

在我国，《宪法》之下的"法"的层次有全国人民代表大会及其常务委员会所制定的法律，有国务院所制定的行政法规，有最高人民法院、最高人民检察院作出的审判、检察工作中具体应用法律的解释，还有地方性法规、自治条例和单行条例以及政府部门的规章。[3]

为维护国家法制的统一和尊严，依据《宪法》和《立法法》的规定，行政法规、地方性法规、自治条例和单行条例、规章应当在公布后的法定时间内报法定的机关备案；将行政法规、地方性法规、自治条例和单行条例、规章向法定的机关备案，是维护国家法制统一的刚性要求。[4] 这里需要

---

〔1〕 参见《董必武法学文集》，法律出版社2001年版，第237～302页。

〔2〕 参见《立法法》第11条。

〔3〕 参见《立法法》第二章、第三章、第四章、第五章、第六章。

〔4〕 参见《立法法》第109条。

特别指出的是，对于上述属于“法”的各类规范，国务院所属部门制定的部门规章、地方政府制定的规章，不需要报送最高国家权力机关备案。[1]

对国务院所属部门和地方政府所制定的各类规章，由于其未被法律设定为须向最高国家权力机关备案的范畴，就不能作为国家司法机构据以裁决纷争事项的法律依据，只能在事实认定部分作为参照。之所以提出这一观点，除了《行政诉讼法》明确规定人民法院审理行政案件，以法律和行政法规、地方性法规为依据，规章只作为参照外[2]，还有以下理由：一是可体现国家司法统一、法制统一的法理；二是有助于避免出现“争权诿责现象”以及“一些地方利用法规实行地方保护主义，对全国形成统一开放、竞争有序的市场秩序造成障碍，损害国家法治统一”[3]的现象；三是有助于从司法上制约行政机关可能会有的以“制定含有排除、限制竞争内容的规定”[4]的形式滥用行政权力的现象，为优化营商环境、提高经济运行效率和质量、维护消费者利益和社会公共利益提供司法的指引和导向。

（三）刑事立案及刑事自诉问题

1. 刑事立案问题

《刑事诉讼法》规定，被害人对侵犯其人身、财产权利的犯罪事实或者犯罪嫌疑人，有权向公安机关、人民检察院或者人民法院报案或者控告。据此，被害人的报案或者控告，往往是刑事案件的最早线索来源。在刑事诉讼中，被害人既是直接的受害者，又是最重要的“证人”。依照《刑事诉讼法》的规定，人民法院、人民检察院或者公安机关对于报案、控告、

[1] 参见《立法法》第109条。

[2] 参见《行政诉讼法》第63条。

[3] 《中共中央关于全面推进依法治国若干重大问题的决定》，人民出版社2014年版，第52页。

[4] 《反垄断法》第45条。

举报和自首的材料,应当按照管辖范围,迅速进行审查,认为有犯罪事实需要追究刑事责任的时候,应当立案;认为没有犯罪事实,或者犯罪事实显著轻微,不需要追究刑事责任的时候,不予立案,并且将不立案的原因通知控告人。控告人如果不服,可以申请复议。按照这样的程序设计,接受报案、控告的法院、检察院或者公安机关在不需要追究刑事责任的时候只是将不立案的原因通知控告人,控告人如果不服可以申请复议。[1]

《刑事诉讼法》对于公安机关不予立案的情形,规定了制约和救济的程序。《刑事诉讼法》规定:“人民检察院认为公安机关对应当立案侦查的案件而不立案侦查的,或者被害人认为公安机关对应当立案侦查的案件而不立案侦查,向人民检察院提出的,人民检察院应当要求公安机关说明不立案的理由。人民检察院认为公安机关不立案理由不能成立的,应当通知公安机关立案,公安机关接到通知后应当立案。”[2]

2. 对不予立案的救济

应当说,对报案人、控告人的诉求不予立案的情况,现行《刑事诉讼法》设定的程序规定,为被害人寻求司法救济提供了保障。如《刑事诉讼法》规定,公安机关、人民检察院或者人民法院对于不属于自己管辖的报案、控告、举报的事项,应当移送主管机关处理,并且通知报案人、控告人、举报人;对于不属于自己管辖而又必须采取紧急措施的,应当先采取紧急措施,然后移送主管机关。

结合《刑事诉讼法》的其他规定,可知上述救济是在属于公检法任一机关管辖范围内的“移送”,而不涉及公检法机关之外其他国家机关和有关单位管辖事项的问题。需要研究的问题是,对“认为没有犯罪事实”,或者“犯罪事实显著轻微,不需要追究刑事责任”的情况,除了“将不立案的原因通知控告人”外,是否还应再多一些回应?

---

〔1〕 参见《刑事诉讼法》第110条、第112条。
〔2〕 《刑事诉讼法》第113条。

考虑到报案人、控告人法律知识的局限，从有力有效维护被害人合法权益的角度考量，应当再对报案人、控告人的诉求多一些回应，并作出程序安排。

接受报案、控告的法院、检察院或者公安机关，按照管辖范围进行审查后，如果"认为没有犯罪事实"，或者"犯罪事实显著轻微，不需要追究刑事责任"，除了"将不立案的原因通知控告人"外，还应参照现行《刑事诉讼法》关于人民检察院对决定不起诉的案件"提出检察建议"的规定的思路，进一步予以充实完善，即根据对报案、控告及所附证据材料的审查和法律关系分析结论，予以分别处置：对被不立案事项，属于相关部门和单位职责范围的，在告诉报案人、控告人到相关部门和单位投诉反映的同时，接受报案、控告材料的公安机关、人民检察院或人民法院应当将材料移送有关的部门和单位处理；构成民事或行政诉讼案件的，告诉报案人、控告人向有管辖权的人民法院起诉；不构成任何案件的，告诉其报案、控告事实的法律认定及其依据，进行法制教育。通过这样的程序完善，尽量实现当事人报案、控告后，属于国家机关职权范围的，报案、控告的后续处置有衔接；属于对事实、政策法律有不正确认识和理解的，能得到释疑解惑。如是，则有利于引导当事人依法合理表达诉求，也为最大限度地实现案结事了、化解心结和矛盾守好"第一道门"。

3. 刑事自诉案件转公诉案件的问题

《刑事诉讼法》对刑事自诉案件作出了规定，赋予被害人直接向法院起诉的权利。对于自诉案件，被害人有权向人民法院直接起诉。被害人死亡或者丧失行为能力的，被害人的法定代理人、近亲属有权向人民法院起诉。人民法院应当依法受理。依照《刑事诉讼法》，自诉案件包括下列案件：(1)告诉才处理的案件；(2)被害人有证据证明的轻微刑事案件；(3)被害人有证据证明对被告人侵犯自己人身、财产权利的行为应当依法追究刑事责任，而公安机关或者人民检察院不予追究被告人刑事责任的案件。

对被害人自诉的案件，由于个人条件和能力的局限，在没有证据或证据很少的情形下，案件如何进行下去？对此，《刑事诉讼法》是这样规定的：人民法院对于自诉案件进行审查后，缺乏罪证的自诉案件，如果自诉人提不出补充证据，应当说服自诉人撤回自诉，或者裁定驳回。法庭审理过程中，审判人员对证据有疑问，需要调查核实的，可以宣布休庭，对证据进行调查核实。人民法院调查核实证据，可以进行勘验、检查、查封、扣押、鉴定和查询、冻结。这应该是国家的公权力机构——人民法院对被害人自诉的一种救济和补充。

对于"缺乏罪证的自诉案件"，"如果自诉人提不出补充证据"，是按照"应当说服自诉人撤回自诉，或者裁定驳回"的方式处理，还是需要国家公权力机关介入？现行的《刑事诉讼法》选择了前者。对于"缺乏罪证的自诉案件"，如果自诉人有受害的事实及相应的证据线索，只是"提不出补充证据"，人民法院不应简单地按照"应当说服自诉人撤回自诉，或者裁定驳回"的方式处理。出现这种情形时，应将自诉材料、受害事实及相应的证据线索移交人民检察院，由检察院介入并从自诉人处接管案件、开展侦查取证，以救济被害人的权利。这既是国家公权力机构对被害人个人合法权益的支撑和保障，也能够从一定程度上减少"滥诉"的情况。

二、当事人的诉权问题

(一)程序法上的诉权与实体法上的诉讼权益

1. 诉讼法上的诉权不同于实体法上的诉讼权益

通过诉讼程序所要实现的种种实体权利，在诉讼上一般被称为诉讼利益或诉讼权益。诉讼利益或诉讼权益就是通过诉讼的程序所要维护或实现的实体法上的权益，需要有实体法上的依据，直接涉及司法中的法律适用问题。如果依据所适用的实体法没有权利，就不存在所谓的诉讼利益或诉讼权益。

程序法上的诉权不同于实体法上的诉讼利益或诉讼权益。诉讼法上的诉权是指公民或法人及其他社会组织，依据诉讼法，为实现在实体法上所享有的合法权益，向国家的司法机构请求保护或诉请查明事实、判明是非、分清责任并予以依法决断或裁判的权利，是控告人或报案人、起诉人的“诉求”“陈述”能够得到司法机构及其人员“听取”并依据事实和法律作出决断或裁判的途径和程序保障。

诉讼法上的诉权其实就是对实体法上的诉讼利益或诉讼权益的司法救济手段，其实质意义就在于当公民或法人及其他社会组织在实体法上的权益受到侵害或遭遇损失时，国家的司法机构及其人员有依法公正履职并代表国家给予公民或法人及其他社会组织以司法救济的义务，公民或法人及其他社会组织有向国家设置的司法机构请求给予司法救济的权利。

2. 区分诉讼法上的诉权与实体法上的诉讼权益的法律意义

区分诉讼法上的诉权与实体法上的诉讼利益或诉讼权益的关键在于，如何在立法上完善设置案件受理的制度安排。

2014 年 10 月，党的十八届四中全会决定改革法院案件受理制度，变立案审查制为立案登记制，做到有案必立、有诉必理，保障当事人诉权。决定实行立案登记制，正是为了保障公民和法人及其他社会组织依法享有的诉权。

曾有学者指出：“‘诉权’这一术语，无论法律界对其如何熟悉，但却仍然是一个性质与特点都会引起激烈争论的概念。实际上，权利与诉讼程序正是通过诉权才连接在一起。”〔1〕尽管如此，但“传统理论工作者一

---

〔1〕［法］让·文森、塞尔日·金沙尔：《法国民事诉讼法要义》（上），罗结珍译，中国法制出版社 2001 年版，第 115 页。

般都把诉讼当事人寻求得到承认的‘实体权利’与‘诉权’看成是一回事”。早在20世纪90年代后期,就有学者对此做过历史分析。“19世纪以及20世纪初的理论工作者所持的这种观点因袭于罗马法。在罗马法中,出借人以一定的‘程式’赋予向其提出请求的人以诉讼权利,通过赋予这种诉权,也就创设了一种权利;反过来,没有这一诉权,也就没有权利。现在,我们仍然可以看到这种‘程式性程序’的痕迹。”〔1〕学者的这一分析,有助于从法理上理解我国实行立案登记制的重大意义。深入理解我国实行立案登记制的法律意义,既需要摆脱上述因袭罗马法的传统理论的局限和束缚,也需要在公正司法的视域下,从诉讼法条款设计上厘清实体权利与诉讼权利的界面。

也许有人会问:诉权与诉讼权益的区分,理论上这么抽象,实践中该如何把握呢?回答是:如若不将诉讼法上的诉权与司法所适用的实体法上的诉讼利益或诉讼权益区分开来,那就不存在诉讼上的可能的“败诉”了。显而易见的一个司法常识是,司法实践中既有“败诉”也有“胜诉”。这就是诉权不同于诉讼权益的最简单说明。因此,“为了评判某人是否享有诉权,法律要求无论是提出请求还是进行辩护的当事人都必须具有进行诉讼的利益,这是完全正常的”。“但是,如果要求这种利益必须是正当的利益,那我们就从‘审查诉权是否具有可受理性’而不知不觉地过渡到了‘审查诉讼主张是否有依据’”。为此,“不得不将包含权利产生和权利维持的所有前提条件的实体法上的诉讼理由,与形式的或诉讼法上的诉讼理由加以区分”〔2〕。如此,在公正司法的视野里,将诉讼法上的诉权与实体法上的诉讼利益或诉讼权益加以区分,就显得意义非同寻常了。

---

〔1〕［法］让·文森、塞尔日·金沙尔:《法国民事诉讼法要义》(上),罗结珍译,中国法制出版社2001年版,第115~116页。

〔2〕参见［法］让·文森、塞尔日·金沙尔:《法国民事诉讼法要义》(上),罗结珍译,中国法制出版社2001年版,第119页;［德］莱奥·罗森贝克:《证明责任论——以德国民法典和民事诉讼法典为基础撰写》(第4版),庄敬华译,中国法制出版社2002年版,第119~120页。

3. 司法管辖及其所包含的诉权制度将程序法与实体法连接了起来

司法管辖，既涉及公民和法人及其他社会组织诉权的保障，更直接涉及公民和法人及其他社会组织在实体法上的权益的维护和实现。司法管辖的依据是司法组织法和诉讼程序法，而司法机关对实体权利的裁决所适用的是实体法。

从法律调整的对象和范围来分析，司法管辖归属于司法机构组织法和诉讼法的范畴。国家通过立法对司法管辖作出明文规定的意义并不仅仅在于单纯地赋予司法机构及其人员以职权和待遇；可以这么说，国家用法律明确司法管辖的全部意义在于发挥国家的司法职能，通过专门司法机构及其人员依法秉公履职，以依法维护公民和各种社会组织的合法权益、依法惩治违法犯罪分子，并进而实现社会良性运行、民众安居乐业、国家安宁有序。也就是说，离开了公民和组织在实体上依法享有的权利，离开了维护国家安全、社会安宁的实体法的规定，单纯的诉讼程序就失去了依托，也就没有了意义。

所有司法管辖权的制度设计和安排，都是为了维护和实现实体法所赋予人们的权益的。正如有的学者所指出的那样，“法律之所以诞生于人类生活，并非由于要来称颂或崇敬法制这一概念，而是为了满足社会生活中对安全和确定之不可避免的迫切需要。关于人们所以立法的理由和原因何在这个问题，其答案既不在于法制概念的结构，也不在于如同法所预期的那样地伴随于法的那些突出的价值观，而在于一个从属的适应人类需要的价值观——安全”〔1〕。如此看来，发挥国家关于司法管辖制度设计的功能，都应当与满足社会公众对美好生活的需要和愿望联系起来，都应当与“努力让人民群众在每一个司法案件中感受到公平正义”的司法基本价值联系起来，并最终体现为通过司法真切地维护公民和法人及其他社会组织的合法权益。

---

〔1〕 陈忠诚选编：《法律英语五十篇》，仲人注译，中国对外翻译出版公司 1987 年版，第 37 页。

离开了司法管辖所依托的实体法权利,离开了司法所要捍卫的国家安全、所要维护的社会秩序、所要保护的公民和法人及其他社会组织的合法权益,国家设置司法管辖制度的意义和功能就会大打折扣。因此,正是国家设置的司法管辖及其所包含的诉权制度,将国家的程序法制度与实体法制度连接了起来、融为一体,也由此尽显了司法在国家实现法治、有效治理社会中的独特方式和重要作用。

(二)我国关于诉权的法律设计蕴含着"有诉必理""有案必立"的国家救济法理

1. 法律保障当事人的诉权

《民事诉讼法》规定:人民法院应当保障当事人依照法律规定享有的起诉权利;对属于人民法院受理民事诉讼的范围和受诉人民法院管辖的起诉,必须受理;不论是否符合立案的条件,受案法院都应当在7日内或者立案或者作出不予受理的裁定,并通知当事人;原告不服法院不予受理的裁定的,有提起上诉的权利。同时,受案法院收到当事人提交的证据材料,应当出具由经办人员签名或者盖章的收据,收据须写明证据名称、页数、份数、原件或者复印件以及收到时间等。如果必须共同进行诉讼的当事人没有参加诉讼,法院还应当通知其参加诉讼。[1]

依照《行政诉讼法》的规定,人民法院在接到起诉状时对符合该法规定的起诉条件的,应当登记立案。对当场不能判定是否符合该法规定的起诉条件的,人民法院应当接收起诉状,出具注明收到日期的书面凭证,并在7日内决定是否立案。不符合起诉条件的,作出不予立案的裁定,并说明不予立案的理由。原告对法院不予立案的裁定不服的,有提起上诉的权利。当事人起诉状的内容有欠缺或者有其他错误的,受案法院应当给予指导和释明,并一次性告知当事人需要补正的内容;不得未经指导和

〔1〕 参见《民事诉讼法》第69条、第122条、第126条、第135条。

释明即以起诉不符合条件为由不接收起诉状。[1]

在行政诉讼中,为充分保障当事人的诉权,法院不接收起诉状、接收起诉状后不出具书面凭证,以及不一次性告知当事人需要补正的起诉状内容的,法律赋予当事人向上级法院投诉的权利,并规定上级法院应当责令改正,并对直接负责的主管人员和其他直接责任人员依法给予处分。如果受案法院既不立案又不作出不予立案裁定,当事人可以向上一级法院起诉;上一级法院认为符合起诉条件的,应当立案、审理,也可以指定其他下级法院立案、审理。[2]

对原告、被告之外的第三人的诉权,法律也进行了保障。在民事诉讼中,如果第三人对当事人双方的诉讼标的认为有独立请求权,有权提起诉讼;对当事人双方的诉讼标的,第三人虽然没有独立请求权,但案件处理结果同他有法律上的利害关系的,也有申请参加诉讼的权利,而且,法院判决承担民事责任的第三人,有当事人的诉讼权利义务。此外,无论对当事人双方的诉讼标的是否有独立的请求权,第三人因不能归责于本人的事由未参加诉讼,但有证据证明发生法律效力的判决、裁定、调解书的部分或者全部内容错误,损害其民事权益的,该第三人自知道或者应当知道其民事权益受到损害之日起6个月内,有向作出该判决、裁定、调解书的人民法院提起诉讼的权利。法院经审理,第三人的诉讼请求成立的,法院应当改变或者撤销原判决、裁定、调解书;诉讼请求不成立的,驳回诉讼请求。在行政诉讼中,公民、法人或者其他组织同被诉行政行为有利害关系但没有提起诉讼,或者同案件处理结果有利害关系的,有权作为第三人申请参加诉讼,或者由受案法院通知参加诉讼;受案法院判决第三人承担义务或者减损第三人权益的,该第三人有依法提起上诉的权利。[3]

---

[1] 参见《行政诉讼法》第51条。

[2] 参见《行政诉讼法》第51条、第52条。

[3] 参见《民事诉讼法》第59条,《行政诉讼法》第29条。

2. 法律应该明确规定书面回复的时限

诉权作为国家给予公民和法人及其他社会组织司法救济的制度设计，体现的是“有诉必理”“有案必立”的国家救济法理，昭示的是诉权独立于诉讼利益或诉讼权益的司法理念。只要具备诉讼法规定的控告或报案、起诉的形式要件，公民或法人及其他社会组织的诉权就应当得到保障。至于控告人或报案人、起诉人是否在实体法上具备受保护的合法权益，所涉起诉事项是否有争执并需要司法裁决，那是诉讼利益或诉讼权益的问题，归属于实体法的范畴。不具备实体法上的权利或利益时，司法机构经审查后可依法不予受理，但必须给予书面答复，以约束司法机构及其人员依法慎重地回应诉权。不仅如此，“有诉必理”“有案必立”的国家救济法理，还应体现在受理诉求的所有司法机构及其人员的书面回复中，即受理公民、法人或其他社会组织的诉求的司法机构及其人员，无论是否受理，都必须对报案人、起诉人予以书面回复。为此，民事诉讼和刑事诉讼的法律也应该像《行政诉讼法》[1]那样，既区分各种情形又明确立案登记后回复当事人的具体时限，以切实保障国家赋予公民、法人或其他社会组织的诉权。

依照《刑事诉讼法》的规定，接受报案、控告、举报的公安机关、人民检察院或者人民法院，对于不属于自己管辖的，应当移送主管机关处理，并且通知报案人、控告人、举报人、自首人；对于不属于自己管辖而又必须采取紧急措施的，应当先采取紧急措施，然后移送主管机关。认为没有犯罪事实，或者犯罪事实显著轻微，不需要追究刑事责任的时候，不予立案，要将不立案的原因通知控告人。[2] 基于充分保障当事人诉权和依法制约公权力的法理，应该在《刑事诉讼法》中明确“不属于自己管辖”“应当移送主管机关处理”的时限要求和决定不立案时“书面”通知控告人

---

〔1〕 参见《行政诉讼法》第 51 条、第 52 条。

〔2〕 参见《刑事诉讼法》第 110 条、第 112 条。

的时限要求；即使是一时不能确定是否立案，也应明确阶段性地书面告知报案人、举报人，而不应无限期地没有书面回复。如此，既可以约束承办人、审批人及其所属单位依法审慎行使“不予立案”的公权力，又为依法应该立案而又不予立案涉及的权益人、控告人依法维护诉权提供书面依据。

刑事诉讼的立案，既关涉刑事诉权的保障，也直接决定实体法上的合法权益能否得到国家法律赋予的司法救济。不入“门槛”，焉得司法的救济。基于与上述同样的理由，《刑事诉讼法》也应该对检察院和公安机关的立案监督以及公安机关对检察监督的回应作出时间上的明确要求。

3. 诉权不得滥用

在“变立案审查制为立案登记制”、充分保障诉权的同时，也需“加大对虚假诉讼、恶意诉讼、无理缠诉行为的惩治力度”[1]。实际上，依法惩治“虚假诉讼、恶意诉讼、无理缠诉行为”，与“变立案审查制为立案登记制”一样，是依法保障诉权的其中一个方面。

公民或法人及其他社会组织在实体法上的权益受到侵害或遭遇损失时，理所当然地享有请求国家司法机构予以保护或裁决的权利，即诉权应该得到尊重和应该得到实现。但是，任何权利的行使都须遵守法定的条件和程序，不得进行虚假诉讼、恶意诉讼或无理缠诉，如在行使诉权时根本没有任何依据，意图明显在于从诉讼上“干扰”别的公民或法人及其他社会组织，或者其诉讼的意图在于拖延时间、遏制商业上的竞争者，或者意图通过虚假诉讼的形式提升知名度等。

我国法律规定，当事人必须依法行使诉讼权利。当事人之间恶意串通，企图通过诉讼、调解等方式侵害国家、社会公共利益或他人合法权益的，人民法院应当驳回其请求，并根据情节轻重予以罚款、拘留；构成犯罪

---

〔1〕《中共中央关于全面推进依法治国若干重大问题的决定》，人民出版社 2014 年版，第 22 页。

的，依法追究刑事责任。被执行人与他人恶意串通，通过诉讼、仲裁、调解等方式逃避履行法律文书确定的义务的，人民法院应当根据情节轻重予以罚款、拘留；构成犯罪的，依法追究刑事责任。[1]

对于涉嫌刑事犯罪的，任何单位和个人发现有犯罪事实或者犯罪嫌疑人，有权利也有义务向公安机关、人民检察院或者人民法院报案或者举报；被害人对侵犯其人身、财产权利的犯罪事实或者犯罪嫌疑人，有权向公安机关、人民检察院或者人民法院报案或者控告。公安机关、人民检察院或者人民法院的工作人员在接受控告、举报时，应当向控告人、举报人说明诬告应负的法律责任；但是，只要不是捏造事实，伪造证据，即使控告、举报的事实有出入，甚至是错告的，也要和诬告严格加以区别。[2] 对于捏造事实、意图使他人受刑事追究的诬告行为，法律也规定了惩治的措施。捏造事实诬告陷害他人，意图使他人受刑事追究，情节严重的或造成严重后果的，依法要受到刑事处罚；不是有意诬陷，而是错告，或者检举失实的，不以诬告陷害罪论处。[3]

不仅是我国，在国外，滥用诉权的也应依法予以制裁。在法国，依照法律规定，以拖延诉讼方式或者以滥诉方式进行诉讼者，得科民事罚款，且不影响有可能要求的损害赔偿；有法院判例指出，只要构成“一般的过错行为，可以受到指责的轻率行为”，即可认定为滥用诉权。[4]

之所以对滥用诉权既要依法惩治又须依法作出严格限定，是因为诉权对权利保障十分重要，除非是明显的滥诉，否则，应通过司法机构在查明事实与法律后对结果予以认定。

---

〔1〕 参见《民事诉讼法》第52条、第115条、第116条。

〔2〕 参见《刑事诉讼法》第110条、第111条。

〔3〕 参见《刑法》第243条。

〔4〕 参见[法]让·文森、塞尔日·金沙尔：《法国民事诉讼法要义》(上)，罗结珍译，中国法制出版社2001年版，第124页。

(三)抽象行政行为可否被起诉

1. 政府规章的效力

一般认为,对具体行政行为可以依法提起行政诉讼,对行政机关的抽象行政行为不可以提起行政诉讼。支撑这一观点的理由是《行政诉讼法》的具体规定:“人民法院不受理公民、法人或者其他组织”对“行政法规、规章或者行政机关制定、发布的具有普遍约束力的决定、命令”提起的诉讼。[1] 这一观点果真符合公正司法的理念和价值导向吗?

众所周知,在法律体系中,宪法具有最高的法律效力,一切法律、行政法规、地方性法规、自治条例和单行条例、规章都不得同宪法相抵触。在这个原则之下,法律的效力又高于行政法规、地方性法规、规章;而行政法规的效力又高于地方性法规、规章。地方性法规的效力高于本级和下级地方政府规章;省、自治区的人民政府制定的规章的效力高于本行政区域内的设区的市、自治州的人民政府制定的规章。为此,《立法法》明确:国务院制定的行政法规须报全国人大常委会备案;省、自治区、直辖市的人大及其常委会制定的地方性法规,也须报全国人大常委会和国务院备案;设区的市、自治州的人大及其常委会制定的地方性法规,还须由省、自治区的人大常委会报全国人大常委会和国务院备案;自治州、自治县的人大制定的自治条例和单行条例,由省、自治区、直辖市的人大常委会在报全国人大常委会和国务院备案的同时,说明对法律、行政法规、地方性法规作出变通的情况。[2] 法定的备案程序为一切行政法规、地方性法规、自治条例和单行条例都不得同宪法和法律相抵触提供了制度保障。

在实际生活中,对公民、法人和其他社会组织的行为和事务的规制,除了有法律、行政法规、地方性法规、自治条例和单行条例之外,还涉及大

---

〔1〕 参见《行政诉讼法》第13条。

〔2〕 参见《立法法》第98~100条、第109条。

量的国务院部门规章和地方政府规章,甚至还有不同层级政府制发的各类具有行政效力的规范性文件。依照规定,部门规章报国务院备案;地方政府规章在报国务院备案的同时,还应当同时报本级人大常委会备案;设区的市、自治州的政府制定的规章应当同时报省、自治区的人大常委会和政府备案。[1]

与行政法规、地方性法规、自治条例和单行条例相比较,国务院部门规章和地方政府规章在程序上不向国家最高立法机关备案,如此,国务院部门规章和地方政府规章的层级和效力就与行政法规、地方性法规、自治条例和单行条例拉开了距离。

2. 公民和组织对法规和行政性的规范性文件有要求审查的权利

法律规定的"保障人民通过多种途径参与立法活动",不仅应该体现在事前征求意见、事中人大代表讨论和表决的过程中,也应该体现在事后的评估和提出进行审查的建议方面。[2] 对行政法规、地方性法规、自治条例和单行条例同宪法或者法律可能出现的相抵触的情形,法律在规定法定的国家机关可以向全国人大常委会书面提出进行审查的要求的同时,还同时规定了法定的国家机关以外的其他国家机关和社会团体、企业事业单位以及公民,也可以向全国人大常委会书面提出进行审查的建议;不仅如此,法律还要求全国人大有关的专门委员会和常委会工作机构须按照规定将审查情况向提出审查建议的国家机关、社会团体、企业事业单位以及公民反馈,并可以向社会公开。这是法律赋予公民和组织的立法审查建议权。

除了赋予公民和组织立法审查建议权外,作为行政行为依据的国务院部门和地方政府及其部门制定的规范性文件不符合法律和相关法规的,《行政诉讼法》还赋予公民、法人或者其他组织对该行政行为提起诉

---

〔1〕 参见《立法法》第109条。
〔2〕 参见《立法法》第6条、第110条、第113条。

讼时，一并提出对该规范性文件进行审查的权利；[1]但同时明文将规章排除在可诉的规范性文件之外。受案法院在审理行政案件时，经审查认为上述当事人请求审查的规范性文件不合法的，不仅不应将该规范性文件作为认定行政行为合法的依据，而且还有权向制定机关提出处理的建议。

上述公民和组织享有的对有违宪法和法律的法规所行使的立法审查建议权，公民和组织对“不合法的”国务院部门和地方政府及其部门制定的规范性文件所行使的提请法院进行审查的权利，对象都是公权力机关的抽象行政行为。法律明确规定公民和组织可以对公权力机关的抽象行政行为进行质疑，并有权分别向国家立法机关提出审查建议、向人民法院提出审查请求，是我国法治进程的巨大进步，是《宪法》关于“中华人民共和国的一切权力属于人民”和《立法法》关于“立法应当体现人民的意志，发扬社会主义民主，坚持立法公开，保障人民通过多种途径参与立法活动”的规定的具体体现。

3. 有违宪法和法律的规章应该成为被诉的对象

曾有学者分析指出：国务院“部门规章规定的事项应当属于执行法律或者国务院的行政法规、决定、命令的事项”。地方政府规章规定的事项，是地方国家行政机关遵守和执行“法律、行政法规和本行政区的地方性法规”的事项。[2]

与法律、行政法规、地方性法规、自治条例、单行条例可以依照法定权限和立法程序创制权利义务不同，国务院部门规章和地方政府规章只属于执行层面的规范性文件。从这个意义上讲，国务院部门规章、地方政府规章与国务院组成部门、地方政府制发的其他规范性文件在法律效力上不应该有高低之分，应该同等对待，在所规定事项的范围内都应该具有普

[1] 参见《行政诉讼法》第 53 条。
[2] 参见沈宗灵主编：《法理学》，北京大学出版社 2014 年版，第 264 ~ 265 页。

遍的行政约束力。如此,《行政诉讼法》将行政部门的规章与行政部门的其他规范性文件区别对待,法理似乎不太充分。《行政诉讼法》的规定是:法院审理行政案件,以法律和行政法规、地方性法规为依据;地方性法规适用于本行政区域内发生的行政案件。自治条例和单行条例适用于民族自治地方的行政案件。规章只是受案法院审理行政案件的参照,而不是依据。[1]

市场经济的竞争、部门和地方本位主义的冲动,使部门利益、地方利益出现了分化,滥用行政权力排除竞争、限制竞争的现象也曾出现,甚至还出现了“一些地方利用法规实行地方保护主义”“损害国家法治统一”的现象。

“行政机关和法律、法规授权的具有管理公共事务职能的组织不得滥用行政权力,制定含有排除、限制竞争内容的规定”[2]是法律的明确要求,行政机关不得利用制发规章和规范性文件的权力来减损公民、法人或其他组织的权益,为本系统、本地区谋取不正当利益,也应当是国家法治统一的要求。

按照依法行政、建设法治政府的要求,“行政机关不得法外设定权力,没有法律法规依据不得作出减损公民、法人和其他组织合法权益或者增加其义务的决定”[3]。无论是行政部门的规章,还是行政部门的其他规范性文件,凡是在法外为自己设定权利,凡是没有法律法规依据作出减损公民、法人或其他组织合法权益或者增加公民、法人或其他组织义务的决定,都是违法的。任何公民、法人或者其他组织的合法权益因此受到减损的,都应该有权利向法院提起诉讼。

对遵守和执行法律、行政法规、地方性法规的各类具有普遍行政约束

---

〔1〕 参见《行政诉讼法》第63条。

〔2〕 《反垄断法》第45条。

〔3〕 《中共中央关于全面推进依法治国若干重大问题的决定》,人民出版社2014年版,第16页。

力的包括规章在内的各种规范性文件，允许公民、法人或其他组织在遇有包括规章在内的各类行政规范性文件有可能减损自己的合法权益或者是在法外增加自己的义务的情况时，向法院提起诉讼，这既是国家法治前行的需要，也是促进法治政府建设的需要，更是公正司法的需要。中外的法制史表明：通过维护公民合法权益来促进法治建设、来监督政府依法行政，是一条有益于公众、有利于社会、有益于国家的有效途径。

三、诉讼案件的管辖问题

（一）刑事诉讼的管辖

1. 刑事诉讼需由多个公权力机关参与

与民事诉讼和行政诉讼不同，刑事诉讼虽然也涉及人民法院的审判管辖，但对大多数刑事案件而言，首先涉及的却是公安机关的立案侦查以及检察机关的审查起诉。依照法律规定，对刑事案件的侦查、拘留、执行逮捕、预审，由公安机关负责；检察、批准逮捕、检察机关直接受理的案件的侦查、提起公诉，由人民检察院负责；审判由人民法院负责。除法律特别规定的以外，其他任何机关、团体和个人都无权行使这些权力。[1]

《刑事诉讼法》是国家为了保证《刑法》的正确实施，惩罚犯罪，保护人民，保障国家安全和社会公共安全，维护社会主义社会秩序，根据《宪法》，制定的法律。《刑事诉讼法》的任务是保证准确、及时地查明犯罪事实，正确应用法律，惩罚犯罪分子，保障无罪的人不受刑事追究，教育公民自觉遵守法律，积极同犯罪行为作斗争，维护社会主义法制，尊重和保障人权，保护公民的人身权利、财产权利、民主权利和其他权利，保障社会主

---

〔1〕 参见《刑事诉讼法》第 3 条。

义建设事业的顺利进行。[1]

国家的刑事司法机关及其工作人员进行刑事诉讼，必须严格遵守《刑事诉讼法》和其他法律的有关规定，必须依靠群众，必须以事实为根据，以法律为准绳，未经法院依法判决，对任何人都不得确定有罪；在办理刑事诉讼时，法院、检察院和公安机关应当分工负责，互相配合，互相制约，以保证准确有效地执行法律；对于一切公民，在适用法律上一律平等，在法律面前不允许有任何特权。监察委员会对涉嫌贪污贿赂、滥用职权、玩忽职守、权力寻租、利益输送、徇私舞弊以及浪费国家资财等职务违法和职务犯罪依照《监察法》和有关法律规定履行调查职责；[2]军队保卫部门对军队内部发生的刑事案件行使侦查权；中国海警局对海上发生的刑事案件行使侦查权；监狱对罪犯在监狱内犯罪的案件行使侦查权；军队保卫部门、中国海警局、监狱办理刑事案件，适用《刑事诉讼法》的有关规定；国家安全机关依照法律规定，办理危害国家安全的刑事案件，行使与公安机关相同的职权。[3]

2. 刑事诉讼的审判管辖

在刑事诉讼的审判管辖方面，涉及层级管辖、地域管辖、移送管辖和指定管辖。[4]

在不同层级的管辖方面，最高人民法院管辖的第一审刑事案件，是全国性的重大刑事案件；高级人民法院管辖的第一审刑事案件，是全省（自治区、直辖市）性的重大刑事案件；中级人民法院管辖危害国家安全、恐怖活动以及可能判处无期徒刑、死刑的第一审刑事案件；基层人民法院管辖的是，除了由各上级人民法院管辖的第一审刑事案件以外的其他第一审普通刑事案件。在法院级别管辖的总体原则下，刑事诉讼制度的设计也

---

〔1〕 参见《刑事诉讼法》第1条、第2条。

〔2〕 参见《监察法》第11条。

〔3〕 参见《刑事诉讼法》第4条、第308条。

〔4〕 参见《刑事诉讼法》第19～27条。

考虑了案件的特殊性及刑事管辖应对的灵活性，明确上级人民法院在必要的时候，可以审判下级人民法院管辖的第一审刑事案件；下级人民法院认为案情重大、复杂需要由上级人民法院审判的第一审刑事案件，可以请求移送上一级人民法院审判。在刑事案件的地域管辖方面，法律明确规定刑事案件由犯罪地的人民法院管辖；由被告人居住地的人民法院审判更为适宜，可以由被告人居住地的人民法院管辖。

在《刑事诉讼法》确定的法院级别管辖和地域管辖的基础上，法律还设置了补充性的法院管辖原则：几个同级人民法院对同一刑事案件都有权管辖的，由最初受理的人民法院审判；在必要的时候，可以移送主要犯罪地的人民法院审判。同时，上级人民法院可以指定下级人民法院审判管辖不明的案件，也可以指定下级人民法院将案件移送其他人民法院审判。

对于自诉案件，被害人有权向人民法院直接起诉，人民法院应当依法受理；被害人死亡或者丧失行为能力的，被害人的法定代理人、近亲属有权向人民法院起诉。法律规定的自诉案件包括：告诉才处理的案件；被害人有证据证明的轻微刑事案件；被害人有证据证明对被告人侵犯自己人身、财产权利的行为应当依法追究刑事责任，而公安机关或者人民检察院不予追究被告人刑事责任的案件。[1]

3. 刑事诉讼的“原告”

借用民事诉讼和行政诉讼中“原告”的说法，刑事诉讼的“原告”有报案人、控告人、举报人和自诉案件的起诉人，这属于国家司法机构的被动管辖方面。“原告”如此广泛的原因在于，不仅是被害人对侵犯其人身、财产权利的犯罪事实或者犯罪嫌疑人有权向公安机关、人民检察院或者人民法院报案或者控告；犯罪人也可以向公安机关、人民检察院或者人民法院自首；其他的任何单位和个人发现有犯罪事实或者犯罪嫌疑人，也都

〔1〕 参见《刑事诉讼法》第114条、第210条。

有权利、有义务向公安机关、人民检察院或者人民法院报案或者举报。[1]

很明显，即使从诉讼的“原告”的视角看，刑事诉讼也与民事诉讼和行政诉讼有着显著的区别。不仅如此，刑事诉讼的特殊性更多地还体现在国家司法机构的主动管辖方面，或者说刑事诉讼的“原告”除了上述主体之外，还有主动行使司法管辖权的国家司法机构。依照规定，公安机关或者人民检察院发现犯罪事实或者犯罪嫌疑人，应当按照管辖范围，立案侦查。[2]

依照规定，审判人员、检察人员、侦查人员必须依照法定程序，收集能够证实犯罪嫌疑人、被告人有罪或者无罪、犯罪情节轻重的各种证据；不仅如此，为了查明案件事实，法律还要求审判人员、检察人员、侦查人员必须保证一切与案件有关或者了解案情的公民，有客观地充分地提供证据的条件，除特殊情况外，可以吸收他们协助调查。此外，公安机关、人民检察院或者人民法院应当保障报案人、控告人、举报人及其近亲属的安全；报案人、控告人、举报人如果不愿公开自己的姓名和报案、控告、举报的行为，应当为他保守秘密。人民检察院接到报案、控告、举报或者发现侦查人员以非法方法收集证据的，还应当进行调查核实。[3]

（二）民事诉讼的管辖

1. 民事诉讼的级别管辖

民事诉讼归属人民法院管辖。依据我国法律，凡在中华人民共和国领域内进行民事诉讼，必须遵守《民事诉讼法》。所谓的民事诉讼，是指公民之间、法人之间、其他组织之间以及他们相互之间因财产关系和人身关系向人民法院提起的诉讼。[4]

---

〔1〕 参见《刑事诉讼法》第110条。
〔2〕 参见《刑事诉讼法》第109条。
〔3〕 参见《刑事诉讼法》第52条、第57条、第111条。
〔4〕 参见《民事诉讼法》第3～4条。

依据《宪法》和《人民法院组织法》,我国的人民法院分四个层级,分别是最高人民法院、高级人民法院、中级人民法院及基层人民法院。四个不同层级的人民法院,各自依法如何受理民事案件原告所提起的民事诉讼,涉及各层级人民法院的管辖分工,这就是所谓的级别管辖。级别管辖是指对第一审的民事案件,由哪一层级的人民法院予以管辖;或者说,民事诉讼的当事人可以将自己的民事争议向哪一层级的人民法院提起民事诉讼。

依照规定,除非《民事诉讼法》另有规定,基层人民法院管辖除最高人民法院、高级人民法院和中级人民法院所管辖的第一审民事案件之外的第一审民事案件;中级人民法院管辖重大涉外案件、在其辖区有重大影响的案件以及最高人民法院确定由中级人民法院管辖的第一审民事案件;省、自治区和直辖市高级人民法院管辖在其辖区有重大影响的第一审民事案件;最高人民法院管辖在全国有重大影响以及其认为应当由其审理的第一审民事案件。[1]

2. 民事诉讼的地域管辖

不同层级的人民法院,除了最高人民法院和各省(自治区、直辖市)高级人民法院的所在地一目了然之外,各中级人民法院和众多的基层人民法院坐落在各自不同的地(市)和县(市、区)。因而,同一层级的人民法院,即同属中级人民法院或同属基层人民法院,如何从地域上合理设置其对第一审民事案件的管辖,就成为确定民事诉讼司法管辖时的重要问题,这涉及所谓的地域管辖。地域管辖就是指如何在地域上将同一层级的人民法院对第一审民事案件的管辖确定下来、明确下来。

从司法的有效管辖和便于执行的角度考虑,确定地域管辖的总的原则是“原告就被告”,同时,以原告所在地或财产所在地及行为地等原则为补充。

---

[1] 参见《民事诉讼法》第 18 ~21 条。

依照规定,对公民提起的民事诉讼,对法人或者其他组织提起的民事诉讼,由被告住所地人民法院管辖;公民作为被告,其住所地与经常居住地不一致的,由经常居住地人民法院管辖。同一诉讼的几个被告住所地、经常居住地在两个以上人民法院辖区的,各该人民法院都有管辖权。因公司设立、确认股东资格、分配利润、解散等纠纷提起的诉讼,由公司住所地人民法院管辖。对下落不明或者宣告失踪的人提起的有关身份关系的诉讼,对被采取强制性教育措施的人以及被监禁的人提起的诉讼,由原告住所地人民法院管辖;原告住所地与经常居住地不一致的,由原告经常居住地人民法院管辖。[1]

3. 民事诉讼的便利管辖

考虑到一些民事活动如商业交易和经济活动的流动性和灵活性,《民事诉讼法》在确定对此类民事诉讼的司法管辖时,设置了两个或两个以上的可选项,以适应各类原告的诉讼需求,并为促进案件事实的查实和经济的活跃繁荣提供司法便利。

依照规定,因合同纠纷提起的诉讼,由被告住所地或者合同履行地人民法院管辖;因保险合同纠纷提起的诉讼,由被告住所地或者保险标的物所在地人民法院管辖;因票据纠纷提起的诉讼,由票据支付地或者被告住所地人民法院管辖;因铁路、公路、水上、航空运输和联合运输合同纠纷提起的诉讼,由运输始发地、目的地或者被告住所地人民法院管辖;因侵权行为提起的诉讼,由侵权行为地或者被告住所地人民法院管辖;因铁路、公路、水上和航空事故请求损害赔偿提起的诉讼,由事故发生地或者车辆、船舶最先到达地、航空器最先降落地或者被告住所地人民法院管辖;因船舶碰撞或者其他海事损害事故请求损害赔偿提起的诉讼,由碰撞发生地、碰撞船舶最先到达地、加害船舶被扣留地或者被告住所地人民法院管辖;因海难救助费用提起的诉讼,由救助地或者被救助船舶最先到达地

---

〔1〕 参见《民事诉讼法》第22~23条、第27条。

人民法院管辖;因共同海损提起的诉讼,由船舶最先到达地、共同海损理算地或者航程终止地的人民法院管辖。[1]

4. 民事诉讼的专属管辖与协议管辖

由于社会生活的多样性和变动性,公民之间、法人之间、其他组织之间以及他们相互之间涉及的财产关系和人身关系也呈现出纷繁复杂的形态和特点,对一些权利属性明显的民事诉讼,《民事诉讼法》设置了专属管辖的制度安排。

依照规定,因不动产纠纷提起的诉讼,由不动产所在地人民法院管辖;因港口作业中发生纠纷提起的诉讼,由港口所在地人民法院管辖;因继承遗产纠纷提起的诉讼,由被继承人死亡时住所地或者主要遗产所在地人民法院管辖。[2] 对此类民事诉讼由法律规定的人民法院专属管辖,体现了诉讼服务于实体的法理。

合同作为现代经济运行不可或缺的链条和纽带,各国都对合同予以了法律设置的最大柔性,以充分发挥合同融通产业链各环节、连接市场各主体,并最终促进市场活跃有序的神奇魔力。我国《民事诉讼法》也对合同类争议"网开一面",赋予当事人以协议管辖的权利。依照规定,在不违反法律对级别管辖和专属管辖的规定的前提下,合同或者其他财产权益纠纷的当事人可以书面协议选择被告住所地、合同履行地、合同签订地、原告住所地、标的物所在地等与争议有实际联系的地点的人民法院管辖。此外,对两个以上人民法院都有管辖权的诉讼,原告可以向其中一个人民法院起诉;原告向两个以上有管辖权的人民法院起诉的,由最先立案的人民法院管辖。[3]

---

〔1〕 参见《民事诉讼法》第24~26条、第28~33条。
〔2〕 参见《民事诉讼法》第34条。
〔3〕 参见《民事诉讼法》第35~36条。

5. 民事诉讼的移送管辖、指定管辖及特定管辖

为了不增加当事人的诉累,《民事诉讼法》还设置了移送管辖制度。依照规定,人民法院发现受理的案件不属于本院管辖的,不应简单地驳回起诉,而是应当移送有管辖权的人民法院,受移送的人民法院应当受理;受移送的人民法院认为受移送的案件依照规定也不属于本院管辖的,应当报请上级人民法院指定管辖,既不能径直驳回,也不得再自行移送。[1]

有时,由于出现了特殊的原因,有管辖权的人民法院不能行使管辖权,对此,法律设置了由上级人民法院指定管辖的制度安排,以适应千差万别的诉讼中可能出现的特殊情况。[2] 尽管《民事诉讼法》在第十二章第一审普通程序第一节起诉和受理中对不属于受理法院管辖的案件作了不同于第二章管辖第三节移送管辖和指定管辖中关于移送和指定管辖的规定[3],但不影响我们将移送管辖和指定管辖作为一项民事诉讼管辖的原则。当人民法院受理案件后,当事人在提交答辩状期间对管辖权提出异议的,人民法院对当事人提出的异议审查后,认为异议不成立的,裁定驳回;异议成立的,裁定将案件移送有管辖权的人民法院。不仅如此,为更充分体现当事人的处分权,法律还明确规定,除违反《民事诉讼法》关于级别管辖和专属管辖的规定外,当事人未提出管辖异议,并应诉答辩的,视为受诉人民法院有管辖权。[4]

此外,针对选民资格案件、宣告失踪或者宣告死亡案件、指定遗产管理人案件、认定公民无民事行为能力或者限制民事行为能力案件、认定财产无主案件、确认调解协议案件和实现担保物权案件,《民事诉讼法》还设置了"特定管辖"并根据便于查明事实的原则,对司法管辖作了相应的

---

〔1〕 参见《民事诉讼法》第 37 条。

〔2〕 参见《民事诉讼法》第 38 条。

〔3〕 依照《民事诉讼法》第 127 条,人民法院对不属于本院管辖的案件,告知原告向有管辖权的法院起诉。

〔4〕 参见《民事诉讼法》第 130 条。

设计。选民资格案件,由选区所在地基层人民法院管辖;宣告失踪、宣告死亡案件,由下落不明人住所地基层人民法院管辖;指定遗产管理人案件,由被继承人死亡时住所地或者主要遗产所在地基层人民法院管辖;认定公民无民事行为能力、限制民事行为能力案件,由该公民住所地基层人民法院管辖;认定财产无主案件,由财产所在地基层人民法院管辖。[1]

(三)行政诉讼的管辖

1. 行政诉讼的政治基础

我国经历了很长的封建专制时代,千百年来,官本位的思想根深蒂固。在历史上,"民告官"别说是司法实践,就是想想也不可思议。

中华人民共和国的成立,揭开了我国法制史的新篇章。当时所制定的、起到临时宪法作用的《中国人民政治协商会议共同纲领》即庄严昭告天下:以新民主主义即人民民主主义为中华人民共和国建国的政治基础,中华人民共和国的一切国家机关,必须厉行廉洁的、朴素的、为人民服务的革命工作作风,严惩贪污,禁止浪费,反对脱离人民群众的官僚主义作风。

中华人民共和国第一部宪法即1954年《宪法》和现行《宪法》都明确宣布:中华人民共和国的一切权力属于人民。为落实《宪法》的要求,维护人民群众的合法权益,《行政诉讼法》明确要求:司法机构要保障行政诉讼原告,即公民、法人或者其他组织的诉权;行政机关及其工作人员不得干预、阻碍人民法院受理行政案件;人民法院应当保障公民、法人和其他组织的起诉权利,对应当受理的行政案件依法受理。[2]

2. 行政诉讼的特殊性

依照《宪法》,国务院和地方各级人民政府是国家的行政机关,依照

---

〔1〕 参见《民事诉讼法》第188条、第190~191条、第194条、第198条、第202条。

〔2〕 参见《行政诉讼法》第3条。

宪法和法律行使着广泛的行政领导和行政管理职权，国务院各组成部门和直属单位在所主管和负责的业务范围，地方各级人民政府及其组成部门和直属单位在所辖的行政区域和具体业务领域，依照法律法规履行具体的行政领导和行政管理职责。[1] 通常所讲的行政，实际上就是国家行政机关所行使的行政领导和行政管理权，主要指国家行政机关运用组织、领导、计划、人事、协调、监督、财务等手段管理国家和社会事务的过程。

行政权行使的过程和结果，都与公民、法人或者其他组织有着广泛的和直接的联系，直接涉及公民、法人或者其他组织依法所享有的行政实体法上的权利能否得到保障以及是否能够实现的问题。行政法律关系天然所具有的特点是：一方是行政管理的实施者，另一方是依法应受到行政管理的公民、法人或其他组织。在行政实体法上，行政管理的实施者居于管理地位，而作为行政管理相对人的公民、法人或者其他组织则处于被管理的地位。

尽管行政管理者和行政管理相对人在行政实体法上的地位不同，但在行政诉讼中，双方的诉讼地位却是平等的。公民、法人或者其他组织所享有的行政诉讼法上的诉权，是为了维护和实现国家有关行政的法律法规而被赋予的具体权益。

3. 行政诉讼的意义在于审查被诉的行政行为是否合法

为保护公民、法人和其他组织的合法权益，监督行政机关依法行使职权，国家立法机关根据《宪法》的原则性规定，制定了保证人民法院公正、及时审理行政案件，解决行政争议的《行政诉讼法》。《行政诉讼法》上的行政诉讼是指公民、法人或者其他组织，不服行政机关的行政行为，或认为行政机关的行政行为侵犯了自身的人身权、财产权等合法权益，而向人民法院提起的诉讼。

依照我国法律，行政行为的相对人以及其他与行政行为有利害关系

[1] 参见《宪法》第85条、第89～90条、第105条、第107条。

的公民、法人或者其他组织，认为行政机关和行政机关工作人员以及法律、法规、规章授权的组织及其工作人员作出的行政行为侵犯其合法权益，有权依照《行政诉讼法》向人民法院提起行政诉讼。人民检察院在履行职责中发现负有监督管理职责的行政机关违法行使职权或者不作为，致使国家利益或者社会公共利益受到侵害的，应当向行政机关提出检察建议，督促其依法履行职责；行政机关不依法履行职责的，人民检察院依法向人民法院提起诉讼。人民法院审理行政案件，对行政行为是否合法进行审查。〔1〕

按照《行政诉讼法》的规定，可以依法提起行政诉讼的情形具体有：对行政拘留、暂扣或者吊销许可证和执照、责令停产停业、没收违法所得、没收非法财物、罚款、警告等行政处罚不服的；对限制人身自由或者对财产的查封、扣押、冻结等行政强制措施和行政强制执行不服的；申请行政许可，行政机关拒绝或者在法定期限内不予答复，或者对行政机关作出的有关行政许可的其他决定不服的；对行政机关作出的关于确认土地、矿藏、水流、森林、山岭、草原、荒地、滩涂、海域等自然资源的所有权或者使用权的决定不服的；对征收、征用决定及其补偿决定不服的；申请行政机关履行保护人身权、财产权等合法权益的法定职责，行政机关拒绝履行或者不予答复的；认为行政机关侵犯其经营自主权或者农村土地承包经营权、农村土地经营权的；认为行政机关滥用行政权力排除或者限制竞争的；认为行政机关违法集资、摊派费用或者违法要求履行其他义务的；认为行政机关没有依法支付抚恤金、最低生活保障待遇或者社会保险待遇的；认为行政机关不依法履行、未按照约定履行或者违法变更、解除政府特许经营协议、土地房屋征收补偿协议等协议的；认为行政机关侵犯其他人身权、财产权等合法权益的。〔2〕

---

〔1〕 参见《行政诉讼法》第2条、第6条、第25条。

〔2〕 参见《行政诉讼法》第12条。

4. 行政诉讼的级别管辖、地域管辖、移送管辖、指定管辖

在法院的级别管辖方面，最高人民法院管辖全国范围内重大、复杂的第一审行政案件；高级人民法院管辖本辖区内重大、复杂的第一审行政案件；中级人民法院管辖对国务院部门或者县级以上地方人民政府所作的行政行为提起诉讼的案件，海关处理的案件，本辖区内重大、复杂的案件，以及其他法律规定由中级人民法院管辖的案件；基层人民法院管辖除最高人民法院、高级人民法院和中级人民法院管辖的第一审行政案件以外的第一审行政案件。

在地域管辖方面，行政案件由最初作出行政行为的行政机关所在地人民法院管辖；经复议的案件，也可以由复议机关所在地人民法院管辖。对限制人身自由的行政强制措施不服提起的诉讼，由被告所在地或者原告所在地人民法院管辖。因不动产提起的行政诉讼，由不动产所在地人民法院管辖。对于两个以上人民法院都有管辖权的案件，法律赋予行政诉讼的原告选择管辖法院的权利。依照规定，两个以上人民法院都有管辖权的案件，原告可以选择其中一个人民法院提起诉讼；原告向两个以上有管辖权的人民法院提起诉讼的，由最先立案的人民法院管辖。[1]

为了充分保障行政诉讼原告的诉讼权利，法律对人民法院受理案件后发现不属于自己管辖的案件，没有简单地设置驳回起诉的制度安排，而是要求移送到有管辖权的人民法院，以减轻行政诉讼原告的诉累。依照法律规定，人民法院发现受理的案件不属于本院管辖的，应当移送有管辖权的人民法院，受移送的人民法院应当受理；受移送的人民法院认为受移送的案件按照规定不属于本院管辖的，应当报请上级人民法院指定管辖，不得再自行移送。《行政诉讼法》对由于种种情况可能出现的“管辖不能”“管辖权争议”也予以明确，以切实保障行政诉讼原告的诉权。依照规定，有管辖权的人民法院由于特殊原因不能行使管辖权的，由上级人民

〔1〕 参见《行政诉讼法》第14～21条。

法院指定管辖。人民法院对管辖权发生争议，由争议双方协商解决；协商不成的，报它们的共同上级人民法院指定管辖。[1]

5. 跨行政区的行政诉讼管辖

与民事诉讼的原告、刑事诉讼的报案人相比较，行政诉讼的原告是被告方——行政机关——的行政管理对象。行政机关或者说行政主体，依照国家的法律法规行使国家赋予的法定权力，行政主体对国家和社会事务所进行的一系列组织和管理即行政活动，既为实现国家利益和社会公共利益所必需，也为公民、法人或者其他组织实现自身合法权益所需要。

在现代社会，“服务政府”的理念早已深入人心，行政既是国家的行政管理活动，同时也是面向社会、面向公众的公共服务活动。在这一活动中，虽然行使行政权的行政主体始终处于主导地位，行政相对人处于被管理的地位，存在明显的不对等性。但是，按照“加快建设职能科学、权责法定、执法严明、公开公正、廉洁高效、守法诚信的法治政府”[2]的要求，这种在行政管理中形成的不对等性，不能简单地被理解为行政主体一方只行使权力，行政相对方不得提出异议、只需履行义务的状态。

在行政法律关系中，行政主体的权力是国家通过宪法和法律法规赋予的，从根本上来说是全体人民赋予的，行政权的行使要在宪法原则和法律法规的框架内，“把权力关进制度的笼子”。行政权既是行政主体依法拥有的权力，行使该权力又是行政主体依法应尽的职责和义务，滥用或误用国家法律法规赋予的神圣权力，要承担法定的责任。只有合乎国家法律法规的行政行为，行政相对人才有无保留服从的义务，如果行政主体的行政行为涉嫌违法，则行政相对人既可以依法请求上一级行政机构予以复议，也可以行使法律赋予的诉权，依法向人民法院起诉，要求人民法院

---

〔1〕 参见《行政诉讼法》第22～23条。

〔2〕 《中共中央关于全面推进依法治国若干重大问题的决定》，人民出版社2014年版，第15页。

依法裁判。

行政权力涉及的事务很广泛，甚至司法机构的业务经费、办公用房、设备设施等的保障也属于行政机关的职能，因此，在行政诉讼中，排除行政对司法的干扰甚至干涉，比在民事诉讼和刑事诉讼中更具特殊性。为此，宜在现行法律已经明确的“经最高人民法院批准，高级人民法院可以根据审判工作的实际情况，确定若干人民法院跨行政区域管辖行政案件”[1]的规定及实践基础上，由国家立法机关在《行政诉讼法》中合理确定跨行政区域行政诉讼案件的具体管辖原则。因为，司法权属于中央事权，由最高人民法院批准并由高级人民法院确定跨行政区域行政案件管辖的做法可以试点，但作为一项司法管辖的具体制度，还是宜在国家的基本法律中作出规范。由国家的基本法律确定跨行政区域行政诉讼案件的具体管辖原则，实行行政诉讼案件的跨行政区域管辖，对于保障行政诉讼案件的公正司法，对于推进“法治＋服务”型政府的建设，对于依法有效制约行政权力，对于遏制可能的滥用行政权力来限制甚至排除正当竞争的地方的或行业的保护主义，对于优化营商环境，都有着直接的意义。

---

〔1〕《行政诉讼法》第18条第2款。

第二章　司法协作与当事人权益救济

一、办案机关之间的制约与协作

(一)办案机关之间的有效制约与相互协作

1. 各办案机关在法律规则下相互协作才能实现公正司法

在全部司法活动中,享有法定权力的各办案机关都对公正司法承担着自己独特而重要的职责。如此,各办案机关之间的制约与协作就非常重要,有制约无协作,或者无制约只协作,都妨碍着司法职责的正确履行和公正司法的最终形成。

之所以需要设置各办案机关之间在法律规则下的相互制约与相互协作,完全是根植于司法案件的复杂性和特殊性。进入诉讼程序的各当事人都与案件的处理结果有不同程度的利害关系,办案人员需要在各方的参与下依照法定程序穿透层层迷雾,才有可能在还原过程和细节的调查、甄别、审查、研判等集多种辛劳和智慧的工作中寻得案件的“庐山真面目”。而寻得有证据支撑的案情真相,无论在任何案件中,都是实现公正司法的基础和前提。

为尽力实现公正司法的目标,法律基于“现在需要查明过去的事实”的办案特性,设置了诉讼程序中行使公权力的各办案机关须依法相互制约与协作的工作机制。各办案机关依法相互制约与协作的工作机制,既支撑和保障着公正的司法,又寄托着寻求司法救济的各当事人的期望。正如著名学者罗尔斯[1]认为的那样,在规则确定的地方,便会产生合乎规则的期望,人们也因此有权得到规则内的益处。罗尔斯观点中最精到的是,“事物现时的方式不决定它们应当是的方式”,决定公正或不公正的,既不是自然方面的禀赋,也不是社会方面的偶发因素,而是处理事务的规则。因此,“公正的规则体,要回应人们有权可以得到什么的问题,要满足人们基于社会规则体的种种合法期望”[2]。这一观点,对于理解国家不断通过司法改革以尽量健全司法权运行中的制约与协作机制是有启示的。

在推进法治中国的进程中,“努力让人民群众在每一个司法案件中都能感受到公平正义”[3],既需要不断深化司法改革,又需要司法程序中行使公权力的各办案机关都忠实地循着依法制约与依法协作的司法工作机制来运行。

2. 公正司法需要司法权运行中的相互制约

在刑事诉讼中,一桩案件的侦查、审查起诉和审判,不是一个司法环节或一个办案机构所能完成的,可以说是一个连续的由不同环节组成的

---

〔1〕 约翰·罗尔斯,美国政治哲学家、伦理学家,普林斯顿大学哲学博士,哈佛大学教授,写过《正义论》等名著,是20世纪英语世界最著名的政治哲学家之一。

〔2〕 See Michael J. Sandel, *Justice: What's the Right Thing to Do?*, penguin Books, 2010, p. 160 – 166.

〔3〕 中共中央文献研究室编:《习近平关于全面依法治国论述摘编》,中央文献出版社2015年版,第67页。

过程,因为审查案件的责任一直要持续到法院审判的终结。法院判决生效后的后续事宜,还涉及刑罚的执行。可见,从案件的侦查,到案件的审结,是一个持续不断的过程。

例如,在对犯罪嫌疑人的逮捕方面,公安机关与人民检察院就依法形成了有效的制约。依照规定,公安机关要求逮捕犯罪嫌疑人的时候,应当写出提请批准逮捕书,连同案卷材料、证据,一并移送同级人民检察院审查批准;人民检察院对于公安机关提请批准逮捕的案件进行审查后,根据情况分别作出批准逮捕或者不批准逮捕的决定。[1] 在侦查过程中,发现不应对犯罪嫌疑人追究刑事责任的,在撤销案件、释放被逮捕的犯罪嫌疑人的同时,还须通知原批准逮捕的人民检察院。对人民检察院依法直接受理的案件,有依法需要逮捕、拘留犯罪嫌疑人的情形的,人民检察院在依法作出决定后,执行逮捕、拘留的事宜,则由公安机关负责。[2] 法律的这些要求,将逮捕犯罪嫌疑人的批准权与执行权作了分置,体现了权力之间须相互制约的法理。

办案机关各自所行使的权力之间的依法有效制约,不仅体现在依法独立履行自己职责的、不同的办案机关之间,也体现在同一办案机关内部不同部门或不同的承办人之间。人民检察院或者公安机关的侦查人员在讯问犯罪嫌疑人的时候,应当不少于两人。由两名侦查人员讯问犯罪嫌疑人,从制度设计上,就可以防止仅有一名侦查人员讯问可能会有的舞弊等影响公正履职的因素。此外,犯罪嫌疑人被送交看守所羁押以后,如果还需对犯罪嫌疑人进行讯问的,侦查人员须在看守所内进行。[3] 在目前看守所仍然直属于公安机关的规则安排下,法律规定对被送交看守所羁押的犯罪嫌疑人须在看守所内进行讯问,也是基于在公安机关内部看守

---

[1] 参见《刑事诉讼法》第 87 条、第 90 条。
[2] 参见《刑事诉讼法》第 163 条、第 165 条。
[3] 参见《刑事诉讼法》第 118 条。

所与刑事侦查部门互不隶属的机构设置方式。如此,也可对讯问的侦查人员发挥一定程度的制约作用。如果是人民检察院的侦查人员讯问,则实现了办案机构与看守所的分置;如果是公安机关的侦查人员讯问,在看守所讯问也可相对地将侦查人员的办公场所与讯问的场所分离,从而有助于实现不同机构之间或者是一个机构内部不同部门之间的相互制约。

法律关于减刑、假释的制度安排,也体现了不同办案机构之间的制约机制。人民法院依法作出判决后,如果服刑的罪犯符合法定的情形,可以依法减刑,也可以依法假释。依法实行减刑、假释制度,既有利于犯罪分子的改过自新,也符合刑罚惩罚罪犯、教育改造罪犯的本意。为了实现不同办案机构之间的相互制约,法律要求,对于犯罪分子的减刑、假释,不能完全由刑罚执行机关决定,而是应该由执行机关向中级以上人民法院提出减刑、假释建议书,由人民法院依法组成合议庭予以审理,经审理查明罪犯确有悔改或者立功事实的,依法裁定予以减刑;罪犯确有悔改表现而且假释后不致再危害社会的,依法裁定予以假释(依法不得假释的除外)。[1]

3. 公正司法也需要基于司法权制约的相互协作

在刑事案件的办理过程中,案件的侦查、审查起诉与开庭审理是分别由享有各自独立法定职权的公安机关、人民检察院和人民法院依法进行的,由此就决定了全部的刑事司法流程不是在一个办理环节或在一个办案机构内部就可以全部完成的。刑事司法的这一特性,就使参与办理案件的公安机关、人民检察院和人民法院,在依法独立行使各自职权、履行各自职责的前提下,还需要在依法相互制约的基础上,依法相互予以有效和有力的协作,以形成查明案件事实、夯实证据和正确适用法律的合力,从而为实现公正司法携手共进、同向发力。

全部刑事司法制度的有效运行,实现无罪的人不受追究、有罪的人难

---

〔1〕 参见《刑法》第78~79条、第81~82条。

逃法网的司法正义,刑事警察与检察官的有力协作,是极其重要和关键的。因为侦查人员的侦查、检察官的审查起诉,是刑事司法的重要基础,后续法院的开庭审判,主要就是依赖这个基础,即使被告人的辩护律师和其他诉讼参加人提出了不同的意见和证据,法官也应结合侦查终结的材料和审查起诉的材料及证据来展开综合衡量和分析判断,以审查判断是肯定还是否决侦查终结和审查起诉的结论和证据。此外,对于公安机关立案侦查的案件,必要时,人民检察院可以派人参加公安机关对于重大案件的讨论,这也是具有明显协作色彩的安排。公安机关对于人民检察院批准逮捕的决定应当立即执行,并且将执行情况及时通知人民检察院。对于公安机关提请逮捕而不批准逮捕的,人民检察院应当说明理由,需要补充侦查的,须同时通知公安机关。人民检察院审查案件的时候,对公安机关的勘验、检查,认为需要复验、复查时,可以要求公安机关复验、复查,并且可以派检察人员参加。[1] 上述这些规则安排,都体现了办案机关在制约基础上相互协作的法理。

与办案机关之间的依法制约相同,办案机关在依法制约的基础上的相互协作,也不仅体现在不同的办案机关之间,还体现在同一办案机关内部不同部门和不同承办人之间。特别是对于一些重大、疑难、复杂案件,有时仅仅由承办案件的几位人员分析研判,往往难以分析到位、准确判定。遇到这种情形,同一办案机关内部的依法协作就为案件的顺畅办理所需要。对此,法律有明文的回应和依据。人民检察院办理案件,根据案件情况既可以由一名检察官独任办理,也可以由两名以上检察官组成办案组办理。各级人民检察院设检察委员会并履行讨论决定重大、疑难、复杂案件等职能。检察官可以就重大案件和其他重大问题,提请检察长决定;检察长可以根据案件情况,提交检察委员会讨论决定;检察委员会讨论案件,检察官对其汇报的事实负责,检察委员会委员对本人发表的意见

[1] 参见《刑事诉讼法》第 87 条、第 90 条、第 134 条。

和表决负责。检察委员会的决定,检察官应当执行。[1]

检察环节如此,法院审判环节也是同理。审判委员会履行讨论决定重大、疑难、复杂案件的法律适用等职能。合议庭认为案件需要提交审判委员会讨论决定的,由审判长提出申请,院长批准。审判委员会讨论案件,合议庭对其汇报的事实负责,审判委员会委员对本人发表的意见和表决负责;审判委员会的决定,合议庭应当执行。审判委员会讨论案件的决定及其理由,除法律规定不允许公开的之外,应当在裁判文书中公开。[2]

在英国,进入审判程序以后,整个刑事案件的程序就由法官掌控了,检察官和警察都要服从于法官。其中在苏格兰,对少数复杂案件的调查,不同于对普通案件的调查。对普通案件,警察自己调查、准备材料,一般不需要检察院的意见;在复杂案件中,基于检察官与警察各自依法独立履行职责和案件需要协作的性质,一般情况下,虽然检察官不对警察发布命令,但是,检察官对警察可以行使指导权。而在英格兰和威尔士,在案件的调查过程中,在警察如何调查犯罪方面,虽然法律并未赋予检察官以指导办案警察的权力,警察也没有义务征求检察官的意见,但在实践中,检察官还是可以向调查犯罪的警官提出意见的;此外,在调查犯罪的过程中,警察也可以主动征求检察官的意见。[3]

(二)制约与协作的基础在于办案机关依法独立行使职权

1. 办案机关各自依法独立行使职权

现代世界各国,无论是哪个国家,行使司法权的各有关机关,都是按着严格的宪法原则和分权制衡的法理建构起来的。分权本身就使制约与协作成为必然。各办案机关彼此之间在法律上是独立的,一个办案机关

---

〔1〕 参见《人民检察院组织法》第 28 条、第 30～31 条、第 33 条。

〔2〕 参见《人民法院组织法》第 37 条、第 39 条。

〔3〕 参见王晋、刘生荣主编:《英国刑事审判与检察制度(中英文对照)》,中国方正出版社 1999 年版,第 158～159、174～177、214～215 页。

的作用不能被其他的办案机关所代替,每个办案机关依法独立履行自己职责的直接效果便是形成了彼此间相互制约与相互协作的关系。

因此,一个办案机关对其他办案机关的制约不仅是必要的,也是各办案机关之间依法独立履行各自职权的必然结果。不仅如此,又由于各办案机关都是司法链条上的一个环节,只有各办案机关之间相互协作才能形成全部司法职能的合力,由此,各办案机关之间的相互协作也是必不可少的。如果彼此不能形成相互有效制约的关系,任由个别办案机关自行其是、任性司法,司法的公正就没有了制约和保障,整个司法的公信便也会缺乏基础和支撑。

在我国,法院是审判机关,负责民事案件、行政案件和刑事案件的审判;检察院是法律监督机关,履行着对部分法定案件的侦查以及对所有刑事案件的审查起诉和法律监督等职责;公安机关负责刑事案件的侦查和移送起诉、部分刑事判决的执行等工作;社区矫正机关负责在社区服刑的罪犯的教育监督等工作;监狱负责被判处徒刑的罪犯的刑罚执行和狱内侦查等工作。上述各机关都依法独立行使职权,对公正司法承担着自己独特而重要的职责。

2. 人民法院依法独立行使审判权

我国的人民法院是国家的审判机关。人民法院通过审判刑事案件惩罚犯罪,既维护国家的安全、社会的安宁和被害人的合法权益,又保障无罪的人不受刑事追究;通过审判民事案件、行政案件以及法律规定的其他案件解决民事、行政纠纷,保护个人和组织的合法权益,监督行政机关依法行使职权。人民法院以司法公正为导向,以事实为根据,以法律为准绳,遵守法定程序,依法保护个人和组织的诉讼权利和其他合法权益,尊重和保障人权,并通过其全部审判活动,维护国家安全和社会秩序,维护社会公平正义,维护国家法制统一、尊严和权威,保障中国特色社会主义建设的顺利进行。[1]

在我国,人民法院分为最高人民法院、地方各级人民法院和专门人民法院,地方各级人民法院又分为高级人民法院、中级人民法院和基层人民法院,专门人民法院包括军事法院、海事法院、知识产权法院、金融法院等。[2] 最高人民法院依法审理的案件包括法律规定由其管辖的和其认为应当由自己管辖的第一审案件,对高级人民法院判决和裁定的上诉、抗诉案件,按照全国人民代表大会常务委员会的规定提起的上诉、抗诉案件,按照审判监督程序提起的再审案件,以及高级人民法院报请核准的死刑案件。由于死刑关系对人的生命的依法剥夺,是最严厉的刑罚,法律要求死刑除依法由最高人民法院判决的以外,应当报请最高人民法院核准。[3]

高级人民法院依法审理的案件包括:法律规定由其管辖的第一审案件,下级人民法院报请审理的第一审案件,最高人民法院指定管辖的第一审案件,对中级人民法院判决和裁定的上诉、抗诉案件,按照审判监督程序提起的再审案件,以及中级人民法院报请复核的死刑案件。[4] 中级人民法院依法审理的案件包括:法律规定由其管辖的第一审案件,基层人民法院报请审理的第一审案件,上级人民法院指定管辖的第一审案件,对基层人民法院判决和裁定的上诉、抗诉案件,以及按照审判监督程序提起的再审案件。基层人民法院依法审理除法律规定由各上级法院审理的第一审案件之外的第一审案件。[5]

在审判实践中,根据受理的案件的具体情形,人民法院依法成立合议庭或者决定由法官一人独任审理。合议庭由法官组成,或者由法官和人

---

〔1〕 参见《宪法》第 128 条,《人民法院组织法》第 2 条、第 6 条。

〔2〕 参见《人民法院组织法》第 12 ~ 13 条、第 15 条。

〔3〕 参见《人民法院组织法》第 16 ~ 17 条。

〔4〕 参见《人民法院组织法》第 21 条。

〔5〕 参见《人民法院组织法》第 23 条、第 25 条。

民陪审员组成,成员为三人以上单数,由一名法官担任审判长(院长或者庭长参加审理案件时,由自己担任审判长),审判长主持庭审、组织评议案件。在评议案件时,审判长与合议庭其他成员权利平等,按照合议庭多数人的意见作出决定(少数人的意见应当记入笔录),评议案件笔录由合议庭全体组成人员签名。合议庭或者法官独任审理案件形成的裁判文书,经合议庭组成人员或者独任法官签署,由人民法院盖印并发布。[1]

裁判文书由人民法院盖印并发布的制度安排,表明合议庭或独任法官依法作出的裁判不是合议庭成员或独任法官的个人行为,而是他们履行法定的审判职责的职务行为,代表的是盖印并发布裁判文书的人民法院。

3. 人民检察院依法独立行使检察权

我国的人民检察院是国家的法律监督机关。与人民法院一样,人民检察院在履行职责过程中,也是以司法公正为导向,以事实为根据,以法律为准绳,遵守法定程序,尊重和保障人权。人民检察院通过行使检察权,追诉犯罪,维护国家安全和社会秩序,维护个人和组织的合法权益,维护国家利益和社会公共利益,保障法律正确实施,维护社会公平正义,维护国家法制统一、尊严和权威,保障中国特色社会主义建设的顺利进行。[2]

在我国,人民检察院分为最高人民检察院、地方各级人民检察院和军事检察院等专门人民检察院。地方各级人民检察院分为:省(自治区、直辖市)人民检察院、设区的市级人民检察院(包括省、自治区辖市人民检察院,自治州人民检察院,省、自治区、直辖市人民检察院分院)和基层人民检察院(包括县、自治县、不设区的市、市辖区人民检察院)。[3]

---

[1] 参见《人民法院组织法》第 29 ~ 32 条。

[2] 参见《宪法》第 134 条,《人民检察院组织法》第 2 条、第 6 条。

[3] 参见《人民检察院组织法》第 12 ~ 13 条。

人民检察院依法行使的职权，包括依照法律规定对有关刑事案件行使侦查权、对刑事案件进行审查并批准或者决定是否逮捕犯罪嫌疑人、对刑事案件进行审查并决定是否提起公诉（对决定提起公诉的案件支持公诉）、依照法律规定提起公益诉讼、对诉讼活动实行法律监督、对判决和裁定等生效法律文书的执行工作实行法律监督、对监狱和看守所的执法活动实行法律监督，以及法律规定的其他职权。人民检察院行使法律规定的上述法律监督职权，可以进行调查核实，并可以依法提出抗诉、纠正意见、检察建议；有关单位应当予以配合，并及时将采纳纠正意见、检察建议的情况书面回复人民检察院。[1]

人民检察院办理案件，根据案件的复杂情况和难易程度，依法可以由两名以上检察官组成办案组办理，也可以由一名检察官独任办理；由检察官办案组办理的，检察长应当指定一名检察官担任主办检察官，担负组织、指挥办案组办理案件的职责。与人民法院合议庭裁判案件时根据多数人的意见作出决定不同，人民检察院办理案件时，检察官在检察长领导下开展工作，重大办案事项由检察长决定；检察长可以将部分职权委托检察官行使，也可以授权检察官签发法律文书。[2]

根据权限与责任相适应的法理和原则，针对“检察官在检察长领导下开展工作”的特点，法律专门作出了制度性的安排。人民检察院实行检察官办案责任制，承办案件的检察官对其职权范围内就案件作出的决定负责，检察长、检察委员会对案件作出决定的，承担相应责任。[3] 在遇到重大案件和其他重大问题时，承办案件的检察官可以提请检察长决定；检察长根据案件情况，可以提交检察委员会讨论决定。此时，也面临着厘清责任、各负其责的问题。对于检察委员会的决定，承办案件的检察官应当执

〔1〕 参见《人民检察院组织法》第20～21条。
〔2〕 参见《人民检察院组织法》第28～29条。
〔3〕 参见《人民检察院组织法》第34条。

行,但是,凡经检察委员会讨论决定的案件,检察官只对其汇报的事实负责,检察委员会委员只对其本人发表的意见和表决负责。[1]

4. 公安机关依法行使对刑事案件的侦查权

公安机关在保证《刑法》的正确实施,预防、制止和惩治违法犯罪活动,维护国家安全,维护社会治安和社会公共秩序,保护公民的人身安全、人身自由和合法财产,保护公共财产等方面,履行着特殊的职能。公安机关依法负责刑事案件的侦查(法律规定由监察机关直接调查,检察机关直接侦查以及国家安全机关、军队保卫部门、中国海警局、监狱直接侦查的除外)、拘留、执行逮捕、预审。[2]

对已经立案的刑事案件,公安机关应当进行侦查,收集、调取犯罪嫌疑人有罪或者无罪、罪轻或者罪重的证据材料。对现行犯或者重大嫌疑分子可以依法先行拘留,对符合逮捕条件的犯罪嫌疑人,应当依法逮捕。公安机关经过侦查,对有证据证明有犯罪事实的案件,应当进行预审,对收集、调取的证据材料予以核实。对不需要逮捕、拘留的犯罪嫌疑人,可以传唤到犯罪嫌疑人所在市、县内的指定地点或者到他的住处进行讯问,但是应当出示人民检察院或者公安机关的证明文件。对在现场发现的犯罪嫌疑人,经出示工作证件,可以口头传唤,但应当在讯问笔录中注明。传唤、拘传持续的时间不得超过 12 小时;案情特别重大、复杂,需要采取拘留、逮捕措施的,传唤、拘传持续的时间不得超过 24 小时。不得以连续传唤、拘传的形式变相拘禁犯罪嫌疑人。传唤、拘传犯罪嫌疑人,应当保证犯罪嫌疑人的饮食和必要的休息时间。侦查人员在讯问犯罪嫌疑人的时候,可以对讯问过程进行录音或者录像;对于可能判处无期徒刑、死刑的案件或者其他重大犯罪案件,应当对讯问过程进行录音或者录像。录

[1] 参见《人民检察院组织法》第 33 条。

[2] 参见《监察法》第 11 条,《刑事诉讼法》第 3 ~ 4 条、第 19 条、第 308 条。

音或者录像应当全程进行,保持完整性。[1]

在侦查中,为查明案情,侦查人员可以询问证人、询问被害人。对于与犯罪有关的场所、物品、人身、尸体应当进行勘验或者检查,在必要的时候,可以指派或者聘请具有专门知识的人,在侦查人员的主持下进行勘验、检查。为了查明案情,在必要的时候可以依法进行侦查实验,可以对犯罪嫌疑人以及可能隐藏罪犯或者犯罪证据的人的身体、物品、住处和其他有关的地方进行搜查,查封、扣押可用以证明犯罪嫌疑人有罪或者无罪的各种财物、文件,依法扣押犯罪嫌疑人的邮件、电报,依照规定查询、冻结犯罪嫌疑人的存款、汇款、债券、股票、基金份额等财产,为解决案件中某些专门性问题依法指派、聘请有专门知识的人进行鉴定,以及在侦办法定的几类案件时可以依法采取技术侦查措施、进行卧底侦查和发布通缉令。在侦查过程中,发现不应对犯罪嫌疑人追究刑事责任的,应当撤销案件;犯罪嫌疑人已被逮捕的,应当立即释放,发给释放证明,并且通知原批准逮捕的人民检察院。公安机关侦查终结的案件,应当做到犯罪事实清楚,证据确实、充分,并且写出起诉意见书,连同案卷材料、证据一并移送同级人民检察院审查决定;同时将案件移送情况告知犯罪嫌疑人及其辩护律师。[2]

(三)符合司法权运行规律的制约和协作机制问题

1. 静态的制约与协作难以保障司法公正

近些年,国家司法机关在以纠正错案推动法治进步方面作出了积极的努力,对错案发现一起纠正一起,坚持实事求是、有错必纠。以 2017 年为例,全国法院系统再审改判刑事案件 6747 件,其中依法纠正重大冤错

[1] 参见《刑事诉讼法》第 115～116 条、第 119 条、第 123 条。

[2] 参见《刑事诉讼法》第 124 条、第 127～128 条、第 135～136 条、第 141 条、第 143～144 条、第 146 条、第 150 条、第 153 条、第 162～163 条。

案件39件78人,并依法予以国家赔偿,让正义最终得以实现。[1]

走完了法定的司法程序发生的冤错案件,不仅深深地伤害了被冤枉的人及其家庭,而且让司法的正义蒙羞,让司法的公信力大打折扣。深刻汲取冤错案件的教训,需要在国家立法机关和司法机关已经采取的包括"推进以审判为中心的诉讼制度改革"等的措施的基础上,进一步落实"保证公正司法,提高司法公信力"的各项要求,进一步提升司法理念并完善各办案机关之间相互制约和相互协作的工作机制,以实现制约合法有效、协作合法有力。

在谈及办理刑事案件时公安机关、人民检察院、人民法院之间的实际关系时,中国政法大学教授卞建林曾鲜明地指出:"实际上在以审判为中心的诉讼制度改革前,呈现出了一种侦查为中心的样态。就是'公安做饭,检察院端饭,法院吃饭'。这个饭端上来以后,夹生了,糊了,你不吃不行。"[2]公、检、法三机关在办理刑事案件时的这种状态,实际上反映出国家法律规定的关于上述三机关在行使职权时相互制约与相互协作的关系总体上是静态的。

毫无疑问,由于公、检、法三机关各自法律权限的独立性,这样静态的相互制约与相互协作是需要的,也是必需的;但是,如果公、检、法三机关之间的相互制约与相互协作仅仅是局限在静态的层面,由此形成的相互之间的制约与协作有时就会是乏力的甚至是无力的。为有效实现法律确定的公、检、法三机关在办理刑事案件时相互制约与相互协作的运行机制,除了坚守目前总体上是静态的制约与协作外,还应完善上述三机关在动态的方面的制约与协作。

---

〔1〕 参见《最高人民法院工作报告——2018年3月9日在第十三届全国人民代表大会第一次会议上》。

〔2〕 参见《政论专题片〈将改革进行到底〉解说词(第四集):维护社会公平正义》,载中国共产党新闻网,http://cpc.people.com.cn/GB/n1/2017/0721/c64387-29419059.html。

2. 司法公正同时需要动态的制约与协作

本书之所以提出在静态的制约与协作之外增加动态的制约与协作这一主张，是源于刑事案件办理的特殊性。

一桩刑事案件的办理，既涉及侦查机关的侦查，又涉及检察机关的审查起诉，在此基础上还涉及法院主持下的审理和判决。在这一案件办理流程中，尽管侦查机关的侦查、检察机关的提起公诉是在法院审理和判决之前就“已经完成”了的，但负责侦查、审查起诉的人员对案件的责任并不能因为案件已经到了法院审理的阶段就结束了，除了人所共知的检察院负责公诉的人员要到法院出庭参加审判之外，有时还涉及侦查人员到法院出庭作证的问题，有时随着审理的进行，甚至还可能涉及退回补充侦查等问题。而所有这些问题，都需要侦查和审查起诉环节再对案情予以补充和判断。

司法实践中累积的经验表明：随着案件的办理，甚至在起诉到法院以后，侦查人员、公诉人员认定的事实还有变化的可能，如又获得了新的证言，又发现了新的文件或相关的新材料等；新获得的证据既可能增加起诉的指控，也可能减少起诉的指控。在法院审理过程中，作为起诉基础的证据可能发生的这些变化，既可能仅仅涉及审查起诉环节，也可能同时需要予以补充侦查。例如，在法庭审判过程中，遇有检察人员发现提起公诉的案件需要补充侦查并提出建议的情形时，审判就可能延期，以等待补充侦查的结果；又如，在法庭审判过程中，根据审理的情况，有时会需要通知新的证人到庭、调取新的物证、重新鉴定或者勘验，也有可能延期审理。[1]

基于上述情况和理由，在原则上坚持公、检、法三机关静态的相互制约与相互协作的运行机制的基础上，可考虑改善现行刑事诉讼法律的程序安排，如规定对于复杂疑难案件，为了准确查实案情，在掌握了支撑性的证据后，尽管证据不是很充分，也可以将已经掌握的案情报送检察机

〔1〕 参见《刑事诉讼法》第 204 条。

关,以求得检察人员关于案件侦查和证据固定的法律指导。对于一些有证据证明嫌疑极大的案件,如果确实难以进一步查实并找到进一步的证据,公安机关可以先行报送检察机关寻求检察人员的审查和研判;如果检察人员经审查确认存在现实的、极大的定罪可能,便可起诉到法院进行审理和裁判,以发挥法庭审理在查明事实、证据质证等方面的特有职能,而不是实践中通行的法院只是“坐等”,只有“证据确实、充分”的侦查结论和起诉意见到了法院,法院才“核查”一遍。在案件办理中,如果法院的庭审不发挥“查证”的实质性和主导性的作用,那审判的法治意义就大打折扣了。实现“以审判为中心的”刑事办案的司法理念和运行机制,就可以避免将一些疑难复杂案件的办理拖得过久,也可运用公、检、法三机关在相互制约与相互协作方面的动态合力,提升应对疑难复杂刑事案件的司法能力。

3. 应该实行静态与动态融合的制约与协作机制

(1)域外的实践

在有的国家,在警察拘留嫌犯的下一个工作日,检察官即要求警方把嫌犯带到法庭过堂开审。例如,在英国的苏格兰地区,嫌犯在其被羁押的第二个法定工作日即被带到法庭审判。即如果嫌犯在星期五被逮捕,那么他就应该在下个星期一出庭。由于许多的犯罪都发生在周末,以至于苏格兰的一位检察官曾说:“星期一是最忙碌的一天。”他们认为,检察官所作出的起诉决定的质量在很大程度上有赖于警察提交的报告的质量,因此,检察官与警察持续的“对话”是刑事司法制度的一个必要组成部分。在英格兰和威尔士,警察与检察官的合作同样对刑事司法制度的正常运作至关重要,而且,多年来警察与检察官还一起参加新法律的培训班,以使检察官与警察一道讨论共同面临的疑难问题。另外,除在必要的时候检察官向警察提出建议外,他们还在如何根据各种犯罪的证据要求对某一犯罪提出适当指控及如何准备卷宗方面有共同遵循的原则和规则。[1]

(2)建立司法权运行中制约与合作的常态机制

在案件办理过程中,警察、检察官、法官在秉持静态的相互制约与相互协作的同时,根据案件的进展进行必要的动态的相互制约与相互协作,对公正司法的益处是,有助于司法人员获得比较真实的犯罪嫌疑人陈述,有助于获得最好效果的证人证言,有助于依法固定已有的证据并发现侦查和审查起诉过程中可能存在的不足。其中的缘由在于,基于记忆的特性,时间拖得越长,人们记忆的东西越不准确甚至还会模糊或失真。此外,在我国的刑事诉讼法律中增加这一程序安排,还有助于排除各种对公正司法的干扰,因为还没等“不法的人”四处活动,案件情况及相应的证据已经被公、检、法三方面掌握了,与案情只停留在一个办案机关相比较,这样做留给欲干扰公正办案、私下“协助”嫌犯的人的机会极少。正如前些年我国对道路交通违法行为处理的改革,由现场执勤的公安民警第一时间将违法信息输入系统,事后再行更改一是由于会涉及几个环节而面临许多难处,二是事后留有痕迹可查,三是还解脱和保护了那些真正在一线秉公执法、爱岗敬业的执勤民警。正是实践中的这一做法,从规则安排上支撑了公安机关对交通违法行为的公正执法。

当然,公、检、法三机关在刑事案件的办理中实现动态的相互制约与相互协作,必须以各机关依法独自享有法定职责、在其职责范围内依法独立行使职权、依法独自承担责任。相互制约与相互协作的工作机制应该是融静态与动态为一炉的,静态的相互制约与相互协作与动态

〔1〕 例如,爱丁堡有1600个酒吧,有一个周末,警察逮捕了250个人,因为星期一是下一个法定工作日,届时警察必须把被告人带到法庭(需要说明的是,不仅大多数被告人将在交过保证金后被释放,而且也并非所有的案件都能在一个工作日内处理完毕)。参见王晋、刘生荣主编:《英国刑事审判与检察制度(中英文对照)》,中国方正出版社1999年版,第110~111、162~163、176~179页。

的相互制约与相互协作应该常态地贯穿于案件办理的全过程和各环节。

借用卞建林教授的说法,办案机关之间的相互制约与相互协作不能总体上只是一次性的“公安做饭,检察院端饭,法院吃饭”,而应该是总体上在“公安做饭,检察院端饭,法院吃饭”的基础上,检察院根据案情提建议,公安机关予以“加饭或重做”,法院审查、提要求,需要时一次或多次重复前述的步骤,直至法院依法作出公正判决。通过法律条款的设计明确静态和动态融合的相互制约与相互协作,使之成为法定的常态化的司法运行机制,既可充分地发挥公、检、法三机关各自的独特职能和作用,又随着案情的变化甚至反复在相应的诉讼环节使公、检、法三机关通过有效的相互制约与有效的相互协作取得“1 +1 +1 >3”的效果,以司法规则支撑和保障司法的公正。

二、司法责任

(一)司法人员与公正司法

1. 司法人员秉公办案是公正司法的关键

我国古代思想家就十分重视人在法律实施中的作用。有观点认为重视人在法律实施中的作用是中国古代人治思想的体现;实际上,这种认识是不全面的。张晋藩教授研究得出的结论是:“中国古代关于人治与法治的争论”“与资产阶级运用法治反对封建专制主义的人治是不同的”。“在中国古代并没有人治与法治的概念,更不存在人治主义与法治主义的对立,这是后人以近代资产阶级的概念加给古人的。”“儒家主张‘为政在人’,‘徒法不足以自行’,‘有治人无治法’”,“法家主张‘缘法为治’,‘圣君任法而不任智’,‘法律政令者,吏民规矩绳墨也’,‘不务德而务法’”。儒家与法家的上述不同观点,只是“两个学派在治国方法上的侧重点不同”,“并不是本质上对立”,因此,儒、法两个学派“的结合即所谓‘外儒内法’,是可能的,而且是必要的、必然的”[1]。张晋藩教授研究我国传统经典得出的这一结论是深刻的,对于我们从我国古代优秀历史文化中汲取有益营养、充分认识人在公正司法中的作用,有着重要的启发和教育作用。

在我国历史上,关于人在法律实施中的重要作用,不仅思想认识上的状况如上,实践中的主张也是如此。被列宁称为“十一世纪时的改革家”的我国北宋时期的王安石,就明确地提出了“守天下之法者莫如吏”“吏不良,则有法而莫守”的观点。王安石曾做过十多年州县官吏,在北宋熙宁年间,还先后任参知政事(副宰相)和宰相,他从自己的为官经历中认识到,单有好的法律还不够,必须有执法的机关和执法的官吏来贯彻执行。而晚清受命主持修律的大臣沈家本,也结合自己出任天津知府、保定知府、山西按察使、刑部左侍郎、大理寺正卿、刑部右侍郎等的为官经历,提出了“法之善者仍在用法之人,苟非其人,徒法而已”,“有其法尤贵有其人”[2]的鲜明观点。

之所以说人在法律的实施中具有重要的作用,是因为法律首先是表现在纸面上的规范性文件,它自身不会自动地在实践中应用,需要社会公众的理解和遵行,需要专门机构的执行或适用。不仅如此,法律规范还是抽象和概括的,它只为社会成员提供了一个行为准则或方向,而实际的社会生活却是纷繁复杂和千变万化的。如此,法律的实施、案件的办理,就不可避免地与社会成员特别是司法人员的思想道德、文化素养、专业水平等联系在了一起。试想,假如一位司法人员缺少敬畏法律、公正执法的职业伦理,怎么能期待他做到遵守法律、公正司法呢?正如北京大学沈宗灵

---

[1] 参见张晋藩:《中国法律的传统与近代转型》,法律出版社1997年版,第415~417页。

[2] 参见刘海年、杨一凡编著:《中国古代法律史知识》,黑龙江人民出版社1984年版,第315~319页;张晋藩:《中国法律的传统与近代转型》,法律出版社1997年版,第416~443页。

教授所指出的：一个道德平庸的人是无法胜任这一任务的，一个道德败坏的人则只能是对这一任务的嘲弄。[1]

2. 司法责任与自我约束

“有责先有权，用权必担责”是权力健康运行的应有法则。依照“完善主审法官、合议庭、主任检察官、主办侦查员办案责任制，落实谁办案谁负责”[2]的原则，依法独立行使职权是依法独立承担责任的前提，落实司法责任制就是要让办案者决断裁判，由决断裁判者负责。关于案件办理错误的问题，中国政法大学诉讼法学研究院顾永忠教授曾指出：“这件事情做错了、做坏了，你要承担责任，这就是最大的制约。因为他自发地要对自己约束了。因为他知道，我办错了，后面要承担后果的。”[3]可见，落实司法责任制对公正司法具有促进作用，这既是认识层面和理论层面的问题，更是鲜活的司法实践层面的问题。

在探讨司法责任的问题时，不仅应该关注办理案件的行为本身，还需要关注司法人员履行职务的方式问题。例如，2020 年爆发的抗议美国警察暴力执法的事件，针对的并不是警察的执法行为本身，而是警察的执法方式。2020 年 5 月 25 日晚上约 8 点，在美国明尼阿波利斯市，弗洛伊德在商店买烟，店主怀疑弗洛伊德所付的 20 美元是假钞便报警，警察到来后将弗洛伊德带到警车时，与弗洛伊德发生了肢体冲突，几名警察将弗洛伊德按倒在地，其中的一名警察用膝盖压住了弗洛伊德的脖子，致使弗洛伊德因窒息缺氧而死亡。2021 年 6 月 25 日，因跪压弗洛伊德颈部致其死亡的警察——肖万被法院以二级谋杀、三级谋杀和二级过失杀人的罪名

---

[1] 参见曹俊：《民主与法制建设的挑战》，载路甬祥主编：《21 世纪中国面临的 12 大挑战》，世界知识出版社 2001 年版，第 460 ~ 461 页。

[2] 《中共中央关于全面推进依法治国若干重大问题的决定》，人民出版社 2014 年版，第 22 ~ 23 页。

[3] 《政论专题片〈将改革进行到底〉解说词（第四集）：维护社会公平正义》，载中国共产党新闻网，http://cpc.people.com.cn/GB/n1/2017/0721/c64387-29419059.html。

判处22年6个月的监禁。毫无疑问,对弗洛伊德死亡负有责任的涉事警察被依法惩处,是法治的结果。此暴力执法事件引发了几乎遍及全美的抗议游行,人们拿着"我不能呼吸""黑人的命也是命"(受害者弗洛伊德是黑人)的标语走上街头,呼吁尊重人权、反对暴力执法。从事件的全过程来看,其他一些国家也爆发了声援美国游行的较大范围的抗议游行。虽然抗议游行的扩大和持续主要是缘于人们对种族歧视的反对,但抗议游行的直接起因和导火索却是美国警察的暴力执法。可见,尽管执法或司法行为本身是有事实根据和法律依据的,但如果执法方式或司法程序违法,同样是要承担责任的。

在探讨司法责任时,还有一个问题不能忽视,这就是司法能力或者说业务能力的问题。所谓德才兼备,说的就是司法人员不仅应秉公办案、依法行使权力,还应具有办理案件所需要的知识和能力。当然了,在现在司法机关实行"凡进必考"的选人用人机制的时代,业务能力的问题更多针对疑难复杂案件和新型案件的办理方面。不仅是现代,在我国古代,业务能力问题也是一个受到重视的问题。1955年9月8日,董必武在同苏联法律专家谈中国的法律工作概况时,就曾指出:旧中国县太爷办案,都要请一个懂法的人做刑名师爷。因为,当县官的不请师爷帮助办案,每件案件都有被驳回的可能;如果有两三个案子接连被驳回,这个县官就当不成了。[1] 从董必武研究的情况看,我国古代县官办案也是要承担责任的。

3. 公正司法与惩治司法方面的腐败

按照法律的本来要求,无论是刑事警察,还是检察人员和审判人员,都只有秉公办案、依法行使权力的职责和权限,而无任何超越法律规定甚至违法妄为的特权;凡是违反法律办理案件的,都应视具体案情受到相应的法律制裁和惩罚。违法办案的司法人员在被依法追究其应承担的行政责任甚至刑事责任的同时,给受害人造成经济损失的,还须依法承担相应

〔1〕 参见《董必武法学文集》,法律出版社2001年版,第307页。

的赔偿责任。

我国现行的《刑事诉讼法》、《民事诉讼法》和《行政诉讼法》都把审判人员在审理案件时有贪污受贿、徇私舞弊、枉法裁判行为作为人民法院启动再审程序的法定理由。[1] 毫无疑问,审判人员在审理案件时有贪污受贿、徇私舞弊、枉法裁判行为的,一经查实,当然要依法追究其法律责任。对司法工作人员职务犯罪的认定及相应的惩处,《刑法》有明文规定。[2]

司法人员滥用公权力的现象,中外都不乏其例。例如,早在 1621 年,因哲学上的成就而闻名的英国人弗朗西斯·培根就曾经因担任法官时接受诉讼当事人 4 万英镑的贿款,被指控涉嫌贪污受贿犯罪,法院对其作出的判决是:处罚金 4 万英镑,监禁于伦敦塔,逐出宫廷并终生不得任议员和官职。虽然后来罚金和监禁皆被豁免,但培根却因此结束了自己的政治生涯,开始专心从事理论研究。

在历史上,中国作为一个著名的文明古国,勤劳智慧的华夏儿女创造了骄人的历史和璀璨的文明,但呈现出多次"改朝换代"甚至循环往复式的"推倒重来"的特征,直至惨遭外敌的肆意入侵并一度沦落到丧权辱国、生灵涂炭的悲惨境地,原因尽管有种种,但司法的腐败不能不说是一个重要的原因。以清朝为例,司法方面的腐败表现在"执掌司法的官员虽然缺乏律例之学,但却精通婪索敛财之道,他们只重贿赂的轻重,不问案情的是非。而刑名幕吏更加助纣为虐,玩法行私,操纵狱讼,造成了大量冤案"[3]。

古今中外的情形说明大力整治司法方面的腐败、切实落实司法责任是公正司法的应有之举。

---

〔1〕 参见《刑事诉讼法》第 253 条,《民事诉讼法》第 211 条,《行政诉讼法》第 91 条。

〔2〕 参见《刑法》第 245 条、第 247 ~ 248 条、第 399 条、第 400 条、第 401 条。

〔3〕 张晋藩:《中国法律的传统与近代转型》,法律出版社 1997 年版,第 344 页。

(二)司法人员主动履职的责任

1. 司法人员应依法主动履职

诉讼程序和证据规则的重要意义包括查实案情。在查明事实、适用法律予以裁判之前,司法人员的角色应是司法活动的主持者和管理者,“以事实为根据,以法律为准绳”的司法原则需要司法人员“主动作为”,只不过“主动作为”须在法定的诉讼程序之内,因为只有司法人员“主动作为”,才能推动整个诉讼程序朝着查明案件事实、正确适用法律的目标前进。例如,司法人员如具有法定的须回避的情形,就应主动提出回避。在诉讼中,与案件有利害关系或者有其他关系,可能影响对案件公正办理的审判人员、检察人员、侦查人员应当自行申请回避。[1] 又如,在刑事诉讼中保障犯罪嫌疑人、被告人、被害人获得法律帮助的权利,对于保障其诉讼权利、促进公正司法有着重要意义。为此,司法人员依法主动告知他们有权委托辩护人、诉讼代理人就非常必要。依照规定,在第一次讯问犯罪嫌疑人或者对犯罪嫌疑人采取强制措施的时候,侦查机关就应当告知犯罪嫌疑人有权委托辩护人;自收到移送审查起诉的案件材料之日起 3 日以内,接受案件的检察院也应当告知犯罪嫌疑人有权委托辩护人;法院也须自受理案件之日起 3 日以内告知被告人有权委托辩护人;等等。[2]

在案件的审判活动中,法官居于主持的位置,刑事诉讼中的公诉人和被告人,民事和行政诉讼中的原告和被告,其他如辩护人、被害人、代理人、证人等诉讼参与人各就其位,而在法庭旁听庭审的人则居于“台下”。在案件审理期间,无论是各诉讼参与人之间依法定程序进行的发言和辩论,还是对证人、鉴定人等的发问,以及其他诉讼活动,不仅需要坐在审判席的法官的主持,更需要使法官能听得清楚明白,因为最后做决断的是坐

---

〔1〕 参见《刑事诉讼法》第 29 条,《民事诉讼法》第 47 条,《行政诉讼法》第 55 条。

〔2〕 参见《刑事诉讼法》第 34 条。

在审判席上的法官。如此，就需要法官主持好庭审，使公诉人、当事人及其代理人、证人等的主张能全面、准确地传递给法官。

如此，落实司法责任制、实现公正司法，要激励和保障司法人员在忠于事实、忠于法律的大前提下，尽心尽力履职，以充分发挥法定诉讼程序和证据规则对案件实体公正的支撑和保障作用。据此，对于诉讼程序方面的问题，凡属诉讼参与人无法解决而又会直接涉及认定证据、查实事实的，国家的司法机关就应该依职权主动作为。司法机关依国家赋予的司法职权主持和推进诉讼程序，是从程序上保障公正司法的重要方面。

2. 司法机关依职权主动作为与案件当事人行使诉讼权利的问题

在民事诉讼中，司法机关应当尊重和保障当事人的自主处分权，如果不涉及社会公共利益，司法机关就不应当干涉。在法理上，司法保障诉讼参与人所享有的诉讼权利；司法在诉讼中的主导地位和依法主动地行使职权，也是案件当事人对实体问题行使处分权的正当程序保障。如当事人的权利能力和行为能力、代理人的代理权、案件的管辖权等问题，都关系诉讼的形式要件，对这些问题，司法机关应依职权主动审查，必要时甚至可以主动调查。法院对这些问题进行调查的意义在于判断诉讼可否提起，对这些问题，当事人也可以调查和提出意见，但相比较而言，法院更有条件快速把这些问题查清楚，这些问题不属于当事人提出的诉讼请求的范畴，也不属于当事人依法享有的自主处分权的范畴。按照落实司法责任制的要求，就是当事人不提出上述要求，法院也应主动履职，依职权对直接关乎诉讼正常进行的问题进行调查和判断。

司法机关依职权主动作为，不同于案件当事人自己提出权利主张及进行相应的举证〔1〕，只不过是对于举证不能的一种公力救济，其用意在于尽量使举证能力弱的一方当事人与举证能力强的一方当事人处于事实上平等的诉讼地位。司法机关依职权主动作为，也不意味着可以减轻当

〔1〕 案件当事人对自己的主张予以举证，既是责任，也是权利。

事人的举证责任而由司法机关承担本应由当事人承担的调查、收集证据的责任。而且,为避免司法权力在诉讼中倾向于任一方当事人,司法机关在必要时依职权通过主动调查等途径收集的证据,也必须在法庭公开展示,既当庭让得到司法公力救济的一方当事人发表意见,更允许对方当事人质疑,也就是说,即使是司法机关在必要时主动收集的证据,也必须按照证据规则在法庭上进行质证和辩论,然后才能决定是否作为定案依据。

在民事和行政案件的审理中,受案法院应当按照法定程序,全面地、客观地审查核实证据。依此,虽然诉讼中的当事人对自己提出的主张有责任提供证据,但是,在遇有当事人及其诉讼代理人因客观原因不能自行收集到证据的情形时,受案法院按照法定程序全面地、客观地审查核实证据就失去了基础。为此,就需要受案法院来调查收集,以补救“当事人不能”之缺憾。另外,在遇有证据可能灭失或者以后难以取得的情形时,虽然案件的当事人可以在诉讼过程中向受案法院提出保全证据的申请,但受案法院也可以依法主动对可能灭失或者以后难以取得的证据采取保全措施。还有,对于可能因当事人一方的行为或者其他原因,使判决难以执行或者造成当事人其他损害的案件,受案法院既可以根据当事人的申请裁定采取财产保全的措施,也可以在必要时依法裁定采取保全措施。对应由法院主动作为而法院没有作为的案件,法律也赋予了当事人可以采取的救济手段。如对审理案件需要的主要证据,当事人因客观原因不能自行收集,书面申请人民法院调查收集,人民法院未调查收集的,在法院判决生效、当事人提出再审申请的时候,法院应当再审。[1]

3. 释明问题

司法责任制首先需要法官主动履职,在案件审理的过程中,根据查明案情、正确适用法律的目标导向,法官既应该行使必要时的调查、收集证据的权利,也应该履行释明的职责以进一步搞清弄懂当事人及其代理人、

---

〔1〕 参见《民事诉讼法》第84条、第103条、第211条,《行政诉讼法》第42~43条。

证人的意见和依据,为最终的裁判奠定扎实的事实基础。

无论是刑事案件中负责侦办案件的刑事警察,负责审查起诉、出庭支持公诉的检察人员,负责审理案件的审判人员,还是在民事和行政案件中负责审理案件的审判人员,如果未能充分理解当事人的主张,就无法正确地适用法律,就更谈不上公正司法了。因此,办理案件的侦查人员、检察人员和审判人员在必要时主动释明,即主动说明法律规定的内容、告知当事人补正或作进一步具体的解释,能避免"糊涂官判糊涂案"。这就涉及了诉讼中的释明问题。

我国法律已有关于释明的明文规定。如《行政诉讼法》规定:人民法院在接到起诉状时对符合该法规定的起诉条件的,应当登记立案。起诉状内容欠缺或者有其他错误的,司法人员应当给予指导和释明,并一次性告知当事人需要补正的内容;不得未经指导和释明即以起诉不符合条件为由不接收起诉状。[1] 又如,《国家赔偿法》虽未明文提到释明,但却包含了释明的要求:要求赔偿应当递交申请书,申请材料不齐全的,赔偿义务机关应当当场或者在5日内一次性告知赔偿请求人需要补正的全部内容。[2] 另外,最高人民法院在印发的《人民法院国家司法救助文书样式(试行)》中,明确要求司法人员向赔偿申请人释明,具体内容为:人民法院国家司法救助文书样式供人民法院向基本符合救助条件的人员释明现行国家司法救助政策规定,规范救助申请的提出和证明材料的准备等用;人民法院国家司法救助申请登记表已整合涵盖了《国家司法救助申请书》的必备要素,并有一定指引作用,救助申请人填写不规范或证明材料不齐备的,登记法院应予释明和必要指导。之外,《民事诉讼法》和《刑事诉讼法》虽然没有明确提及"释明"二字,但也有体现释明内涵的内容,如《民事诉讼法》关于受案法院经审查再审申请人提交的再审申请书、对方

---

〔1〕 参见《行政诉讼法》第51条。

〔2〕 参见《国家赔偿法》第12条。

当事人提交的书面意见等材料，既可以要求申请人和对方当事人补充有关材料，也可以询问有关事项的规定；《刑事诉讼法》关于法院、检察院或者公安机关对于报案、控告、举报和自首的材料，经审查不予立案、通知控告人不立案原因的规定。[1]

应该释明而未向当事人释明的，法律允许当事人寻求进一步的司法救济。在行政诉讼中，对于受案法院不一次性告知当事人需要补正的起诉状内容的，当事人可以向上级人民法院投诉，上级人民法院应当责令改正，并对直接负责的主管人员和其他直接责任人员依法给予处分。在刑事诉讼中，控告人如果不服不予立案的决定，可以申请复议。[2]

需要说明的是，释明不同于裁判说理。释明属于诉讼程序的范畴，而裁判说理则不完全相同，裁判说理的事项有的只涉及诉讼程序方面的事项，例如，不予立案的裁定书所载明的不予立案的理由；而有的则兼具了诉讼程序与案件实体两方面的事项，如判决书中关于判决结果和判决理由的说明、裁判文书中未采纳证据的说理。[3]

（三）落实司法责任制需关注的几个问题

1. “案件瑕疵”问题

由于长时间存在的“重实体、轻程序”的观念及实践，有不少程序上的违法被轻描淡写地称为“案件瑕疵”。在全面推进法治中国建设的新时代，如果还是像过去那样，只是将案件中存在的侵犯诉讼参与人诉讼权利的问题称为“案件瑕疵”，则不符合“努力让人民群众在每一个司法案件中感受到公平正义”的要求了。

在落实司法责任制的过程中，除了关注贪污受贿、徇私舞弊、枉法裁

---

〔1〕 参见《民事诉讼法》第 214 条，《刑事诉讼法》第 112 条。

〔2〕 参见《行政诉讼法》第 51 条，《刑事诉讼法》第 112 条。

〔3〕 参见《民事诉讼法》第 155 条、第 157 条，《行政诉讼法》第 43 条。

判的行为以外,也不能忽略司法活动中那些“专属于司法”的责任问题。在案件办理的过程中,作为不同阶段和环节的主持人和诉讼活动的管理者,主办侦查员、主办检察官、主审法官等司法人员,有责任确保全部司法活动符合诉讼法规定的程序规则,确保案件事实的认定依据法定的证据规则进行,保障诉讼参加人所享有的法定的诉讼权利。

诉讼参与人所享有的诉讼权利,是法律明文赋予的,经过法定的诉讼程序,适用法定的证据规则,查明案件事实、正确适用法律,从而依法公平公正地对案件的实体问题作出裁判,以实现法律保护合法、制裁违法、打击犯罪、惩恶扬善的价值。如果在司法活动中,诉讼参加人的诉讼权利得不到具体办理案件的司法人员的支持和保障,诉讼程序的进行和证据的展示就失去了正当的前提和功能,司法也就成了一个空壳,从而就无法“让人民群众在每一个司法案件中感受到公平正义”。近些年,国家司法机关依法纠正的一些冤错案件,基本上都存在办理案件的司法人员侵犯甚至剥夺诉讼参与人的一些诉讼权利的问题,而这些问题过去经常被一些人轻描淡写地称为“案件瑕疵”。

2. 司法人员的职业道德问题

“执法不严、司法不公,一个重要原因是少数干警缺乏应有的职业良知。许多案件,不需要多少法律专业知识,凭良知就能明断是非,但一些案件的处理就偏偏弄得是非界限很不清楚。”[1] 在司法实践中,疑难复杂的案件只是少数,对于大多数案件,司法机构的办案人员有能力做到“以事实为根据”和“以法律为准绳”。一些案件之所以出现了冤错的结果,除了业务能力和水平方面的制约,主要就在于种种外在的请托、利诱等因素导致的职业良知的丧失。由此,司法人员秉持职业良知行使司法权,对公正司法至为重要。

---

〔1〕 中共中央文献研究室编:《习近平关于全面依法治国论述摘编》,中央文献出版社 2015 年版,第 97 页。

由于司法权具有与其他性质的公权力不同的特点，司法责任制中涉及的责任问题，除了包括与其他行使公权力的公职人员的职务违法或职务犯罪相同的问题以外，还包括直接源于司法活动特点的违规会见的问题。为此，法律禁止审判人员、检察人员、侦查人员接受当事人及其委托的人的请客送礼，禁止审判人员、检察人员、侦查人员违反规定会见当事人及其委托的人；审判人员、检察人员、侦查人员违反的，不仅应依法追究他们的法律责任，而且当事人及其法定代理人还有权要求他们回避。[1]此外，法律要求：曾经担任法官、检察官的律师，从人民法院、人民检察院离任后2年内，不得以律师身份担任诉讼代理人或者辩护人；法官从人民法院离任后、检察官从人民检察院离任后，不得担任原任职法院、原任职检察院办理案件的诉讼代理人或者辩护人，但是作为当事人的监护人或者近亲属代理诉讼或者进行辩护的除外；法官、检察官被开除后，不得担任诉讼代理人或者辩护人，但是作为当事人的监护人或者近亲属代理诉讼或者进行辩护的除外。[2]

与落实司法责任制同样重要的是健全和落实司法人员履行法定职责的保护制度和机制。为此，应将“非因法定事由，非经法定程序，不得将法官、检察官调离、辞退或者作出免职、降级等处分”[3]的要求，与落实司法责任制并行不离。

3. 落实司法责任制须排除干扰

不受行政机关、社会团体和个人的干涉是落实司法责任制的法律保障。为此，法律明确要求：人民法院依照法律规定对诉讼案件独立行使审判权，人民检察院依照法律规定独立行使检察权，不受行政机关、社会团

〔1〕 参见《刑事诉讼法》第30条。

〔2〕 参见《法官法》第36条，《检察官法》第37条，《律师法》第41条。

〔3〕 《中共中央关于全面推进依法治国若干重大问题的决定》，人民出版社2014年版，第21页。

体和个人的干涉。[1] 为此,建立和落实领导干部干预司法活动、插手具体案件处理的记录、通报和责任追究制度,建立和落实司法机关内部人员过问案件、违反规定干预其他人员办理案件的记录制度和责任追究制度,就成为保障审判权和检察权依法独立公正行使的必然要求。

在实践中,司法人员依法独立行使职权,除了有可能受到以上所述的领导干部和司法机关内部人员的违法过问、干预外,还可能会受到司法机关所在地种种因素的影响和干预。司法实践中,对一些职务职级比较高的人涉嫌犯罪的案件,指定管辖、实行异地办案的办法,已被实践证明是有益于公正司法的有效办法。

对可能受到干扰的案件实行异地办案的办法,实际上是将案件的司法管辖与司法机构所在地的行政区划作了分离。司法管辖与司法机构所在地行政区划的这种分离是避免地方干预司法、保障公正司法的有效办法。实践中的这一有效办法,是司法实践的成果,已经成为"探索建立与行政区划适当分离的司法管辖制度"[2],"最高人民法院设立巡回法庭,审理跨行政区域重大行政和民商事案件。探索设立跨行政区划的人民法院和人民检察院,办理跨地区案件"和"合理调整行政诉讼案件管辖制度"[3]的实践基础。

2014 年 5 月,河南省高级人民法院在全国率先进行行政案件异地管辖改革,把以县政府和地市政府为被告的案件和所有环保类案件,全部交由相邻的县、市法院立案审理。后来,在实践的基础上,又进一步扩大了行政案件异地管辖的范围。河南探索的特点在于,异地办案不是由法院指定,而是把管辖的选择权交给了原告:当事人可以直接到异地法院起诉,也可以在当地法院起诉。这一探索实践对行政诉讼案件在现行法律

〔1〕 参见《刑事诉讼法》第 5 条,《民事诉讼法》第 6 条,《行政诉讼法》第 4 条。

〔2〕 《中共中央关于全面深化改革若干重大问题的决定》,人民出版社 2013 年版,第 33 页。

〔3〕 参见《中共中央关于全面推进依法治国若干重大问题的决定》,人民出版社 2014 年版,第 21 ~ 22 页。

框架下实现了由原告选择的司法审判区域与行政管理区域的有限分离，对于避免行政诉讼案件的受理和审理在原来的行政管理区域可能受到的不当干预提供了工作机制上的支撑。[1] 后来，最高人民法院在总结河南和其他地方经验的基础上，决定在部分中级人民法院辖区内开展行政案件异地相对集中管辖试点工作，将部分基层人民法院管辖的一审行政案件通过上级人民法院统一指定的方式交由异地的基层法院管辖，即其他基层人民法院集中管辖的制度。[2]

对于可能影响公正审判的案件实行异地办案的办法，在域外也有类似的实践。在美国，“对于热点案件，辩护律师一般会动议变更审判地——将审判地从犯罪发生地变更到另一个审前案件公众知晓度低、一定要定罪的感情没那么强烈的县审理”。而且，“有时候上诉法院会认为犯罪地存在极严重的偏见，也会变更审判地”[3]。热点案件一般是指在审判前媒体已有大量倾向性报道的案件。对于热点案件，律师有权提出变更审判地的动议，是否同意最后是由法官决定的。

三、受害人的诉讼权利保障及权益救济

（一）刑事被害人的诉讼权利保障

1. 刑事被害人所享有的一般诉讼权利

《刑事诉讼法》将遭受刑事犯罪侵害的人称为“被害人”。按照《刑事诉讼法》的规定，在刑事诉讼中，案件的被害人除依法享有向公安机关、人民检察院或者人民法院的报案权或者控告权，向人民法院的直接起诉权

---

〔1〕参见吴倩、李鹏飞、乔良：《在三大诉讼中推行案件异地管辖》，载搜狐网 2016 年 3 月 7 日，https://www.sohu.com/a/62145715_117622。

〔2〕参见最高人民法院《关于开展行政案件相对集中管辖试点工作的通知》。

〔3〕[美]布莱恩·史蒂文森：《正义的慈悲：美国司法中的苦难与救赎》，于霄译，上海三联书店 2015 年版，第 50～51 页。

外，还依法享有申请回避、委托诉讼代理人等多项诉讼权利。例如，在侦查环节，侦查机关不仅须依法将用作证据的鉴定意见告知犯罪嫌疑人，而且还须告知被害人；对鉴定意见有异议的，像犯罪嫌疑人一样，被害人也享有申请补充鉴定或者重新鉴定的诉讼权利。又如，在审查起诉环节，检察人员审查案件，除了须讯问犯罪嫌疑人、听取辩护人的意见外，还应当听取被害人及其诉讼代理人的意见，并且也要将所听取的被害人及其诉讼代理人的意见记录在案。检察院对被害人及其诉讼代理人提出的书面意见，也应像辩护人的书面意见那样予以附卷。再如，人民检察院决定不起诉的，被害人在收到不起诉决定书后的法定时间内，既可以向上一级人民检察院申诉、请求提起公诉，也有权不经过向上一级检察院申诉的环节而直接向人民法院起诉；上一级检察院复查后决定维持不起诉决定，被害人不服的，仍然有权向人民法院起诉。

法律对被害人在法庭审理环节享有的诉讼权利也有明确规定，例如，公诉人宣读起诉书后，除被告人外，被害人同样可以就起诉书指控的犯罪进行陈述；经审判长许可，被害人、附带民事诉讼的原告人及其诉讼代理人有权向被告人发问。对已经发生法律效力的判决、裁定，被害人及其法定代理人、近亲属不服的，有权向人民法院或者人民检察院提出申诉。

此外，在涉嫌危害国家安全犯罪、恐怖活动犯罪、黑社会性质组织犯罪、毒品犯罪等的案件中，与证人、鉴定人在诉讼中作证，本人或者其近亲属可能会面临人身安全的危险，可以向人民法院、人民检察院、公安机关请求予以保护一样，被害人在诉讼中作证认为人身安全面临危险的，本人或者其近亲属同样有申请办案机关采取人身保护措施的权利。

在刑事诉讼中，由于被害人是直接遭受罪犯侵犯的人，是犯罪行为及其结果的直接承受者，被害人依法享有并充分行使诉讼权利对于实现公正司法有着特殊的价值。

2. 犯罪嫌疑人、被告人与刑事案件受害人之间程序保障问题

现有刑事程序保障的法律设计,总体是以犯罪嫌疑人、被告人为中心构建起来的。这是由刑事司法的内在特点所决定的,因为从对犯罪嫌疑人或者被告人采取刑事强制措施一直到法院最终作出判决这一段时间,犯罪嫌疑人或者被告人一般是处于被法律拘束的不自由状态的。这种不自由状态既表现在犯罪嫌疑人、被告人被依法羁押、失去人身自由,也表现在虽未被依法羁押但处于受管制的状态,如监视居住、取保候审等。法律设计在诉讼程序上的保障措施方面,更倾向于保障犯罪嫌疑人或被告人的权益,这正是基于犯罪嫌疑人或者被告人处于被法律拘束的不自由状态的特点,从而保障司法公正。

在美国,"犯罪受害人一直在抱怨他们在刑事司法系统中受到不公待遇",以至于"20 世纪 80 年代,为了响应犯罪受害人及其家属的要求,社会上掀起了一场受害人权利运动"。刑事司法理念更新和受害人权利运动的开展,使美国的一些州不仅"允许受害人家人在庭审时坐在检察官席",还规定受害人在审判程序中可以行使"受害人影响陈述的权利",且大多数州在假释听证会上也允许受害人作影响陈述,并将陈述的"信息"体现在提交给法官的审前报告中。"受害人影响陈述",是指"受害人用自己的语言提供的关于犯罪如何影响了他们的书面或口头信息"。如此,"刑事公诉中出现了一种新状态,受害人的情绪、角度和观点左右了刑事案件应当如何进行",刑事程序保障朝着受害人权益与犯罪嫌疑人、被告人权益平衡的方向发展了。因为,"比起无形的州政府或社会,受害人在庭审时是一个更具体的形象"。[1]

犯罪嫌疑人、被告人与刑事案件受害人之间程序保障的平衡问题不仅关系受害人的诉讼权益保障,也关系司法的公正。尽量平衡受害人与

---

〔1〕 参见[美]布莱恩·史蒂文森:《正义的慈悲:美国司法中的苦难与救赎》,于霄译,上海三联书店 2015 年版,第 111 ~ 113 页。

犯罪嫌疑人、被告人之间的程序保障,在认识和理念上有一个变化甚至争论的过程。例如,在美国,对法庭审理听取“受害人影响陈述”的问题,就曾有不同甚至相反的意见和判例,最后的结果还是“在刑事审判过程中,单个受害人更显在和受更多保护的地位得到了最高法院在宪法上的佑护”,而且,还采取了“受害人的律师被增补到假释委员会”“受害人服务及其扩大业务”增列为检察功能的重要组成部分等保障受害人诉讼权利的措施。[1]

国际公约也对刑事受害人表示了关注。例如,《联合国反腐败公约》第 32 条就以“保护证人、鉴定人和被害人”为标题并规定了“各缔约国均应当在不违背本国法律的情况下,在对罪犯提起刑事诉讼的适当阶段,以不损害被告人权利的方式使被害人的意见和关切得到表达和考虑”。该公约第 57 条还以“资产的返还和处分”为标题就依照公约“在其他所有情况下,优先考虑将没收的财产返还请求缔约国、返还其原合法所有人或者赔偿犯罪被害人”予以明文规定。

(二)刑事被害人的民事权益保障

1. 受害人在刑事诉讼中的民事诉讼权利

与对犯罪嫌疑人、被告人的保障相比较,法律对刑事被害人或者说对刑事犯罪的直接受害人的保障,往往显得有些不平衡。制定刑事诉讼法是为了保证刑法的正确实施,惩罚犯罪,保护人民,保障国家安全和社会公共安全,维护社会秩序。在刑事诉讼中,由于有遭到犯罪分子直接侵害的被害人,被害人或者是受到了身体上的伤害,或者是受到了财产上的损失,或者是两者兼而有之,有的甚至还危及生命。也就是说,犯罪分子在危害国家管理秩序、危害社会公共利益的同时,还直接侵害了被害人的人

---

〔1〕 参见[美]布莱恩·史蒂文森:《正义的慈悲:美国司法中的苦难与救赎》,于霄译,上海三联书店 2015 年版,第 112 ~ 113 页。

身及财产利益。鉴于此,犯罪分子应该依法受到双重的处罚,一是按照公诉人的指控,由法院依法追究其法定的刑事责任;二是向直接的被害人赔礼道歉并给予经济赔偿。与此相应,犯罪分子依法应当承担两种法律责任,一种是刑事法律上的,另一种是民事法律上的。

关于刑事案件被害人所享有的民事诉讼权利,法律有明文规定:刑事案件的被害人由于被告人的犯罪行为而遭受物质损失的,在刑事诉讼过程中,有权提起附带民事诉讼;被害人死亡或者丧失行为能力的,其法定代理人、近亲属有权提起附带民事诉讼。附带民事诉讼原告人根据案件的具体情况,可以申请人民法院采取保全措施,请求人民法院查封、扣押或者冻结被告人的财产。人民法院审理附带民事诉讼案件,可以进行调解,或者根据物质损失情况作出判决、裁定。附带民事诉讼应当同刑事案件一并审判,只有为了防止刑事案件审判的过分迟延,才可以在刑事案件审判后,由同一审判组织继续审理附带民事诉讼。[1]

除了有权提起附带民事诉讼外,刑事案件的被害人还有权申请参加人民法院对没收犯罪嫌疑人、被告人违法所得案件的审理。依照规定,对于贪污贿赂犯罪、恐怖活动犯罪等重大犯罪案件,犯罪嫌疑人、被告人逃匿,在通缉 1 年后不能到案,或者犯罪嫌疑人、被告人死亡,依照刑法规定应当追缴其违法所得及其他涉案财产的,人民检察院可以向人民法院提出没收违法所得的申请;公安机关认为有上述情形的,应当写出没收违法所得意见书,移送人民检察院。人民法院受理没收违法所得的申请后,应当进行为期 6 个月的公告。犯罪嫌疑人、被告人的近亲属和包括被害人在内的其他利害关系人有权申请参加诉讼,也可以委托诉讼代理人参加诉讼。人民法院在公告期满后对没收违法所得的申请进行审理,包括被害人在内的利害关系人参加诉讼的,人民法院应当开庭审理。人民法院经审理,对经查证属于违法所得及其他涉案财产,除依法返还被害人的以

---

〔1〕 参见《刑事诉讼法》第 101 ~ 104 条。

外，应当裁定予以没收。[1]

事实上，在刑事诉讼中尽可能低的羁押率，如同国际上的轻刑化主张一样，在许多国家已经成为一种现实的法律规定和司法实践。在一些国家，对一些没有社会危险性的犯罪嫌疑人、被告人，警察常常并不将其收押。对没有现实的社会危险性的犯罪嫌疑人、被告人不采取羁押的刑事强制措施，一是出于保障人权的需要，二是尽量节约司法成本，以尽可能少的司法资源实现公正司法的目标。尽量减少羁押的刑事潮流，直接冲击和动摇了原本以犯罪嫌疑人、被告人诉讼权益保障为中心的刑事诉讼制度构建；如此，需要在继续坚守依法保障犯罪嫌疑人、被告人诉讼权益的同时，在刑事诉讼中重塑犯罪嫌疑人诉讼权利与刑事被害人诉讼权利之间的平衡，并在依法保障犯罪嫌疑人、被告人刑事诉讼权利的基础上，重构规定刑事被害人所应享有的民事诉讼权利的条款。

2. 充实刑事被害人附带民事诉讼的救济途径

刑事诉讼法的任务是保证准确、及时地查明犯罪事实，正确应用法律，惩罚犯罪分子，保障无罪的人不受刑事追究，尊重和保障人权，保护公民的人身权利、财产权利、民主权利和其他权利。在《刑事诉讼法》规定任务和基本原则的条款里，未出现有关刑事被害人的表述，这一直接承受犯罪侵害的刑事被害人应该是被涵盖在“保护人民，保障国家安全和社会公共安全”，“保护公民的人身权利、财产权利、民主权利和其他权利”之中的。《刑法》规定，由于犯罪行为而使被害人遭受经济损失的，对犯罪分子除依法给予刑事处罚外，还应根据情况判处赔偿经济损失。[2] 正如前所述，《刑事诉讼法》为刑事案件被害人提供的民事救济手段是提起刑事附带民事诉讼。依照《刑事诉讼法》的规定，被害人由于被告人的犯罪行为而遭受物质损失的，在刑事诉讼过程中，有权提起附带民事诉讼；国

---

〔1〕 参见《刑事诉讼法》第 298 ~ 300 条。

〔2〕 参见《刑法》第 36 条。

家财产、集体财产遭受损失的，人民检察院在提起公诉的时候，可以提起附带民事诉讼。《刑事诉讼法》的这一规定虽然赋予了被害人及其法定代理人、近亲属提起附带民事诉讼的权利，但由于刑事案件的特殊性，特别是在被害人遭受严重的人身伤害需要进行抢救或治疗时，让被害人提起附带民事诉讼除了多有不便外，也容易让被害人在遭受犯罪侵害后，再一次陷入应对附带民事诉讼的痛苦中。

毫无疑问，在刑事案件中，公诉人提起公诉是为了国家利益和公共利益，但是离开了一个个具体刑事案件被害人的利益，国家利益和公共利益又如何充分体现呢？没有充分体现被害人利益的“公共利益”，最终的社会意义又在哪里呢？如此，应当在刑事案件中，原则上由起诉的检察官一并提起附带民事诉讼，除非被害人不同意检察官这样做。况且，《刑事诉讼法》已经规定人民检察院审查案件的时候，在必须查明犯罪事实、情节是否清楚，证据是否确实、充分，犯罪性质和罪名的认定是否正确；有无遗漏罪行和其他应当追究刑事责任的人；是否属于不应追究刑事责任的；侦查活动是否合法等外，还要查明“有无附带民事诉讼”。既然承办案件的检察官有依法查明“有无附带民事诉讼”的职责，为什么不在依法履职后受害人没有异议时进一步直接提起附带民事诉讼呢？

“努力让人民群众在每一个司法案件中感受到公平正义”的理念，公民、集体和国家的财产权利受法律平等保护〔1〕的法治要求，都需要在坚持原来行之有效的依法保障犯罪嫌疑人、被告人诉讼权利的制度的基础上，充实刑事诉讼程序的条款设计，将被害人由于被告人的犯罪行为而遭受的物质损失，与国家财产、集体财产遭受的损失同等保护，明确人民检察院在提起公诉的时候，在被害人无异议的情形下，提起附带民事诉讼。

也许有人认为，如果允许检察院这么做，将侵犯被害人自主提起民事诉讼的“神圣权利”，有悖学理上公、私法之区分。这种观点一是无视刑

〔1〕 参见《民法典》第113条。

事犯罪中的民事诉讼与单纯的民事诉讼的区别，二是也无视刑事被害人行使提起附带民事诉讼权利的种种不便。

需要特别提及的是，我国《刑事诉讼法》关于“对查封、扣押、冻结的犯罪嫌疑人、被告人的财物及其孳息”应如何处置的规定，本来就体现了国家司法机关对被害人民事权益依法主动予以保障的理念。根据《刑事诉讼法》的规定，公安机关、人民检察院和人民法院对查封、扣押、冻结的犯罪嫌疑人、被告人的财物及其孳息，应当妥善保管，以供核查，并制作清单，随案移送；对被害人的合法财产，应当及时返还。人民法院作出的判决，应当对查封、扣押、冻结的财物及其孳息作出处理。人民法院作出的判决生效以后，有关机关应当根据判决对查封、扣押、冻结的财物及其孳息进行处理。对查封、扣押、冻结的赃款赃物及其孳息，除依法返还被害人的以外，一律上缴国库。[1] 此外，在刑事诉讼法体现主动保障被害人民事权益的同时，刑事实体法也体现了主动保障，还赋予了刑事被害人民事权益优先受偿的权利。依照规定，犯罪分子违法所得的一切财物，应当予以追缴或者责令退赔；对被害人的合法财产，应当及时返还。承担民事赔偿责任的犯罪分子，同时被判处罚金，其财产不足以全部支付的，或者被判处没收财产的，应当先承担对被害人的民事赔偿责任。[2]

3. 赋予刑事被害人在刑事附带民事诉讼中请求精神损害赔偿的权利

刑事诉讼通过准确查明犯罪事实、正确适用法律，来实现打击犯罪、惩罚犯罪分子的目的，这其中，对刑事被害人的保护和救助，也如同对国家管理秩序、社会公共利益的维护一样，都是刑事诉讼的应有之义。在诉讼程序的条款设计中，应关注被害人遭受的精神伤害。犯罪分子的犯罪行为使刑事被害人遭受了非法的伤害，这种伤害可能是人身方面的，也可能是财产方面的，或者兼而有之，无论是哪一种，都会附带地对刑事被害

〔1〕 参见《刑事诉讼法》第 245 条。
〔2〕 参见《刑法》第 36 条、第 64 条。

人在精神上造成恐惧、惊吓、焦虑等看似无形却痛苦不小的伤害，有的伤害还会产生长久甚至是终生都无法消弭的伤痛。世界各国法律都规定对罪犯要依法严厉惩处的法理和情理也正是在此。

我国现行法律对涉及未成年人、受害人隐私的案件规定不公开审理，规定检查或搜查妇女身体应当由女工作人员进行等，就是为了确保刑事被害人在已经受到犯罪伤害的情形下，避免在刑事诉讼中受到二次伤害，这既是保障人权的需要，也是维护刑事被害人的人格尊严和其他人身权利的需要。在实践中，还需要对性侵犯等关系刑事被害人声誉和正常生活的案件在证人、证物的保护与保障方面作出相应的完善，以实现既依法惩处犯罪分子又使对刑事被害人的负面影响降到最低的目标。为此，有必要赋予刑事被害人在刑事附带民事诉讼中请求精神损害赔偿的权利。

通过刑事附带民事诉讼，在依法维护刑事被害人的财产权利之外，再赋予刑事被害人请求精神损害赔偿的权利，在国际上轻刑化的大背景下，对于抚慰被害人及其亲属的心灵创伤、对于有效地遏制犯罪，有着现实的意义。

依照《刑事诉讼法》的规定，因犯罪行为遭受物质损失的，可以提起附带民事诉讼。事实上，大多数案件中，被害人不仅遭受了物质损失，往往同时还受到了严重的身心伤害，在有的案件中，精神上的痛苦甚至远比物质上的损失严重。依据我国现行法律，在民事侵权案件中，被侵权人有权在物质损失之外要求精神损害赔偿，也就是说，我国法律已经确立了精神损害赔偿的法律原则及其条款设计。民事法律中所体现的精神损害应予赔偿的法理，应该同样适用于刑事案件。因此，应该充实现有的刑事诉讼法律条款，在刑事附带民事诉讼中确立刑事被害人有权同时请求精神损害赔偿。这不仅可以使被害人缓解心理上的痛苦，还能够使犯罪分子在受到刑罚处罚、赔偿经济损失的同时，付出精神损害赔偿的费用。如此，既可体现法律关于惩恶扬善的价值导向，又使犯罪分子对自己的犯罪行为付出应有的代价。

(三)案件受害人的经济救济

1. 诉讼受害人的权益救济

此处讨论的诉讼受害人是指合法权益受到不法侵害的人,既包括刑事案件的被害人,也包括民事和行政诉讼中权益受损、判决得不到执行的当事人,还包括虽不是案件的当事人但由于依法参与诉讼而权益遭受侵害的证人、鉴定人等。诉讼受害人的权益救济问题,就是对因诉讼的因素出现的生活困难和财物受损国家如何予以救济以尽量实现个案公正与社会公正相统一的问题。

对诉讼受害人的权益救济,国家设置了司法救助和国家赔偿制度。此处先论述广义司法救助中的诉讼费用减免和法律援助,诉讼费用减免和法律援助之外的狭义上的司法救助与国家赔偿后续再论述。

关于诉讼费用减免。保障确有困难的当事人不因交纳诉讼费用的因素而不能依法行使诉讼权利,是公正司法的应有之义。为此,法律规定交纳诉讼费用确有困难的当事人在进行民事诉讼和行政诉讼时可以按照规定向人民法院申请缓交、减交或者免交本应交纳的诉讼费用,以帮助其通过诉讼维护自己的合法权益。[1]

关于法律援助。在刑事诉讼中,法律援助适用的情形有:一是犯罪嫌疑人、被告人因经济困难或者其他原因没有委托辩护人的,本人及其近亲属可以向法律援助机构提出申请,法律援助机构为符合条件的申请人指派律师提供辩护;二是犯罪嫌疑人、被告人是盲、聋、哑人,或者是尚未完全丧失辨认或者控制自己行为能力的精神病人,没有委托辩护人的,承办案件的法院、检察院和公安机关通知法律援助机构指派律师提供辩护;三是犯罪嫌疑人、被告人可能被判处无期徒刑、死刑,没有委托辩护人的,承

[1] 参见《民事诉讼法》第 121 条,《诉讼费用交纳办法》第 4 条。

办案件的法院、检察院和公安机关通知法律援助机构指派律师提供辩护。此外，法律援助机构可以在人民法院、看守所等场所派驻值班律师，遇有犯罪嫌疑人、被告人没有委托辩护人，法律援助机构没有指派律师提供辩护的情形时，由值班律师为犯罪嫌疑人、被告人提供法律咨询、程序选择建议、申请变更强制措施、对案件处理提出意见等法律帮助。人民法院、人民检察院、看守所应当告知犯罪嫌疑人、被告人有权约见值班律师，并为犯罪嫌疑人、被告人约见值班律师提供便利。同时，刑事公诉案件中的被害人及其法定代理人或者近亲属，刑事自诉案件的自诉人及其法定代理人，以及公民依法请求国家赔偿，请求给予社会保险待遇或者社会救助，请求发给抚恤金，请求给付赡养费、抚养费、扶养费，请求支付劳动报酬等需要代理的事项，因经济困难没有委托诉讼代理人的，都可以向法律援助机构申请法律援助。[1]

2. 司法救助

在实践中，一些刑事犯罪案件、民事侵权案件因案件无法侦破、赔偿义务人没有赔偿能力或赔偿能力不足，致使受害人及其近亲属依法得不到实际赔偿，生活陷入困境。

众所周知，刑事犯罪的发生，各类民事侵权案件的发生，除了违法犯罪分子的直接恶行外，实际上还有社会治理等方面的因素。因此，无论从保障人权的角度，还是从改善社会治理的角度，都需要国家和社会伸出温暖之手，以国家和社会的力量支援因刑事犯罪和民事侵权致使生活面临急迫困境的人缓解困难、渡过难关。

司法救助是公正司法的补充，是司法正义的应有之义。司法正义的基础在于个案正义，同时以社会正义来平衡。个案正义和社会正义的统一，构成了司法正义的完整内容。因此，对于因犯罪侵害出现经济困难的刑事被害人，对于民事案件中判决执行不能导致经济困难的当事人，由国

---

〔1〕 参见《刑事诉讼法》第 35 ~ 36 条，《法律援助法》第 31 条。

家和社会予以一定的经济救助,既是人权保障的必要内容,更是司法正义的应有之义。

2014 年,根据党中央关于“完善人权司法保障制度”和“健全国家司法救助制度”的要求[1],中央政法委、财政部、最高人民法院、最高人民检察院、公安部和司法部在总结各地积极探索开展的刑事被害人救助、涉法涉诉信访救助等多种形式救助工作实践经验的基础上,联合制定下发了《关于建立完善国家司法救助制度的意见(试行)》,明确了对受到侵害但无法获得有效赔偿的当事人,由国家给予适当经济资助,以帮助他们摆脱生活困境、实现社会公平正义、维护司法的权威和公信力;对遭受犯罪侵害或民事侵权,无法通过诉讼获得有效赔偿的当事人,国家采取辅助性的救济措施,重点解决符合条件的特定案件当事人生活面临的急迫困难。

国家司法救助的具体对象如下:(1)刑事案件被害人受到犯罪侵害,致使重伤或严重残疾,因案件无法侦破造成生活困难的;或者因加害人死亡或没有赔偿能力,无法经过诉讼获得赔偿,造成生活困难的。(2)刑事案件被害人受到犯罪侵害危及生命,急需救治,无力承担医疗救治费用的。(3)刑事案件被害人受到犯罪侵害而死亡,因案件无法侦破造成依靠其收入为主要生活来源的近亲属生活困难的;或者因加害人死亡或没有赔偿能力,依靠被害人收入为主要生活来源的近亲属无法经过诉讼获得赔偿,造成生活困难的。(4)刑事案件被害人受到犯罪侵害,致使财产遭受重大损失,因案件无法侦破造成生活困难的;或者因加害人死亡或没有赔偿能力,无法经过诉讼获得赔偿,造成生活困难的。(5)举报人、证人、鉴定人因举报、作证、鉴定受到打击报复,致使人身受到伤害或财产受到重大损失,无法经过诉讼获得赔偿,造成生活困难的。(6)追索赡养费、扶养费、抚养费等,因被执行人没有履行能力,造成申请执行人生活困难的。(7)对于道路交通事故等民事侵权行为造成人身伤害,无法经过

[1] 参见《中共中央关于全面深化改革若干重大问题的决定》。

诉讼获得赔偿,造成生活困难的。(8)根据实际情况有关部门认为需要救助的其他人员。

为了兼顾个案公正与社会公正,《关于建立完善国家司法救助制度的意见(试行)》也设定了申请国家司法救助的排除情形:一是对案件发生有重大过错的;二是无正当理由,拒绝配合查明犯罪事实的;三是故意作虚伪陈述或者伪造证据,妨害刑事诉讼的;四是在诉讼中主动放弃民事赔偿请求或拒绝加害责任人及其近亲属赔偿的;五是生活困难非案件原因所导致的;六是通过社会救助措施,已经得到合理补偿、救助的。

3. 司法赔偿

司法赔偿与司法救助有所不同。司法赔偿的发生,不是由于违法犯罪的人的行为,而是由于行使侦查、检察、审判职权的机关以及看守所、监狱管理机关及其工作人员在行使职权时发生了侵犯人身权、财产权的情形。

行使侦查、检察、审判职权的机关以及看守所、监狱管理机关及其工作人员所行使的职权是国家法律明文赋予的,依法行使这些职权既是履行法定职责的需要,更是维护社会秩序,保持社会安定,保护公民、法人和其他组织合法权益的需要。如果公民、法人和其他组织的合法权益受到了损害,不仅有违国家法律设置这些权力的初衷,而且还破坏了司法的公正。如前所述,司法正义不仅在于个案的公正,还在于社会的公正。

司法赔偿包括刑事赔偿和法院在民事诉讼、行政诉讼中造成损害的国家赔偿。刑事赔偿是指行使侦查、检察、审判职权的机关以及看守所、监狱管理机关及其工作人员在行使职权时有法律规定的侵犯人身权、财产权的情形时,受害人所要求的赔偿。[1] 法院在民事诉讼、行政诉讼中造成损害的国家赔偿,是指人民法院在民事诉讼、行政诉讼过程中,违法采取对妨害诉讼的强制措施、保全措施或者对判决、裁定及其他生效法律

---

〔1〕 参见《国家赔偿法》第17~18条。

文书执行错误,造成损害的,赔偿请求人依照法律关于刑事赔偿程序的规定,所要求的赔偿。[1]

法律规定的侵犯人身权时刑事赔偿适用的情形,一是违反《刑事诉讼法》的规定对公民采取拘留措施的,或者依照《刑事诉讼法》规定的条件和程序对公民采取拘留措施,但是拘留时间超过《刑事诉讼法》规定的时限,其后决定撤销案件、不起诉或者判决宣告无罪终止追究刑事责任的;二是对公民采取逮捕措施后,决定撤销案件、不起诉或者判决宣告无罪终止追究刑事责任的;三是依照审判监督程序再审改判无罪,原判刑罚已经执行的;四是刑讯逼供或者以殴打、虐待等行为或者唆使、放纵他人以殴打、虐待等行为造成公民身体伤害或者死亡的;五是违法使用武器、警械造成公民身体伤害或者死亡的。法律规定的侵犯财产权时刑事赔偿适用的情形,一是违法对财产采取查封、扣押、冻结、追缴等措施的;二是依照审判监督程序再审改判无罪,原判罚金、没收财产已经执行的。[2]

与司法救助的制度设计一样,为了平衡个案正义与社会正义,《国家赔偿法》也设定了排除国家赔偿的情形:一是因公民自己故意作虚伪供述,或者伪造其他有罪证据被羁押或者被判处刑罚的;二是因不满 16 周岁不予刑事处罚的人被羁押的,或者是经法定程序鉴定确认的精神病人在不能辨认或者不能控制自己行为的时候造成危害结果,被判定不负刑事责任,该精神病人被羁押的;三是犯罪嫌疑人、被告人自愿如实供述自己的罪行,承认指控的犯罪事实愿意接受处罚,被依法判定免除处罚,该犯罪嫌疑人、被告人被羁押的,或者是被判处管制、拘役、有期徒刑或者无期徒刑的罪犯,经依法裁定准予减刑、假释的,或者是未成年犯罪嫌疑人、被告人根据情况被判定免除刑事处罚的;四是行使侦查、检察、审判职权的机关以及看守所、监狱管理机关的工作人员与行使职权无关的个人行

---

〔1〕 参见《国家赔偿法》第 38 条。

〔2〕 参见《国家赔偿法》第 17 ~ 18 条。

为；五是因公民自伤、自残等故意行为致使损害发生的；六是法律规定的其他情形。[1]

需要强调的是，如果人身权、财产权被侵害是由于公职人员违法用权造成的，赔偿义务机关在依法对赔偿请求人赔偿后，要依法向违法用权的人追偿。这同样是司法公正的应有之义，因为违法用权的公职人员与其他违法的人一样，也必须对自己的违法行为承担责任。行使侦查、检察、审判职权的机关以及看守所、监狱管理机关的工作人员在行使职权时，刑讯逼供或者以殴打、虐待等行为或者唆使、放纵他人以殴打、虐待等行为造成公民身体伤害或者死亡的；或者违法使用武器、警械造成公民身体伤害或者死亡的；或者在处理案件中有贪污受贿，徇私舞弊，枉法裁判行为的，赔偿义务机关赔偿后，应当向他们追偿部分或者全部赔偿费用。对于违法用权的公职人员，除了让他们赔偿外，有关机关还应当依法予以处分；构成犯罪的，还须依法追究刑事责任。[2]

---

〔1〕 参见《刑法》第 17 ~ 18 条，《刑事诉讼法》第 15 条、第 173 条、第 273 条、第 284 条，《国家赔偿法》第 19 条。

〔2〕 参见《国家赔偿法》第 31 条。

第三章　司法应以公平正义为价值追求

一、司法公正的裁决

（一）实现公正的裁决："神明裁判"

1."神明裁判"

在古代，无论是我国还是外国，由于社会发展水平和认知能力的局限，人们为了实现司法的公正，都有求助于神鬼以实现"神明裁判"的传说和做法。虽然世界各地用以裁决的方法不尽相同，但那时都基于神鬼掌控一切的信念，对诸如"兽触""沸水"等神秘的裁决形式的正当性和合理性，往往都情愿认同和接受。

我国古代存在关于"兽断曲直"的传说和做法。东汉经学家、文字学家许慎所著的语文工具书《说文解字》是我国最早的系统分析汉字字形和考究字源的语文辞书，记录了我们的祖先当时对自然和社会现象的认识，称得上是一部记录自然和历史文化的百科全书，有关"廌""灋"的记载和解说即是一例。

如:"廌,解廌,兽也,似山牛,一角。古者决讼,令触不直。""灋,刑也。平之如水,从水;廌,所以触不直者去之,从去。"对"廌""灋"的记载和解说就是有关"兽断曲直"的记载和说明。另据东汉思想家王充所著《论衡》记载,"皋陶治狱,其罪疑者,令羊触之,有罪则触,无罪则不触。斯盖天生一角圣兽,助狱为验"。其他一些记载,也有涉及借助神鬼虫兽断案的。"明代有名的司法官员汪辉祖在遇到解决不了的疑难案件时,就常到城隍庙焚香祈祷,祈求神助。明代规定的府州县府祭祀鬼神的祀文中,就有'似此顽恶奸邪不良之徒,神必报于城隍发露其事'的话语(《明会典》)。"此外,"清代还有'神蛇断案''沸油裁判'等断案方式,即让诉讼双方当事人用手在装有毒蛇的囊中或沸油锅中取物,伤则为'曲',不伤则为'直'"[1]。

在欧洲,早在公元6世纪时,就有天主教会相信沸水裁判可昭示上帝意愿的说法:曾有"一位天主教执事和一位异教的祭司通过用手在滚烫的热锅中取出戒指的方式,来解决他们的教义分歧"。后来,类似的仪式被用来解决纷争,人们遇有争执时,恳请上帝显灵,以决断争执甚至用来裁决犯罪案件。在这种仪式中,"旁观者可以根据好恶选择为被告祈祷,或是诅咒被告。被告得设法取出滚水里的石头。烫伤的地方包扎起来,三天后神父将解开绷带,查看水泡。假如伤口愈合,被告当然就没事了。但是,假如伤口溃烂,被告人就将被证明是有罪的,会遭到放逐或者处决"。除了沸水裁判外,在欧洲还曾有过其他一些显示上帝神灵的裁判法,如冷水裁判法、食物吞咽法、决斗裁判法等。"冷水裁判法",就是把绑起来的"嫌疑人浸泡在已经驱魔的河水或者井水里,然后神职人员用杆子戳他们,看他们是沉下去还是漂起来","漂浮起来的人会被宣布有罪","沉下去的人得以表明清白";"食物吞咽法",就是"通过食物吞咽来审判",犯罪嫌疑人"吞下一片被祈福过的面包片或者干酪",如果没有被噎死,就

---

[1] 刘海年、杨一凡编:《中国古代法律史知识》,黑龙江人民出版社1984年版,第202~203页。

被认定为无罪;“决斗裁判法”,是基于决斗可以证明上帝将在战斗中支持无罪一方的信念,“能让他人投降或者死亡的人将是胜利者”[1]。

上述种种,既反映了古代人们朴素的公平正义观,又折射了古代人们在实现司法公正方面所做的种种尝试和探索。以今天的视角审视,裁决的方法尽管有早期尝试的局限性,但古人追求公平公正的精神和进行的探索却一直驱使着后人对司法公正的孜孜以求。

2. 对“神明裁判”的质疑

与今天一样,关于世界末日的说法,在历史的早期也曾有过。第一个千禧年时,人们“感到了一种重生”,原因是当公元1000年来临时,所谓“世界末日”的到来,也还仅仅是一种无充分根据的说法。于是,人们开始兴奋起来,在欧洲的突出表现就是“开始重建教堂”和伴随而来的“智识之风”以及对理性的重新信仰。这种“重生”在法律上的一个象征,就是影响深远的查士丁尼《学说汇纂》的重新发现。与“神明裁判”的司法现实相对照,有心的学者发现:“查士丁尼的法律里没有什么支持神判的内容。”同时,教会法学家编纂的《圣经》及相关附件,也“说明了同样的事实”。[2]

据有学者研究,到了12世纪晚期,质疑“神明裁判”的声音已日渐增多。例如,住在巴黎的一位神学家、唱诗者彼得,就质疑:“如果决斗裁判如此真实可靠,那么为什么雇佣战士进行决斗的人总是雇请经验老到的斗士,而不是消瘦的老人呢?当三个被告被指控同一项罪行,因而需要轮流拿炽热的烙铁时,真的是因为上帝的保佑才让最后拿的那个人不容易留下伤痕吗?”彼得的结论是:“……神明裁判,是在尝试让上帝显灵,而不能被用来检验人性的罪孽,所以神职人员不应再继续参与其中了。”在

---

〔1〕[英]萨达卡特·卡德里:《不公正的审判》,杨雄译,华东师范大学出版社2017年版,第33~36页。

〔2〕[英]萨达卡特·卡德里:《不公正的审判》,杨雄译,华东师范大学出版社2017年版,第37~39页。

实践中，神职人员拥有的裁量权，也引起了那个时代的世俗统治者们对“神明裁判”的质疑。不仅如此，“中世纪晚期的教会就像搁了太久的干酪一样腐败，到处都是希望通过金钱贿赂教会来洗刷罪恶的酒鬼和私通者”。由神职人员掌控的所谓的“神明裁判”，其可信度已大大不如从前，“神明裁判”的基础已经开始动摇。[1]

另外，之前的希腊文明中，就有依赖众人来裁决案件的智识和实践。如希腊诗人埃斯库罗斯的剧作《俄瑞斯忒亚》所描述的古老神话，就是历史上的雅典人以“众人之判”来追求司法正义的例证。该剧大概首演于公元前458年，也是历史上人们已知的最古老的法庭戏剧。在该剧中，埃斯库罗斯讲述了一个可怕的血亲之间冤仇相报的悲剧。[2] 智慧女神雅典娜召集了10个雅典市民，让他们宣誓后就俄瑞斯忒亚是否有罪作出裁判，裁判的结果：有罪和无罪的得票是5:5，最终，雅典娜依据这个“半数决”，宣布俄瑞斯忒亚无罪。埃斯库罗斯的这一经典法庭戏剧，反映了当时的雅典“将审判严重犯罪的权力从城邦官员转交到普通的雅典男性公民手中”的现实。对苏格拉底的审判，就是实践中的一个著名例子。公元前399年，70岁的哲学家苏格拉底，被指控在战争时期帮助雅典的敌人，“被召集来参加审判的人们往陶罐中丢鹅卵石进行投票时，501人中有280人认为他有罪”。此外，当时与埃斯库罗斯和索福克勒斯并称为古希腊三大悲剧作家的欧里庇得斯，也对类似“神明裁判”的信念提出了异议，他认同“众人之判”，主张“人类的正直，作为神秘的司法的指南，可能与最神圣的神谕同样可靠”[3]。此外，历史早期的罗马社会，对一些重要

---

〔1〕 参见[英]萨达卡特·卡德里：《不公正的审判》，杨雄译，华东师范大学出版社2017年版，第9~10、37~39页。

〔2〕 参见《俄瑞斯忒亚》，载百度百科网2023年6月11日，https://baike.baidu.com/item/%E4%BF%84%E7%91%9E%E6%96%AF%E5%BF%92%E4%BA%9A/6219746?fr=ge_ala。

〔3〕 [英]萨达卡特·卡德里：《不公正的审判》，杨雄译，华东师范大学出版社2017年版，第10~19页。

案件的审判,也实行过“由裁判官或其他行政长官提起诉讼,由民众大会成员以投票方法作出判决”的方法。[1]

3.“神明裁判”之外的司法模式

在我国古代,在“神明裁判”之外,逐渐形成了行政与司法一体的司法模式。据《尚书·甘誓》,夏启在攻打有扈氏时就说自己是替天行命并宣布有扈氏的罪状,所谓“予誓告汝:有扈氏威侮五行,怠弃三正,天用剿绝其命,今予惟恭行天之罚”。由此,皇帝动辄以天子自居,不仅掌握军事、行政和立法大权,还牢牢地掌控着司法权,成为最高的司法官,在地方则实行行政官兼理司法的司法模式。[2]

在欧洲,大约公元前200年,随着罗马对希腊的武力征服,希腊文明让位于罗马文明。作为罗马文明重要组成部分的罗马法,特别是公元6世纪20年代末东罗马帝国皇帝查士丁尼的《学说汇纂》,对后世产生了重大的影响,“以至于欧洲的法律人总是宣称他们的法律理论源于古罗马”[3]。虽然如此,由于罗马法对欧洲不同区域的影响不同,欧洲的不同区域出现了两种不同的司法模式:纠问式审判和陪审团审判。

至于在“神明裁判”之外,欧洲为什么出现了两种不同的司法模式,除了罗马法的影响外,可能还与罗马教会的影响有关。欧洲大陆法系国家不仅重申罗马人的智慧和罗马法的权威,还以教会法的规则来填补世俗法律的空白,并采用罗马教皇赋予法官的纠问式审判。而在英国,国王则将判断案件“控辩”的权力,赋予了没有受过法律专业训练,甚至“没有文化”的平民,让普通人担任陪审员,并评判在法庭上展示的证词、物

---

[1] 曾宪义主编:《检察制度史略》,中国检察出版社2008年版,第235~236页。

[2] 参见刘海年、杨一凡编:《中国古代法律史知识》,黑龙江人民出版社1984年版,第6~14页。

[3] [英]萨达卡特·卡德里:《不公正的审判》,杨雄译,华东师范大学出版社2017年版,第21~23页。

证。[1] 普通民众组成陪审团参与司法活动,其意义在于陪审团既代表了社区的民众,又对作为公权力的司法权构成了直接的制约和监督。英国前民事上诉法院院长和担任了38年高等法院法官的丹宁勋爵就认为"陪审是这样一种工作,它为一般人上了有关公民权的最有用的一课"。"参加这种司法活动对于培养英国人的守法习惯所起的作用要超过其他任何活动。一位伟大的历史学家曾把它说成是'有利于国家和平发展和进步的一种最强大的力量'"[2]。由于历史的变迁和现实的种种原因,现在的陪审团参与司法活动,多涉及那些比较重大和复杂的案件,一般的刑事和民事案件适用陪审团审判已为数不多了。

(二)对司法公正的裁决的认识

1. 对司法公正的裁决的理解

司法也有局限性,因为"审判无法满足每个人的期望。使冲突的一方满意的审判,通常只会引起另一方的怨恨"[3]。在利益多元、观念纷杂、诉求各异的当下,对司法公正的理解和体会,在认知的层面就已面临了不小的挑战。从已知的古今中外的法制史料看,在历史的变迁中,一个国家或地区裁判违法或合法、确定有罪或无罪的基本原则和具体规定,也不是一成不变的。

对司法公正的理解方面,还涉及实体方面的公正和形式即程序方面的公正。在司法公正的视角里,程序正当合法与实体公正合理,是理想的目标。有学者曾研究指出,形式(程序)与实体的关联是如此的紧密,以

---

〔1〕 参见[英]萨达卡特·卡德里:《不公正的审判》,杨雄译,华东师范大学出版社2017年版,第78、114~116页。

〔2〕 [英]阿尔弗高德·汤普森·丹宁:《法律的未来》,刘庸安、张文镇译,法律出版社1999年版,第39页。

〔3〕 [英]萨达卡特·卡德里:《不公正的审判》,杨雄译,华东师范大学出版社2017年版,第270~271页。

至于法学界、司法实务界形成了这样的司法常识:没有形式或缺乏正当的程序,就没有司法的正义。其中的缘由正是在于:司法“包含着更多行为的形式化因素,而不仅仅是行为本身”,“正规的程序是那么必要”,“一旦偏离了它”,司法的“行为就丧失了司法之名”,就会“沦为武力和暴力”。[1]

此外,“天平”往往象征司法的公平正义。这在不少的法学书籍的封面、一些有关法律事务的官网的标识部分,都有所体现。在古代,公元前18世纪巴比伦国王汉谟拉比制定的法律,“就担心非正义”,“甚至规定撒谎的证人和那些真正的罪犯一样应该受到严厉的惩罚”。这表明,“司法正义总是有代价的”,除了需支出必要的人力、财力、时间等司法成本外,司法正义所隐含的深层次意识,还体现了人们对保护无辜者的期望与惩罚有罪者的渴望的复杂心理状态。[2]

2. 司法裁决的难度

从司法公正的视野观察,没有完美的司法。在实践方面,曾有学者以美国纽约州有关陪审员应以被告人自身的观点来评估正当防卫“合理性”的难度问题。“试图以其他人的观点来定义一个事实,一直是一些哲学家毕生思考的难题。”而在实际案件的裁决中,“陪审员只能花数天时间来决定”,司法裁决的难度由此可见一斑。尽管司法人员有可能犯错,尽管司法裁决不容易,但面对已经发生的案件,总是需要有人来调处和解决的;至于究竟是采用法官主导全部审判的做法还是采用由陪审员来裁决案件事实的做法,有学者认为,“依赖专业人士与信任陪审团一样,是一

---

〔1〕 [英]萨达卡特·卡德里:《不公正的审判》,杨雄译,华东师范大学出版社2017年版,第173页。

〔2〕 参见[英]萨达卡特·卡德里:《不公正的审判》,杨雄译,华东师范大学出版社2017年版,第6、337~341页。

种信赖”,“都没有可靠的理由作为基础”〔1〕。

在英美法系的审判中,并不只是错判有罪会导致司法不公。陪审团无罪释放被告更是无法控制、无法上诉,常常产生武断的结果。因为即使是上诉法院,也无权改变陪审团对事实的认定。既然如此,那么,完全由受过法律专业训练的人员来行使司法权,是否就可以了呢？有学者研究指出,在实践中,即便由远比陪审员有学问的人来行使司法权,专业化的司法存在的风险也仍然存在。为此,有学者主张,对于一些极具“争议性的问题”,“必须依据社会的合法性加以解决,而不能单纯依靠聪明才智”〔2〕。

在远古时期,人们关于司法公正的朴素观念是“有罪的被告和诬告的原告,都要遭受以眼还眼、以牙还牙的惩罚”。从司法实践视角看,“以前,大法官担心错误的定罪,现在他们担心错判无罪”。“错放有罪者和误判无罪者”,都是有违司法公正的裁判。17 世纪晚期的法学家、曾经担任英国高等法院院长的黑尔法官,就曾主张:“错放有罪者和误判无罪者都是令上帝憎恶的。”

3. 司法与社会

正义除非以公开的方式实现,否则并无太大意义。回应社会的关切,顾及公众的“民愤”,就要求司法的公正,还要能够让社会公众“看得见”。1980 年,美国联邦最高法院在一个裁判中宣布:事实上,公众的利益一直高于被告人的权利,首席大法官沃伦·伯格用社会学的观点,阐释了“正义必须以看得见的方式实现”。他认为,骇人听闻的犯罪时常引发“社区的民愤和公众的抗议”,公开审判有着“重要的社会治疗作用”,赋予媒体

〔1〕 [英]萨达卡特·卡德里:《不公正的审判》,杨雄译,华东师范大学出版社 2017 年版,第 334～335 页。

〔2〕 [英]萨达卡特·卡德里:《不公正的审判》,杨雄译,华东师范大学出版社 2017 年版,第 309、319、334～335 页。

进入法庭的权利,可以满足公众“看到正义实现的基本、自然的愿望”[1]。

司法是司法机构和司法人员秉承法律、依法履职的行为,是否可以完全不顾及社会的反应和公众的“民愤”？对此,学术界和实务界有着不同的观点,例如,英国的著名法官丹宁勋爵就曾主张:“对严重犯罪的惩罚,应当充分反映大多数公民对它们的嫌恶之情。”“事实上,一些犯罪如此残暴,社会坚持要求对其给予适当的惩罚,是因为罪犯应当受到惩罚,与惩罚本身是否有威慑力没有关系。”1976 年,美国联邦最高法院以多数意见裁决支持死刑的合宪性时,就有三个法官引用丹宁勋爵的观点,认为民众是很重要的。在美国,1980 年之前曾有“无数的法官认为,他们的量刑着意反映了大众对有罪被告的愤怒”,而到了 1980 年,首席大法官沃伦·伯格甚至主张在裁决作出之前,审判就要回应民众,具体做法是“审判自身能够也应当为全体公众提供公开展示的回应”。[2]

实际上,审判要体现司法的社会效果就要回应社会的关切。虽然如此,司法人员也必须秉持理性来认识和对待“民愤”,要在法治的轨道上公正司法,最终的裁决还是要体现司法的审慎和证据的扎实。

(三)既尊重民意又合乎法律

1.“马锡五审判方式”和“枫桥经验”

1942 年至 1943 年,曾在解放区推广的“马锡五审判方式”,之所以为当时边区的群众所接受和推崇,就在于“马锡五审判方式”很好地将群众路线的工作方法创造性地运用到审判工作中去。马锡五在兼任陕甘宁边区高等法院陇东分庭庭长时,经常携案卷下乡,深入群众,调查研究,巡回审理,就地办案。马锡五审理案件的步骤是:查明案件事实、听取群众意

---

[1] [英]萨达卡特·卡德里:《不公正的审判》,杨雄译,华东师范大学出版社 2017 年版,第 344～345 页。

[2] [英]萨达卡特·卡德里:《不公正的审判》,杨雄译,华东师范大学出版社 2017 年版,第 180～184、345～346 页。

见、依法形成解决方案、说服当事人接受。20 世纪 60 年代初，浙江省诸暨市枫桥镇干部群众创造了“发动和依靠群众，坚持矛盾不上交，就地解决，实现捕人少，治安好”的“枫桥经验”。为此，1963 年毛泽东曾批示“要各地仿效，经过试点，推广去做”[1]。“枫桥经验”由此成为一个令人称赞的典型。“马锡五审判方式”和“枫桥经验”的底蕴是“人民司法”的理念和导向，体现的是尊重和依靠群众的民主意识与尊重和依据法律的法治精神的协同融合。

“马锡五审判方式”和“枫桥经验”是我国专门机关与群众路线相结合的优良司法传统的典型。弘扬“马锡五审判方式”和“枫桥经验”所蕴含的精神，继承和发扬审判工作与群众路线相结合的优良司法传统，已有现行法律的支撑。例如，我国现行《刑事诉讼法》第 6 条第 1 句明文规定：“人民法院、人民检察院和公安机关进行刑事诉讼，必须依靠群众，必须以事实为根据，以法律为准绳。”再如，法律还要求审判人员、检察人员、侦查人员“必须保证一切与案件有关或者了解案情的公民，有客观地充分地提供证据的条件，除特殊情况外，可以吸收他们协助调查”[2]。

在司法中尊重和依靠民众的做法，在古希腊和古罗马时期有关“众人之判”的司法智识和司法实践中就有体现。之外，在历史的早期，欧洲还有以共同宣誓来决断是非的仪式，在这种仪式中，由愿意为被告人宣誓无罪的人们，以共同宣誓的方式来证明被告人的清白。再者，在“神明裁判”之后，英国就尝试适用由“从被告的邻居和与被告同阶层的人中选出的”“12 个好的邻人”决断案件事实的“陪审团审判”制度和由 23 个宣誓的人决断对重大案件是否继续起诉的“大陪审团制度”，这些既是历史早期的人们不懈探寻司法公正路径的重要成果，又是早期朴素民主观念的司法实践。在实践中，英国之外的其他一些国家，也有采用由陪审团起诉

〔1〕 本书编写组：《习近平讲故事》（第 2 辑），人民出版社 2022 年版，第 72 页。
〔2〕《刑事诉讼法》第 52 条。

的方法，如美国和法国等。在法国，当陪审团裁决，被告未曾造成检察长所追诉的重罪的事实时，审判长应即宣告被告无罪，立即释放。当陪审团裁决，被告确曾造成检察长所追诉的重罪的事实时，检察长应即请求重罪，法院依法科刑。18 世纪的法学家威廉·布莱克斯通对陪审团制度评价很高，认为公正选出的 12 位中立者值得所有人信任。我国学者也认为："国外的陪审制度，一般是指由一组与接受审判的人处于同等地位或同辈的普通民众组成陪审团，他们以普通人的情感、常识和判断力参与司法活动，参与司法案件的起诉和审判的制度。"[1]

"马锡五审判方式"和"枫桥经验"以及国外的陪审团制度深刻昭示：许多纠纷之所以在基层能就地便利解决、有效化解，是因为既尊重民意，又合乎法律；在办理案件中，任何只看到司法的法律专业精神而忽视其他因素的观点，都是片面的。

2. 我国的人民陪审制度

1906 年，清廷任命的修律大臣沈家本主持编制的《大清刑事民事诉讼法（草案）》，拟仿效西方国家采用陪审团制度，以补充司法官知识之不足，用来防止案件审理过程的"贿纵曲庇，任情判断"，并帮助作到"裁判悉凭公理，轻重胥协舆评"，最终实现"刑事无所屈抑、民事无所偏颇"。但在当时，这样的设想和理由，却遭到了各省督抚等守旧势力的反对和抵制。这些守旧势力以与中国现实情况不符、不便执行为由，请求朝廷再议，清末修律时拟采用陪审的议案，遂被搁置。[2]

1949 年 9 月 29 日，中国人民政治协商会议通过的起临时宪法作用的《中国人民政治协商会议共同纲领》第 17 条明确了"建立人民司法制度"。1951 年中央人民政府颁行的《人民法院暂行组织条例》第 6 条及其

---

〔1〕［英］萨达卡特·卡德里：《不公正的审判》，杨雄译，华东师范大学出版社 2017 年版，第 27、80～113、309 页；曾宪义主编：《检察制度史略》，中国检察出版社 2008 年版，第 235～236、243、262～268、272～273 页。

〔2〕参见张晋藩：《中国法律的传统与近代转型》，法律出版社 1997 年版，第 454～472 页。

后制定的中华人民共和国第一部宪法即 1954 年《宪法》第 75 条和后来的 1978 年《宪法》，都确认了人民陪审员制度[1]，后来立法机关通过的人民法院组织法以及民事诉讼法、刑事诉讼法和行政诉讼法也都规定了人民陪审员可以依法参加第一审案件合议庭的制度：人民法院审判第一审案件，应当由审判员组成合议庭或者由审判员和人民陪审员共同组成合议庭进行。

《中共中央关于全面推进依法治国若干重大问题的决定》第 4 部分第 4 项从"保障人民群众参与司法""依靠人民推进公正司法"的高度，明确要求"完善人民陪审员制度""提高人民陪审制度公信度"。2015 年 5 月 21 日，根据全国人大常委会的授权，最高人民法院、司法部联合印发的《人民陪审员制度改革试点方案》，对 2004 年 8 月第十届全国人民代表大会常务委员会第十一次会议通过的《全国人民代表大会常务委员会关于完善人民陪审员制度的决定》及《人民法院组织法》、《刑事诉讼法》和《民事诉讼法》的相关规定暂时调整了适用，开展了为期三年的试点。试点期间，人民陪审员参审的刑事案件、民事案件和行政案件，以及由人民陪审员参与组成五人以上大合议庭审结的涉及群体利益、社会公共利益等社会影响较大的案件，取得了良好的法律效果和社会效果。[2] 人民陪审制度改革试点取得的制度性成果已被 2018 年 4 月 27 日第十三届全国人民代表大会常务委员会第二次会议通过的《人民陪审员法》（依据该法第 32 条第 2 句，2004 年 8 月 28 日第十届全国人民代表大会常务委员会第十一次会议通过的《全国人民代表大会常务委员会关于完善人民陪审员制度的决定》同时废止）吸纳。

根据《人民陪审员法》第 15 条，人民法院审判一审刑事、民事、行政

---

[1] 1951 年《人民法院暂行组织条例》中表述为"人民陪审制"；1978 年《宪法》中表述为"群众代表陪审制度"。

[2] 参见《最高人民法院关于人民陪审员制度改革试点情况的报告》（2018 年 4 月 25 日在第十三届全国人民代表大会常务委员会第二次会议）。

案件,有下列情形之一的,除了法律规定由法官独任审理或者由法官组成合议庭审理的外,其余的,都由人民陪审员和法官组成合议庭进行:一是涉及群体利益、公共利益的;二是人民群众广泛关注或者其他社会影响较大的;三是案情复杂或者有其他情形,需要由人民陪审员参加审判的。此外,对下列几类一审案件,第 16 条规定由人民陪审员和法官组成七人合议庭进行:一是可能判处十年以上有期徒刑、无期徒刑、死刑,社会影响重大的刑事案件;二是根据民事诉讼法、行政诉讼法提起的公益诉讼案件;三是涉及征地拆迁、生态环境保护、食品药品安全,社会影响重大的案件;四是其他社会影响重大的案件。另外,第 17 条规定:第一审刑事案件被告人、民事案件原告或者被告、行政案件原告申请由人民陪审员参加合议庭审判的,人民法院可以决定由人民陪审员和法官组成合议庭审判。

依据《人民陪审员法》第 19 条,基层人民法院审判案件需要由人民陪审员参加合议庭审判的,应当在人民陪审员名单中随机抽取确定。中级人民法院、高级人民法院审判案件需要由人民陪审员参加合议庭审判的,在其辖区内的基层人民法院的人民陪审员名单中随机抽取确定。同时,《人民陪审员法》第 20 条要求,审判长应当履行与案件审判相关的指引、提示义务,但不得妨碍人民陪审员对案件的独立判断。合议庭评议案件,审判长应当对本案中涉及的事实认定、证据规则、法律规定等事项及应当注意的问题,向人民陪审员进行必要的解释和说明。根据《人民陪审员法》第 21 条的规定,人民陪审员参加三人合议庭审判案件,对事实认定、法律适用,独立发表意见,行使表决权。根据《人民陪审员法》第 22 条的规定,人民陪审员参加七人合议庭审判案件,对事实认定,独立发表意见,并与法官共同表决;对法律适用,可以发表意见,但不参加表决。根据《人民陪审员法》第 23 条的规定,合议庭评议案件,实行少数服从多数的原则。人民陪审员同合议庭其他组成人员意见分歧的,应当将其意见写入笔录。合议庭组成人员意见有重大分歧的,人民陪审员或者法官可以要求合议庭将案件提请院长决定是否提交审判委员会讨论决定。

3. 人民陪审员参审规则的完善

《人民陪审员法》的内容,完善了我国的人民陪审员制度,必将在提升司法的公信力以及让人民群众在每一个司法案件中感受到公平正义方面发挥其应有的作用。从更进一步完善我国人民陪审员制度和推进司法公正的角度思考,有些问题还需要继续深入研究。

应该说,落实《人民陪审员法》的这些要求,可以有力地保障人民陪审员履行陪审的职责。从更充分发挥人民陪审员在公正司法中的独特作用来考量,仍有进一步完善的空间。理由是:作为陪审员,他们所参与的审判是一项法律专业性极强的工作。若要进一步完善人民陪审员制度,可以在法院内部专门设置类似“法律顾问”的法律岗位人员(如法院内设研究室的专门人员等),为人民陪审员参加庭审现场提供有针对性的法律咨询和服务。

例如,依照《人民陪审员法》第 21 条、第 22 条的规定,在参加三人合议庭审判案件和参加七人合议庭审判案件时,人民陪审员的职责是不一样的。在参加三人合议庭审判案件时,人民陪审员独立发表意见、行使表决权的,既涉及事实认定,又涉及法律适用。而在参加七人合议庭审判案件时,人民陪审员仅对事实认定独立发表意见,并与法官共同表决;对法律适用,只是可以发表意见,但不参加表决。从设置人民陪审员制度的本意考虑,让人民陪审员参与案件的审判,是为了让人民群众有机会在法庭上发表意见,加强大众对司法工作的监督。在诉讼活动中,查明事实是正确适用法律的前提,人民陪审员参加审判,其关键点在于其在查明案件事实上的独特作用。《中共中央关于全面推进依法治国若干重大问题的决定》第 4 部分第 4 项也要求“逐步实行人民陪审员不再审理法律适用问题,只参与审理事实认定问题”。“好钢要使在刀刃上”,只有充分发挥人民陪审员在查明事实、认定证据中发挥决定性作用中的特有功能。

此外,在进一步完善人民陪审员制度的规则设计时,还需特别明确在开庭之前,人民法院得为参审的人民陪审员提供案件基本情况的简要信息,但不宜安排人民陪审员阅卷,以保证在庭审之前,人民陪审员对所审理的案件之详情不甚了解,仅依据在法庭上有关诉讼参与人的陈述、询问、质证、辩护或辩论等分析和判定案件事实,这也是实现“以审判为中心的诉讼改革”的应有之义。

二、程序法公正

(一)程序法公正的重要性

1. 程序法公正是实体权利公正的支撑

现代司法确立的一个基本的司法理念是,只有做到程序法上的公正,实体法上的公正才能够有支撑。良法善治,不应该仅仅对实体法适用,对程序法也应该适用。

对维护或保护合法权益而言,程序法上的约束和规范是必不可少的。不仅如此,程序法上的公正已经成为法治的一个重要内涵。18 世纪时的普鲁斯国王德雷德里克二世曾说过的“如果非正义找到了扰乱事务的手段,那么正义就应当有排除这种扰乱的艺术”这句饱含哲理的话,视为是较早时期重视程序法的代表性的观点。[1] 这一观点之所以一直为后人所记忆并不断被提及,是因为其所昭示的法理在于:诉讼法规定的内容是完全为着实体法上的权利的,程序法上的公正的全部价值也在于保障和支撑实体法上的公正。

程序公正所依据的正是程序法。在我国,诉讼程序法上的公正,除了

---

〔1〕 参见[法]让·文森、[法]塞尔日·金沙尔:《法国民事诉讼法要义》(上),罗结珍译,中国法制出版社 2001 年版,第 3 页。

要符合《宪法》所明示的原则规定之外，还需符合《人民法院组织法》《人民检察院组织法》《法官法》《检察官法》《人民警察法》《民事诉讼法》《刑事诉讼法》《行政诉讼法》及附随的司法机构根据办案需要、依据宪法确立的法治原则和司法机构组织职能法、诉讼法的原则精神所研究制定的办案准则和规则。我国的诉讼程序规则是如此，国外的情况也是类似。以民事诉讼法为例：在法国，司法实践也在法典之外创设诉讼的程序法，尽管《民事诉讼法典》有明确具体的规则，但在有关案件的审前整理程序中，在《民事诉讼法典》之外还创设了由法院院长（或其代表）整理案件的制度；在美国，联邦最高法院可以变更包含在三项《联邦民事诉讼规则》中的规则（一审规则）以及上诉规则与证据规则。[1]

综上所述，程序法上的公正的全部价值，应该最终体现出对实体有证据支持、有法律依据的权利，不会因程序法上的原因而被否决。

2. 正当的实体权益需要程序法的支撑

在刑事案件中，依据证据裁判规则，经过法庭审理，证据确实、充分的，法庭即可依法定罪。在确定罪名之后，如何量刑也同样关乎案件结果的公平公正。定罪重要，量刑同样重要。因为：案件的结果关乎被告人的权益，也直接关乎被害人的利益，更直接关乎对全社会的引导。

在民事案件中，对违法的定性重要，对实体的裁判同样重要。与刑事案件的量刑一样，在对争议的事实予以法律认定后，民事实体判决的结果对原、被告民事权益的分配和处理，无论对于原、被告双方，还是对于可能涉及的第三人，都十分关键。

在行政案件中，人民法院在裁判中同样涉及对争议的依法定性和对具体实体问题的处置意见，如裁判撤销或者部分撤销行政行为、裁判被告重新作出行政行为、裁判被告在一定期限内履行法定职责，等等。法院对

[1] 参见[法]让·文森、[法]塞尔日·金沙尔：《法国民事诉讼法要义》（上），罗结珍译，中国法制出版社2001年版，第81～82页。

行政争议实体问题的裁判结果,除直接涉及原、被告双方的利益外,有时也会涉及相关的第三方;不仅如此,行政案件的裁判结果还更为直接地影响法治政府和法治社会的建设。

可以说,各类司法案件的办理结果,在依法定性之外,对案件实体问题的裁判,也都需要程序法提供的公正保障。

(二)在审判流程中嵌入案情综合调查和评估环节

1.“良法善治”同样适用于程序法

2016 年 8 月 19 日,已被某大学录取的一位学生,因为接到一个诈骗电话,9900 元学费被骗光。该学生在报案回家途中晕厥,心脏骤停,不幸离世。该学生因犯罪分子实施诈骗而不幸猝然离世这种危害后果,并不是大多数诈骗都会出现的。在量刑方面,在查证属实、依法定罪的前提下,对该案中实施诈骗的犯罪分子,依通常的诈骗犯罪不会出现被害人死亡后果的“通常情形”来量刑是否适当,就是应予讨论的问题。

根据我国《刑法》的规定,对诈骗罪的量刑,分 3 种情况:数额较大的,处 3 年以下有期徒刑、拘役或者管制,并处或者单处罚金;数额巨大或者有其他严重情节的,处 3 年以上 10 年以下有期徒刑,并处罚金;数额特别巨大或者有其他特别严重情节的,处 10 年以上有期徒刑或者无期徒刑,并处罚金或者没收财产。《最高人民法院、最高人民检察院关于办理诈骗刑事案件具体应用法律若干问题的解释》第 1 条第 1 款对刑法规定的“数额较大”“数额巨大”“数额特别巨大”作了界定:诈骗公私财物价值 3000 元至 10,000 元以上、30,000 元至 100,000 元以上、500,000 元以上的,应当分别认定为《刑法》第 266 条规定的“数额较大”“数额巨大”“数额特别巨大”。《最高人民法院、最高人民检察院关于办理诈骗刑事案件具体应用法律若干问题的解释》第 2 条第 1 款还同时明确:“诈骗公私财物达到本解释第一条规定的数额标准,具有下列情形之一的,可以依照刑法第二百六十六条的规定酌情从严惩处……（五）造成被害人自杀、精神失常或者其他严重后果的。”

对上述案例中实施诈骗犯罪的罪犯，表面上看只是骗到了现行规定的“数额较大”的9900元，但其造成被骗学生因此晕厥、心脏骤停并不幸离世的严重后果，对该学生本人和其父母的伤害远非数额之大小所能界定。在上述案例和类似案件中，被害人因犯罪行为所遭受的精神伤害，远比所遭受的财产损失要严重。在刑事诉讼程序的设计中，如何将这些因素考虑在内，已经成为刑事诉讼法律公正性需回应的问题了。

现实中备受关注和热议的一些案例启示我们：无论是侦查环节、审查起诉环节，还是审判环节，都需要在程序设计上进一步健全使办案结果符合实体公正的法律制度。在案件办理的每一个环节，具体经办案件的警察、检察人员和审判人员在对承办的案件作出决定时，都要十分地审慎，在侦查、起诉和审判的每一个阶段，在证明案件事实和定性后，在决定如何处置犯罪嫌疑人时，还应当尽量综合考虑任何与案件当事人有关联的信息和因素，以实现努力让人民群众在每一个司法案件中感受到公平正义。

2. 特定案件须特定裁判

刑事审判在充分保障犯罪嫌疑人、被告人合法权益的同时，在量刑时应该充分地考虑被害人及其近亲属因犯罪所遭受的特定伤害。同一类型犯罪对不同被害人的实际危害是不同的，有的危害后果不严重，而有的则要严重得多，不能单单以特定犯罪对“通常的”被害人产生的危害为由，而忽视特定的被害人所遭受的特有的伤害后果。毕竟，同一种犯罪对不同被害人的危害和影响是大大不同的。例如，在被告人与被害人的年龄、身材、力量相差悬殊，客观上被害人处于弱势的处境并因犯罪受到极度惊吓和精神刺激时，被害人所受到的犯罪的伤害与被告人和被害人力气相当、年龄相近情形下的被害人所受到的伤害。假使上述两种情形都是暴力致人伤害的犯罪,两相比较,被害人所受到的实际伤害,特别是精神方面受到的伤害,就有很大的不同。又如,被告人利用被害人的善良轻信,违背诚实信用,有预谋实施的犯罪与被告人与被害人素昧平生、被告人临时起意的犯罪。假如上述两种犯罪涉及同一种罪,不仅被告人的主观恶意不同,受害人在财产损失之外,在精神上所受到的伤害也不一样。

我国在民事审判中,已经实现了对精神损害的赔偿。按照侵权需赔偿的法理,应该在刑事审判中,为实现“以公正为引领”的“罪罚其当”的价值取向,应该兼顾被害人及其近亲属因犯罪所遭受的严重的精神伤害后果。我国现行的《刑事诉讼法》要求,人民法院的判决在认定事实没有错误、适用法律没有错误的前提下,还应当实现“罪罚其当”。从刑事个案来说,“罪罚其当”实质上是要求在惩罚犯罪、保护人民、保障国家安全和社会公共安全的同时,使被告人对其所侵害的特定的被害人所遭受的特定的损害负责。

“罪罚其当”要求无论是检察官行使审查起诉权,还是审判人员行使刑事审判权,都要考虑犯罪的特定受害人所遭受的个体损害,不宜依同类犯罪所造成的“通常的”危害后果,针对造成独特侵害后果的被告人量刑。

“罪罚其当”要求在“罪刑法定”的基础上,犯罪分子要对其罪行所造成的独有的危害后果承担独特的法律责任。为了司法的公正,公正的刑事诉讼法需要体现这样的要求:对故意实施犯罪、给被害人造成极大精神痛苦和伤害的案件中,在量刑时要考虑物质损失、精神伤害,还要同时判令被告人赔偿被害人及其近亲属所遭受的精神损失。曾有法学研究者在谈到诉讼程序在确保实现各种“具体权利”时提到,在一切法律体系中,诉讼程序都占有重要地位,诉讼程序可以确保各种权利的具体实现;好的诉讼程序是社会安宁的保障,其最终目的是公正、迅速地解决争议。[1]

---

〔1〕 参见[法]让·文森、[法]塞尔日·金沙尔:《法国民事诉讼法要义》(上),罗结珍译,中国法制出版社2001年版,第8页。

3. 将案情综合情况调查和评估报告嵌入审判流程

在总结各地人民法院未成年人案件审判组织办理未成年人刑事案件实践的基础上，我国现行《刑事诉讼法》确认了未成年人审判实践中要综合考虑涉案当事人成长经历等因素的有益做法。《刑事诉讼法》规定，公安机关、人民检察院、人民法院，办理未成年人刑事案件时，根据情况可以对未成年犯罪嫌疑人、被告人的成长经历、犯罪原因、监护教育等情况进行调查。应该说，这一规定是我国司法制度日益完善的体现，也是司法实践推动诉讼制度的生动实例。

我国《刑事诉讼法》的现有规定已经提供了实行这一制度的法律支撑，现行《刑事诉讼法》第 53 条第 1 句要求“公安机关提请批准逮捕书、人民检察院起诉书、人民法院判决书，必须忠实于事实真象”。第 52 条第 3 句规定：“必须保证一切与案件有关或者了解案情的公民，有客观地充分地提供证据的条件，除特殊情况外，可以吸收他们协助调查。”第 198 条第 1 款规定：“法庭审理过程中，对与定罪、量刑有关的事实、证据都应当进行调查、辩论。”结合未成年人刑事审判的程序设计和我国法律的上述规定，应当将刑事诉讼法关于办理未成年人刑事案件时实行综合调查的设计思路扩展到所有重大案件、疑难复杂案件及新类型案件办理的程序中，实行办理案件综合情况调查和报告评估制度，以使实践的成果得到尽可能广泛的运用。

此外，我国《刑事诉讼法》第 269 条规定，对被判处管制、宣告缓刑、假释或者暂予监外执行的罪犯，依法实行社区矫正，由社区矫正机构负责执行。鉴于此，可以考虑在推进程序法公正的条款设计中，对重大、疑难和新类型的案件，实行在审判环节综合考虑任何与违法犯罪行为有关联的信息和因素。为此，审判人员除了依据公安机关、检察机关、辩护律师的调查材料之外，还应依托社区矫正机构开展对被告人、受害人的调查。具体的思路：可以实行法庭在作出有期徒刑以上刑罚的判决之前，要求起诉人员对被告人的家庭情况、个人情况进行调查并提交报告，同时提供受害人所遭受的身体伤害、财物损失以及精神伤害等方面的情况报告。也可实行由社区矫正机构向法庭提供一份审前报告，报告内容包括被告的性格特点、社会和家庭背景、教育情况、工作经历、受害人所受的伤害情况以及被告再次犯罪的风险等信息。在办理重大或疑难复杂或新类型案件时，法院也可请检察院派员进行综合调查和报告评估，以从法定程序上保证检察院能够对法院审理的案件进行法律监督。

之外，根据现行《刑事诉讼法》第 67 条第 1 款，人民法院、人民检察院和公安机关对有法定情形的犯罪嫌疑人、被告人，可以取保候审。根据《刑事诉讼法》第 72 条第 1 款的规定，取保候审的决定机关在确定保证金的数额时，应当综合考虑保证诉讼活动正常进行的需要，被取保候审人的社会危险性，案件的性质、情节，可能判处刑罚的轻重，被取保候审人的经济状况等情况。

另外，我国现行《刑法》的相关规定也体现了这一司法理念。依照《刑法》第 52 条的规定，判处罚金，应当根据犯罪情节决定罚金数额，但是《刑法》第 53 条第 2 款规定，如果由于遭遇不能抗拒的灾祸等原因缴纳确实有困难的，经人民法院裁定，可以延期缴纳、酌情减少或者免除。此外，《刑法》在第 63 条第 1 款明文规定对具有法定减轻处罚情节的犯罪分子应当在法定刑以下判处刑罚的同时，还在第 63 条第 2 款明文规定，虽然犯罪分子不具有《刑法》规定的减轻处罚的情节，但是根据案件的特殊情况，经最高人民法院核准，也可以在法定刑以下判处刑罚。[1] 实体法的这些内容，也都蕴含了司法裁决须“综合考虑”的理念。

显然，对重大、疑难的案件，实行在审判流程中嵌入案情综合调查和报告评估的程序设计，不仅合情合理，而且，现行法律所体现出来的司法理念也予以充分支撑。

---

〔1〕 参见《刑法》第 63 条。

(三)刑事和解法律程序的正当性问题

1. 公诉案件和自诉案件中的和解

我国刑事诉讼法对公诉案件和自诉案件的和解有专门的规定。

《刑事诉讼法》第212条第1款第1句后半句对自诉案件和解的规定是:自诉人在宣告判决前,可以同被告人自行和解或者撤回自诉。

依照《刑事诉讼法》第288条的规定,下列公诉案件,犯罪嫌疑人、被告人真诚悔罪,通过向被害人赔偿损失、赔礼道歉等方式获得被害人谅解,被害人自愿和解的,双方当事人可以和解:(1)因民间纠纷引起,涉嫌刑法分则第4章、第5章规定的犯罪案件[1],可能判处3年有期徒刑以下刑罚的;(2)除渎职犯罪以外的可能判处7年有期徒刑以下刑罚的过失犯罪案件。犯罪嫌疑人、被告人在5年以内曾经故意犯罪的,不适用《刑事诉讼法》第2章规定的程序。《刑事诉讼法》第289条规定,双方当事人和解的,公安机关、人民检察院、人民法院应当听取当事人和其他有关人员的意见,对和解的自愿性、合法性进行审查,并主持制作和解协议书。《刑事诉讼法》第290条规定:对于达成和解协议的案件,公安机关可以向人民检察院提出从宽处理的建议。人民检察院可以向人民法院提出从宽处罚的建议;对于犯罪情节轻微,不需要判处刑罚的,可以作出不起诉的决定。人民法院可以依法对被告人从宽处罚。

《刑事诉讼法》关于和解的上述规定,体现了化解矛盾的案件处理思路,对于实现案结事了、节约司法资源都有着积极的意义。

2. 刑事和解程序设计的不足

现行程序设计中的不足具体表现在:

---

[1] 《刑法》分则第4章、第5章分别对"侵犯公民人身权利、民主权利罪""侵犯财产罪"作了规定,涉及从《刑法》第232条"故意杀人罪"至第276条之一"拒不支付劳动报酬罪"的条文规定。

一是在公诉案件中,对于被拘留和逮捕的犯罪嫌疑人而言,已被羁押在看守所;对于受害人而言,其中,人身受到严重伤害的被害人可能还在医院;如此情形,当事人间如何实现和解,通过什么途径实现和解,和解的内容是什么,在什么场合和解,谁来主持和解等,均无明确法律规定。

二是在犯罪嫌疑人、被告人故意犯罪(距犯罪嫌疑人、被告人前一次曾经故意犯罪,超过五年的),或充满敌意地侵犯被害人的财产、人身权利、民主权利及其他权利,给被害人造成伤害后,要被告人、被害人双方和解,合理性和正当性的依据为何? 这种程序设计将被告人所要承受的刑罚与被害人是否谅解联系在一起,是否合理,以上问题均有待商榷。

三是现行《刑事诉讼法》第 288 条第 1 款设定的“犯罪嫌疑人、被告人真诚悔罪,通过向被害人赔偿损失、赔礼道歉等方式获得被害人谅解”的几个条件中,对被害人较为重要的是“向被害人赔偿损失”。除去这一点,现行《刑事诉讼法》第 288 条第 1 款规定的获得被害人谅解的条件就只剩“真诚悔罪”和“赔礼道歉”了,而“真诚悔罪”的衡量标准是什么? 由谁来权衡? 是一个很难把握的问题。除此,还有一个“赔礼道歉”,犯罪嫌疑人、被告人如何“赔礼道歉”,在什么场合和范围“赔礼道歉”,以什么方式“赔礼道歉”,“赔礼道歉”究竟包含哪些内容等,同样是不明确的规定。这样一来,只有“赔偿损失”是可以确定和把握的,且这也是犯罪嫌疑人、被告人必须履行的法定义务。

3. 刑事和解程序的条款设计须体现正当性

我国现行《治安管理处罚法》第 19 条将违反治安管理行为人“主动消除或者减轻违法后果,并取得被侵害人谅解的”,作为公安机关对违反治安管理行为人减轻处罚或者不予处罚的一种情形。这一规定所体现的对违反治安管理行为人“主观恶意”的考虑,相对现行《刑事诉讼法》第 288 条第 1 款关于“犯罪嫌疑人、被告人真诚悔罪,通过向被害人赔偿损失、赔礼道歉等方式获得被害人谅解,被害人自愿和解的,双方当事人可以和解"的设计更具有正当性。

虽说违反治安管理行为与犯罪行为不同，但条款设计所体现出来的法律精神，应该是对犯罪行为的从宽处理的判定标准应严于对违反治安管理行为的减轻处理的判定标准。为此，基于司法公正需要正当程序保障的法理，应当本着"完善刑事诉讼中认罪认罚从宽制度"的精神[1]，参照现行《刑事诉讼法》第 282 条第 1 款已有的"未成年人涉嫌刑法分则第四章、第五章、第六章规定的犯罪"[2]可能判处一年有期徒刑以下刑罚，符合起诉条件，但有悔罪表现的，人民检察院可以作出附条件不起诉的决定的程序设计，从犯罪嫌疑人、被告人自己主动"认罪悔罪"的角度来调整和完善我国刑事诉讼法中关于"刑事和解"的程序设计。具体可从以下几方面考虑：

一是犯罪嫌疑人、被告人应当预见自己的行为可能发生危害社会的结果，因为疏忽大意而没有预见，即限于"疏忽大意"的过失犯罪。一切故意犯罪和"轻信能够避免"的过失犯罪，不应包含在内。主观上有恶意或者主观恶意虽然不深、但严重不负责任的"轻信能够避免"的犯罪，必须予以依法惩处，这为营造诚信社会、责任公民的氛围和风气所必需。

二是确有"悔罪表现"。这是我国现行《刑事诉讼法》第 282 条第 1 款对"未成年人涉嫌刑法分则第四章、第五章、第六章规定的犯罪，可能判处一年有期徒刑以下刑罚，符合起诉条件"的案件，可以作出附条件不起诉决定时设定的条件。有"悔罪表现"具有客观外在的内容，比"真诚悔罪"易于把握和判断，应该用确有"悔罪表现"的表述。

三是对于有"认罪悔罪表现"的嫌犯，由办理案件的人员（侦查阶段是"人民警察"，审查起诉阶段是"起诉人员"，审判阶段是"审判人员"）

---

〔1〕 参见《中共中央关于全面推进依法治国若干重大问题的决定》(2014 年 10 月 23 日中国共产党第十八届中央委员会第四次全体会议通过) 第 4 部分第 2 项。

〔2〕 《刑法》分则第 4 章、第 5 章、第 6 章分别对"侵犯公民人身权利、民主权利罪""侵犯财产罪""妨害社会管理秩序罪"作了规定，涉及从《刑法》第 232 条至第 367 条的规定。

听取被害人的意见。如此,既体现"认罪悔罪从宽"的精神,又体谅和尊重被害人的感受和真实想法。法律需明确刑事和解的前提是罪犯"认罪悔罪"在先,只有在罪犯向司法机关和司法人员"认罪悔罪"后,才涉及被害人"是否谅解"的问题。之所以应该如此,是因为罪犯的罪行重大、被害人与罪犯之间的冲突关系已难修复。而要修复被害人与罪犯之间的关系,实施犯罪的人必须首先真诚地认罪并以具体的言行来悔罪。

三、公平正义是司法的价值目标

(一)司法关乎社会核心价值

1. 公正司法离不开国家价值观的指引

2019 年 3 月 12 日,在第十三届全国人民代表大会第二次会议上,最高人民检察院工作报告通过热点案件对"见义勇为""正当防卫"等备受关注的司法问题予以回应时,与会的代表、委员报以热烈的掌声。[1] 最高人民检察院以坚定的"法不能向不法让步"的崇法信念和鲜明立场,通过工作报告在全国人民代表大会举出典型案例的做法,具体地诠释了运用司法个案捍卫公平正义的司法目标,彰显了努力让人民群众在每一个司法案件中感受到公平正义的价值导向。这同时也进一步昭示:司法的"权威",只有在每一个司法案件中彰显了公平正义的价值导向,只有让全社会感受到了公平正义,才能得到公众发自内心的认同和尊重,司法也才能真正地具有权威。

我国古代"甘棠树下话召公"的故事也生动地诠释了公平正义的价值观对司法的重大意义。中国政法大学教授张晋藩曾以"甘棠树下话召

[1] 参见倪弋:《以公正司法的担当坚定法治信仰》,载《人民日报》2019 年 3 月 21 日,第 19 版。

公”为题撰文道：召公是西周的宗室，他巡行乡邑、尽职尽责、就地办案，经常在一棵甘棠树下审断民事和刑事案件，追求“各得其所，无失职责”，通过公正审判，将辖区治理得政通人和。后人为了纪念他，都不舍得砍掉那棵甘棠树。张晋藩在文章中还写道：民间的很多案件，虽然表面看起来事实并不复杂，但牵涉的人多，直接关系群众切身利益，作出公平公正的判决是服判息诉的关键。[1]

最高人民检察院工作报告中，通过检察机关依法、公正办理热点案件，生动诠释“见义勇为”“正当防卫”等备受社会关注的司法问题，《诗经》记载的召公秉公司法、后人不舍得砍掉甘棠树的佳话，都足以说明信念和价值对公正司法的意义所在。

2. 司法承载着公平正义的价值追求

国家的价值观不仅对公正司法具有指引的意义和作用，还需要落实和体现到司法的公正裁决中。在新时代推进法治中国建设，努力让人民群众在每一个司法案件中感受到公平正义，就是从价值层面对司法工作提出的新要求。

司法永远关乎这样一些问题：案件当事人是否有违法或犯罪的行为？如果违了法或犯了罪，法律后果是什么？违法或犯罪的人该受到何种处罚？权利受损的当事人该得到怎样的救济？案件的判决结果是否公平？在价值引领上是否体现了惩恶扬善、是否体现了正义等。在办理一件司法个案的链条和环节中，如果有人昧着良心、不公正的作为能够得逞，法律的正确适用就失去了基础和依托，案件的审判就不可能实现公平正义。在司法个案中实现了公平正义的，一定是那些经过了所有法定程序，并满足了“以事实为根据、以法律为准绳”，事实认定符合客观真相、办案结果符合实体公正、办案过程符合程序公正的审判。

公正，是社会主义核心价值观的内涵之一，对养成全社会的法治意

〔1〕 参见张晋藩：《甘棠树下话召公》，载《人民日报》2017 年 2 月 13 日，第 16 版。

识、提升法律素养、建设法治社会和法治国家,具有基础性、引导性作用,直接关乎社会秩序良性运行和人民幸福安康,是一个国家和社会具有凝聚力和感召力的精神支撑。而公正司法更是法治被社会公众内心拥护和真诚信仰并因此具有权威的源泉。因此,司法的个案,所影响的不仅是案件的当事人,更是承载着社会价值的导向。将公正等社会层面的社会主义核心价值观体现和落实到司法中,既彰显国家保障公民、社会组织和个体的正当权益,又昭示国家价值取向,司法公正对社会公正的重要性由此可见一斑。

司法是维护社会公平正义的最后一道防线,“司法公正对社会公正具有重要引领作用,司法不公对社会公正具有致命破坏作用”[1]。诚如英国哲学家培根的一段话:一次不公正的审判,其恶果甚至超过十次犯罪。因为犯罪虽是无视法律——好比污染了水流,而不公正的审判则毁坏法律——好比污染了水源。

3. 司法公正在案件审理的价值层面体现

我国《民事诉讼法》第 155 条第 1 款要求判决书应当写明判决结果和作出该判决的理由,包括案由、诉讼请求、争议的事实和理由、判决认定的事实和理由、适用的法律和理由等。

1979 年商务印书馆出版的中国社会科学院语言研究所词典编辑室编的《现代汉语词典》对“理由”下的定义是“事情为什么这样做或那样做的道理”。“道理”含有规律、根据等意思,同时体现着价值认同、价值追求的内核。《刑事诉讼法》第 236 条第 1 款要求二审人民法院,对不服第一审判决的上诉、抗诉案件,经过审理后:原判决认定事实和适用法律正确、量刑适当的,应当裁定驳回上诉或者抗诉,维持原判;原判决认定事实没有错误,但适用法律有错误,或者量刑不当的,应当改判。这里将一审

---

〔1〕《中共中央关于全面推进依法治国若干重大问题的决定》(2014 年 10 月 23 日中国共产党第十八届中央委员会第四次全体会议通过)第 4 部分。

法院“量刑不当”，作为在认定事实没有错误的前提下，二审法院“应当改判”的一个法定理由。由此可知，在刑事诉讼法的视角中，“量刑不当”是被视为与“适用法律有错误”同等重要的。据此，“量刑”是否“不当”，是法律明确的第二审人民法院，在裁定“改判”或者是“维持”不服第一审判决的上诉、抗诉案件时，在“认定事实”“适用法律”之外的又一个法定的依据。

“量刑适当”或“量刑不当”，本质上是指在“认定事实”和“适用法律”的基础上，案件判决的结果，是否体现了司法公正的价值要求。如果说，“以事实为根据”是案件审理的事实层面，“以法律为准绳”是案件审理的法律层面，那么，判决结果体现司法公正就属于案件审理的价值层面。《中共中央关于全面推进依法治国若干重大问题的决定》第 4 部分指出：“公正是法治的生命线。”为此，有必要在现行的三大诉讼法关于人民法院审理民事、刑事、行政案件，必须“以事实为根据，以法律为准绳”的基础上，增加“以公正为引领”的要求。

（二）司法公正对社会公正具有重要引领作用

1. 司法个案的办理是人们认识法律、感受法律的重要窗口和渠道

努力让人民群众在每一个司法案件中感受到公平正义，就是所有司法机关都要紧紧围绕保障和促进社会公平正义开展司法工作，通过司法保护人民权益、伸张社会正义。在司法个案中实现公平正义，是公正司法的应有之义。

公正的司法，由于做到了“以事实为根据，以法律为准绳”，满足了事实认定符合客观真相、办案结果符合实体公正、办案过程符合程序公正的要求，可以最大限度地将案件事实的是非曲直还原和展示出来，并在此基础上明确合法与否、决断犯罪与否，厘清主观过错和法律责任，通过保护合法、制裁违法、惩罚犯罪，实现惩恶扬善、以司法公正引领社会公正的价值导向。在庭审现场旁听审判的人们、通过媒体报道了解案件情况和判

决结果的人们,会将司法人员对每一个司法案件的办理作为他们认识法律、感受法律的重要窗口和渠道。如果是重大的、有影响案件的庭审,旁听审判的人们、通过媒体知悉案情的人们,应该会在其生活圈、朋友圈等范围内,在一段时间内集中谈论案件当事人、案情及判决结果,并以中立者的视角,既审视案情及其所涉当事人,又可能会对照裁判结果联想到自己或自己所熟悉的人遇到类似情况时的境遇,联想到自己在社会上可以享有的法律权利和应尽的法律义务。鉴于此,基于对法律的真切感知和深刻领悟这一视角,公正的司法,是最有效果的法治教育课,远远胜过任何其他的法律讲座和宣传。

公正的司法,能够引导了解案情的人们形成做事要有对自己行为和后果负有法律责任的意识,人们在评价案件当事人的时候,会从公正的司法所体现出来的保护合法、制裁违法、惩罚犯罪,从而惩恶扬善的价值导向中,体会到法律蕴涵的情理和司法所具有的权威。

2. 司法公正是社会有效治理的重要方面和重要形式

改革攻坚期、社会转型期,人们对司法案件和社会热点问题的关注,需要符合法治精神的昭示和引导,而公正的司法就是最好的载体。对真相是否能够被查实、案件如何处置、事件怎么认定,尽管人们之间的品评和判断并非总是类似或一致,但都给予了极大的关注,不时兴起的这个“热”、那个“热”,就是时代关注点不断变化的最生动诠释。

司法是最具代表性的可感知的“活法律”,由司法公正所弘扬的法治精神,由于蕴含了公平正义和道德良知的价值追求,就会使纸面上的法律,在潜移默化中影响着社会公众的表达和思考方式,在不知不觉中将法治思维和法治方式及公平正义的价值导向作用于自我、作用于周围、作用于社会,使全社会最终会按照社会主义核心价值观、法治精神,改变自我的言行、社会的状态和整个国家的面貌。司法公正,对于法治社会建设的重大意义由此可见一斑。

公正的司法，在解决纠纷、惩罚违法犯罪的同时，调整案件当事人之间的权益关系，在个案公平正义的基础上，维护和构建符合法治精神的社会关系和社会秩序。司法个案的社会意义也由此可见。我国清代学者彭士望在《九牛坝观抵戏记》一文中曾谈及“甚矣，习之能移人也”，用现在的话语表述，就是：不断的习练是很厉害的，是能够改变人的。公正的司法，不仅是社会主义核心价值观的重要载体，更是国家实行有效社会治理的重要方面和重要形式。我国北宋政治家、改革家王安石，为富国强兵所提出的“变风俗立法度为先”[1]的主张，实际上也是体现了“善法”可以破除“弊政”“风俗”可以改良社会的思想的。

3. 民事、行政诉讼个案与公共利益

根据《民事诉讼法》第 148 条的规定，在民事诉讼中，在宣判前，如果原告申请撤诉，是否准许，要由受案法院裁定；受案法院裁定不准许撤诉的，原告经传票传唤，无正当理由拒不到庭的，法庭可以缺席判决。《民事诉讼法》第 180 条规定，一审裁判后一方当事人上诉的，在二审人民法院判决宣告前，如果上诉人申请撤回上诉，由受案的二审法院裁定是否准许。同理，在行政诉讼中，依据《行政诉讼法》第 62 条的规定，人民法院对行政案件宣告判决或者裁定前，原告提出撤诉的申请，或者被告改变其所作的行政行为，原告同意并提出撤诉申请的，由人民法院裁定是否准许撤诉。此外，对于内容涉及国家秘密、商业秘密和个人隐私之外的、发生法律效力的判决书、裁定书，当事人之外的社会公众也可以查阅。[2] 这表明，尽管民事纠纷属于当事人之间的“私事”，是否提起民事诉讼、是否提起行政诉讼，也是原告自主决定和选择的，但是，案件一旦进入法庭审理，原本属于原告、被告之间“私事”的民事案件，以及本属于原告能够自行决定是否提起的行政诉讼，在进入了法庭的程序后，由于国

---

〔1〕 刘海年、杨一凡编：《中国古代法律史知识》，黑龙江人民出版社 1984 年版，第 316 页。

〔2〕 参见《民事诉讼法》第 159 条，《行政诉讼法》第 65 条。

家司法的介入,此时的原属当事人个人的“私事”,也不完全仅是当事人自己的事了,遇有原告、上诉人“撤诉”的情形,决定权已不完全掌握在案件的当事一方手中,而是由受案的法院在兼顾个案正义与社会正义相统一的基础上依法裁量决定。

在行政诉讼中,对依法应当撤销的行政行为,如果撤销会给国家利益、社会公共利益造成重大损害的,受案法院要依法确认行政行为违法,但不撤销该行政行为。在这里,案件的审理符合“以事实为根据,以法律为准绳”的原则要求,但由于撤销行政行为,会给国家利益、社会公共利益造成重大损害,从全社会公平正义的价值追求来衡量,可以判决涉案行政行为违法,但不作出撤销涉案行政行为的判决。根据《行政诉讼法》第56条第1款在行政诉讼期间,行政行为不因诉讼的提起而停止执行;当受案法院认为被诉行政行为的执行会给国家利益、社会公共利益造成重大损害时,裁定停止执行。在行政诉讼期间,法院裁定停止执行被诉行政行为的其他情形,除行政诉讼的被告认为需要停止执行的外,对原告或者利害关系人申请停止执行的,受案法院认为该行政行为的执行会造成难以弥补的损失,并且停止执行不损害国家利益、社会公共利益的,才裁定停止执行。行政诉讼法关于被诉的行政行为是否撤销和是否停止执行的条款设计,彰显的也是个案正义与社会正义的统一。[1]

之外,在可以依法调解的案件中,都须在自愿、合法原则的基础上,确保不得损害国家的利益、社会的公共利益和他人的合法权益。对法院作出的调解协议,检察院依法行使法律监督权,以保障损害国家利益、社会公共利益的调解协议得以纠正。[2] 对损害国家利益、社会公共利益的调解协议,设置依法纠正的程序保障,也正是个案公正与社会公正都需兼顾的法理所在。

---

〔1〕 参见《行政诉讼法》第56条、第74条。

〔2〕 参见《民事诉讼法》第219条第1款、第2款,《行政诉讼法》第93条第1款、第2款。

4. 刑事诉讼个案与公共利益

在刑事诉讼中，尽管已经证实了犯罪嫌疑人的犯罪事实，但如符合法定条件，也可以依法撤销案件，作出不起诉的决定。例如，犯罪嫌疑人自愿如实供述涉嫌犯罪的事实，有重大立功或者案件涉及国家重大利益的，经最高人民检察院核准，公安机关可以撤销案件，人民检察院可以作出不起诉决定，也可以对涉嫌数罪中的一项或者多项不起诉。[1] 兼及个案公正与社会公正的统一，我国的法律规定是这样，国际上的做法也是类似。又如，英国1994年制定颁行的《国家检察官准则》在涉及"公共利益检验"的部分就指出：1951年时任检察长肖克若斯爵士在下议院辩论时所发表的"涉嫌犯罪的人必须自动受到起诉，这从来就不是我们国家的规则——我希望永远也不会是"的精辟声明，此后一直得到历任检察长的支持。[2]

在有关起诉的考量之外，在刑罚的执行中，我国法律也彰显了个案公正和社会公正相统一的法理。在有些刑事案件中，尽管人民法院依据事实和法律作出了明确的判决，但由于存在一些法定的情形，在实际执行时允许依据法律作出调整。依照《刑事诉讼法》第262条的规定，下级人民法院接到最高人民法院执行死刑的命令后，应当在7日以内交付执行。但是，如果在执行前，罪犯揭发重大犯罪事实或者有其他重大立功表现，可能需要改判的情形的，就应当停止执行，并且立即报告最高人民法院，由最高人民法院作出裁定；停止执行的原因消失后，必须报请最高人民法院院长再签发执行死刑的命令才能执行。刑事诉讼法作出这样的规定，就是在依法执行个案的判决时，要顾及"罪犯揭发重大犯罪事实或者有其他重大立功表现"可能关乎国家利益、社会公共利益。另外，依照《刑事诉讼法》第262条第1款的规定，如果发现罪犯正在怀孕，也应当停止执

〔1〕 参见《刑事诉讼法》第182条第1款。

〔2〕 参见王晋、刘生荣主编：《英国刑事审判与检察制度》，中国方正出版社1999年版，第226～227页。

行并立即报请最高人民法院,由最高人民法院作出裁定。法律如此规定,是出于保护胎儿生命权的需要,体现了司法保障人权。

此外,对有法定情形的、被判处有期徒刑或者拘役罪犯的刑罚执行,我国《刑事诉讼法》的规定也彰显了个案公正与社会公正相统一的精神,在坚守个案办理须遵循的“以事实为根据,以法律为准绳”的原则之外,体现了兼及全社会文明进步和公平正义的价值追求。依据《刑事诉讼法》第 265 条第 1 款、第 4 款的规定,有下列情形之一的,对被判处有期徒刑或者拘役的罪犯可以暂予监外执行:(1)有严重疾病需要保外就医的(对罪犯确有严重疾病,必须保外就医的,由省级人民政府指定的医院诊断并开具证明文件);(2)怀孕或者正在哺乳自己婴儿的妇女;(3)生活不能自理,适用暂予监外执行不致危害社会的。此外,《刑事诉讼法》第 271 条规定,被判处罚金的罪犯,如果由于遭遇不能抗拒的灾祸,缴纳确实有困难的,可以裁定延期缴纳、酌情减少或者免除。这些规定都折射出个案公正与社会公正相统一的法治精神所发出的道义之光。

(三)司法不公对社会公正具有致命破坏作用

1. 司法不公既伤害个人又伤害社会

“公平正义如同空气与水。它不能缺席、不应迟到。”“如果这道防线失守,受伤的将不只是公正。”[1]不公正的司法,违背“以事实为根据,以法律为准绳”的原则要求,要么是适用法律法规有错误;要么是事实不清楚,或者证据不确实、不充分;要么是违反法律规定的诉讼程序;要么是司法人员在办理案件的时候,有贪污受贿、徇私舞弊、枉法裁判行为;要么是兼具上述两种或两种以上的情形。

---

〔1〕《政论专题片〈将改革进行到底〉解说词(第四集):维护社会公平正义》,载中国共产党新闻网,http://cpc.people.com.cn/GB/n1/2017/0721/c64387-29419059.html。

的确,与公正的司法相反,不公正的司法不仅不能化解纷争、制裁违法犯罪行为,还助纣为虐,既破坏法制、侵害当事人的合法权益,又降低社会公众对法治的信任度、减损法律所内含的社会主义核心价值观,对社会公正具有致命的破坏作用。在个案中,如果经过了司法的程序,当事人合法的权利得不到维护,违法的人未追究其责任,犯罪的人得不到惩处,最终受害的,就不仅仅是权益受损的个人,还有法治的权威性、社会的风气、社会主义核心价值观、社会秩序的健康构建和良性运行。

司法不公,损害的不仅是案件当事人的个体权益,还有社会公平正义。短时间看,司法不公直接伤害的是合法权利受损的当事人,但长时间来看,司法不公个案的积累,最终必然会伤害全社会。

2.“以公正为引领”应该成为司法的一个原则依据

将“以公正为引领”确立为司法的一个原则依据,除了上述的理由,还有国家立法的支撑这一理由。2018 年 10 月,修改后的《人民法院组织法》《人民检察院组织法》已经明文将“司法公正”[1]规定为人民法院、人民检察院坚持的原则,之外,三大诉讼法的一些条款也都蕴含和体现了要公正司法的要求。

例如,在民事诉讼中,《民事诉讼法》第 46 条第 1 款明确要求审判人员应当依法秉公办案。在行政诉讼中,《行政诉讼法》第 1 条也明确要求人民法院审理行政案件要公正、及时;而且,《行政诉讼法》第 70 条规定的“人民法院判决撤销或者部分撤销,并可以判决被告重新作出行政行为”的情形之一是:行政行为有“明显不当的”;第 77 条第 1 款规定的“人民法院可以判决变更”的行政处罚的情形之一是:行政处罚明显不当。此处的“明显不当”,就是指违反了“公平正义”的原则要求。在刑事诉讼中,对于认罪认罚案件,人民法院在依法作出判决时不采纳人民检察院指控的罪名和量刑建议的情形,除了法定的几种具体情形外,还有其他可能

[1] 《人民法院组织法》第 6 条,《人民检察院组织法》第 6 条。

影响公正审判的情形以及量刑建议明显不当的情形。[1]

再如,《刑事诉讼法》第 238 条规定,在上诉审中,第二审人民法院发现第一审人民法院的审理,剥夺或者限制了当事人的法定诉讼权利,或者有其他违反法律规定的诉讼程序情形,可能影响公正审判的,应当裁定撤销原判,发回原审人民法院重新审判。法律明确将剥夺或者限制当事人的法定诉讼权利或者其他违反法定的诉讼程序,“可能影响公正审判的”列为“应当裁定撤销原判,发回原审人民法院重新审判”的法定情形。[2] 在再审案件中,对民事诉讼案件当事人申请再审的启动,尽管《民事诉讼法》第 211 条没有明确提到“公正”,但其关于应当再审情形的规定,实质上都内含了公正司法的要求。与民事诉讼案件再审的启动相比较,《行政诉讼法》第 91 条,《刑事诉讼法》第 238 条、第 253 条对行政诉讼案件和刑事诉讼案件启动再审的情形的规定中,都明确将“违反法律规定的诉讼程序,可能影响公正审判的”情形,作为人民法院应当再审的一个法定理由。行政诉讼案件当事人的申请,符合《行政诉讼法》第 91 条第 5 项规定的“违反法律规定的诉讼程序,可能影响公正审判的”,人民法院应当再审。在刑事诉讼中,当事人及其法定代理人、近亲属的申诉,如果符合《刑事诉讼法》第 253 条第 4 项规定的“违反法律规定的诉讼程序,可能影响公正审判的”情形的,人民法院也应当重新审判。[3]

此外,办案人员存在可能影响公正司法的情形,也是诉讼当事人申请办案人员回避的法定情形。我国民事、刑事和行政诉讼,都将审判人员审理案件时有贪污受贿、徇私舞弊、枉法裁判行为的情形,列为人民法院应当重新审判的法定理由之一。[4] 毫无疑问,审判人员审理案件时有贪污受贿、徇私舞弊、枉法裁判行为的,必然影响公正审判。在依法查处有贪

---

〔1〕 参见《刑事诉讼法》第 201 条。
〔2〕 《刑事诉讼法》第 238 条。
〔3〕 参见《刑事诉讼法》第 253 条。
〔4〕 参见《民事诉讼法》第 211 条,《行政诉讼法》第 91 条,《刑事诉讼法》第 253 条。

污受贿、徇私舞弊、枉法裁判行为的审判人员的同时,依法重新审理由这些腐败的“审判人员”作出的判决,彰显了我国诉讼法“以公正为引领”的价值取向和司法追求,其公平性、正当性的要求理应体现在人民法院审理案件所依据的基本原则之中。

第四章　司法效率的提高需要以完善庭前程序为基础

一、完善庭前的程序保障

（一）立案登记制改革需要法定的程序保障

1. 纯属诉讼程序方面的行为也需要法律的保障

在论及法定诉讼程序的保障作用时，一般的说法，往往是强调诉讼程序法在实体法的正确适用中所起的保障作用。毫无疑问，这种说法是没有问题的，也是符合司法的特征的。但面对诉讼的拖延、迟延等影响司法效率的情形，人们往往更多地从司法人员的主观方面、案件办理的实际困难方面思考症结的所在和解决的路径。应该说，这也没有问题，也是提高司法效率的有效路径。

深入一层看，从司法的特性来分析，即使是纯属诉讼程序方面的行为，如果没有缜密有效的程序法的支撑，所作的努力，可能在一时一案中会有促进作用，但无法达到普及的效果。还是常言说得好：唯有法律具有稳定性、规范性和预期性的优点，所以“良法是善治的前提”。因此，诉讼法律规定应尽可能缜密和完备，既可保障实体法的正确适用，又能保证诉讼活动和过程的便捷和公正。

曾担任英国高等法院法官长达38年之久、第二次世界大战以后英国最著名的法官和享有世界声誉的法学家丹宁勋爵曾指出：“‘法律的正当程序’，系指法律为了保持日常司法工作的纯洁性而认可的各种方法：促使审判和调查公正地进行，逮捕和搜查适当地采用，法律援助顺利地进行，以及消除不必要的延迟，等等。”[1] 由资深法官的这一切身体会所得出的结论可知，法律的正当程序，除了在实体法正确适用中具有重要的保障，在“促使审判和调查公正地进行”“以及消除不必要的延迟，等等”诉讼活动的公正进行中，同样具有重要的支撑和保障作用。中华人民共和国成立之初，董必武就曾指出：法院依法审判，包括依实体法和程序法；诉讼程序应由国家立法机关制定，在没有制定之前，各级法院自定诉讼程序是很好的，是对工作负责的。[2] 这一论断蕴含的诉讼程序需要法律规定保障的法理，也是明显的。

2. 立案前需先行审核也是现行诉讼法的要求

依照《民事诉讼法》第126条，人民法院应当保障当事人依照法律规定享有的起诉权利，对符合《民事诉讼法》第122条[3]的起诉必须受理。符合起诉条件的，应当在7日内立案并通知当事人；不符合起诉条件的，应当在7日内作出裁定书，不予受理；原告对裁定不服的，可以提起上诉。

《民事诉讼法》的这一规定，尽管明确了对符合《民事诉讼法》规定的

---

〔1〕 刘庸安：《丹宁勋爵和他的法学思想——代中译本前言》，载［英］丹宁勋爵：《法律的正当程序》，刘庸安等译，法律出版社1999年版，“代中译本前言”。

〔2〕 参见董必武：《董必武法学文集》，法律出版社2001年版，第241、245页。

〔3〕 《民事诉讼法》第122条规定：“起诉必须符合下列条件：（一）原告是与本案有直接利害关系的公民、法人和其他组织；（二）有明确的被告；（三）有具体的诉讼请求和事实、理由；（四）属于人民法院受理民事诉讼的范围和受诉人民法院管辖。”

起诉条件的起诉,受案法院“必须受理”,但同时又设定了两种不同的情形,一种是“符合起诉条件的,应当在七日内立案,并通知当事人”,另一种是“不符合起诉条件的,应当在七日内作出裁定书,不予受理;原告对裁定不服的,可以提起上诉”。这一规定的问题在于,既然对符合《民事诉讼法》第122条的起诉必须受理,又为什么设定了两种情形,而且还规定对不符合起诉条件的,应当在7日内裁定不予受理?照通常理解,不符合《民事诉讼法》规定的起诉条件的起诉,法院是不受理的;但《民事诉讼法》的上述规定又内含了对不符合《民事诉讼法》规定的起诉条件的起诉也要受理的法意。

相较《民事诉讼法》,《行政诉讼法》第51条第1款和第2款对“应当登记立案”和“决定是否立案”的规定是具体和明确的,法条的表述也简洁明晰。《行政诉讼法》第51条第1款规定,人民法院在接到起诉状时对符合《行政诉讼法》规定的起诉条件的,应当登记立案。第51条第2款第1句规定,对当场不能判定是否符合《行政诉讼法》规定的起诉条件的,应当接收起诉状,出具注明收到日期的书面凭证,并在7日内决定是否立案。《行政诉讼》第51条第2句、第3句、第4句规定,对不符合起诉条件的,法院作出不予立案的裁定,并在裁定书中载明不予立案的理由;原告对裁定不服的,可以提起上诉。

3. 现行诉讼法及司法文件要求庭前审核诉讼材料

现行诉讼法关于庭前准备的条款设计,蕴含着审判人员需事先审核的法意。依照《民事诉讼法》第130条第1款,人民法院受理案件后,当事人对管辖权有异议的,应当在提交答辩状期间提出。人民法院对当事人提出的异议应当审查,异议成立的,裁定将案件移送有管辖权的人民法院;异议不成立的,裁定驳回。《民事诉讼法》此处关于法官对被告提出的管辖权异议的审查,就属于法官在案件开庭审理前所进行的审核。

此外,诉讼法还明确要求审判人员在庭前认真审核诉讼材料。《民事诉讼法》第 132 条规定：审判人员必须认真审核诉讼材料，调查收集必要的证据。这里，法律明确提出了审案法官"必须认真审核诉讼材料"的要求。《民事诉讼法》第 136 条规定：人民法院对受理的案件，分情形予以处理：当事人没有争议，符合督促程序规定条件的，可以转入督促程序；开庭前可以调解的，采取调解方式及时解决纠纷；根据案件情况，确定适用简易程序或者普通程序；对需要开庭审理的，通过要求当事人交换证据等方式，明确争议焦点。

依照《民事诉讼法》第 155 条第 1 款，民事案件的判决书应当写明判决结果和作出该判决的理由。判决书的内容包括案由、诉讼请求、争议的事实和理由，以及判决认定的事实和理由、适用的法律和理由。可以讲，"判决认定的事实和理由"，正是在审判人员对于"诉讼请求、争议的事实和理由"进行的审核、甄别的基础上，通过合议庭的分析、论证、研判所作出的。因此，实行立案登记制后，在开庭审理前，设置专门的庭前审查程序，梳理、甄别、审核双方当事人的诉求所基于的事实和理由，对于准备开庭审理、提高审判效率来说就非常必要。

最高人民法院于 2016 年 9 月发布的《关于进一步推进案件繁简分流优化司法资源配置的若干意见》第 9 条关于发挥庭前会议功能的意见，实际上也为设置庭审前审查程序提供了支撑。最高人民法院的意见中关于"发挥庭前会议功能"的表述是："法官或者受法官指导的法官助理主持召开庭前会议，解决核对当事人身份、组织交换证据目录、启动非法证据排除等相关程序性事项。对于适宜调解的案件，积极通过庭前会议促成当事人和解或者达成调解协议。对于庭前会议已确认的无争议事实和证据，在庭审中作出说明后，可以简化庭审举证和质证；对于有争议的事实和证据，征求当事人意见后归纳争议焦点。"之后，最高人民法院于 2018 年 9 月发布的《最高人民法院关于互联网法院审理案件若干问题的规定》也有这方面的要求，这一规定的第 13 条中有两项内容都涉及如何对待庭审前审判人员已完成工作的问题：一是庭前已经在线完成当事人身份核实、权利义务告知、庭审纪律宣示的，开庭时可以不再重复进行；二是当事人已经在线完成证据交换的，对于无争议的证据，法官在庭审中说明后，可以不再举证、质证。如此规定简化了庭审的程序，更重要的是体现了从受理案件到开庭审理案件这一期间审判人员工作的连续性、双方当事人参与诉讼活动的严肃性以及进入法院受理环节所开始的所有诉讼法律行为的效力性。

（二）设定庭前的法定审查程序

1. 设置立案登记后的初核甄别程序

为解决“立案难”的问题，2014 年 10 月 23 日通过的《中共中央关于全面推进依法治国若干重大问题的决定》明确要求“变立案审查制为立案登记制”。2015 年 4 月，法院对案件受理制度进行改革，将原先的立案审查制改革为立案登记制。据此，当事人向法院提起诉讼时，法院不再先对诉讼要件进行实质审查，只要起诉状和相关证据材料符合诉讼法规定的起诉条件就予立案登记。立案登记制实施后，一个明显的变化，就是法院的立案登记数量明显增加。根据最高人民法院对立案登记制改革后近两年的统计数字：从 2015 年 5 月 1 日到 2017 年 3 月，全国法院登记立案数量超过 3100 万件，同比上升 33.92%，法院的工作量进一步增加。[1]

人民法院登记立案数量年度同比增幅增大的现象，既是我国社会转型时期社会矛盾增多的一种客观反映，又是广大的社会公众法律意识提高、权利意识增强的一种体现。推进立案登记制的实施，如何调整和完善现行的诉讼法、提供更加有效的诉讼制度支撑，以公正高效地化解这些矛盾、解决这多纠纷，已是一个现实的课题。

---

〔1〕 参见《最高法通报立案登记制改革两周年情况：立案数量增加》，载新华网，http://www.xinhuanet.com/politics/2017-05/18/c_1120996122.htm。

2016年5月10日，最高人民法院举行立案登记制改革一周年回顾与展望座谈会的信息显示：人民法院推行立案登记制改革以来，司法对诉权的保障更加彻底，一定意义上来说，长期以来困扰人民群众诉权行使的"立案难"问题已经成为历史问题。[1] 案件登记之后，还需要人民法院开展一系列的司法活动才能决定是否正式立案并开庭审理直至作出判决。

全国法院登记立案增长较多的案件，既有行政案件，又涵盖了民事案件和刑事自诉案件。公正高效地审理进入法院的案件，客观上需要根据"变立案审查制为立案登记制"后的新变化，调整完善现行的诉讼程序关于案件受理的设计，设计一个专门的程序，用来处理从立案登记之日到"决定受理"之时的事务。如自立案登记之日起的合理时限(具体的时限由法律规定，下同)内，将诉状副本连同证据清单发送被告，并明确被告应当自收到诉状副本连同证据清单之日起的合理时限内提交答辩状或辩护状(刑事自诉案件)及随附的证据清单，人民法院自收到答辩状或辩护状之日起的合理时限内，再将答辩状或辩护状连同新的证据清单发送原告，并要求原告在法院规定的时间内，针对被告的辩论或辩护及所附证据清单再提交反驳的主张和理由。经过对原告→被告、被告→原告这样两个回合的材料初核，人民法院初步可以判定当事人间有无争议以及是什么争议了，并据此依法审查决定是否正式受理案件。

2. 增设庭前的交互核实程序

在开庭审理程序启动前，设置专门的程序，就在于法院在登记了符合起诉的形式要件的案件，经过上述初核并决定正式受理后，可以由法官召集双方当事人及其代理律师，对案件进行庭审前的交互核实，并可以初步弄清楚纠纷的症结究竟在哪里、是否有可能和解或正式开庭审理是否不可避免。

---

[1] 参见《切实提高诉讼服务水平　不断推动立案工作再上新台阶》，载中国法院网2016年5月10日，https://www.chinacourt.org/article/detail/2016/05/id/1857859.shtml。

开庭审理前交互核实的主要目的在于通过规定当事人及其所聘请的律师交换证据的法定期限,快速地梳理和明确争执的焦点和问题,以便有的放矢地调整和准备下一步的诉讼方向,以顺利结案。

开庭审理前的程序经过后,对不符合案件法定受理实体要件的,人民法院裁定驳回并说明具体理由和法律依据;当事人不服的,可以依法上诉;符合案件法定受理实体要件的,书面告知当事人立案受理。这样的设计,有利于提高司法效率,让符合条件的案件进入法院的正式审理程序,符合有案必立的司法改革要求。

《中共中央关于全面推进依法治国若干重大问题的决定》第 4 部分第 2 项关于"对人民法院依法应该受理的案件,做到有案必立、有诉必理"的要求,配套设置专门的法庭审理前的审核程序,就可以在立案登记后的初核甄别和庭审前的交互核实程序中,将不构成法定的案件受理要件的"案件",消化在正式的审理程序之前,也能从程序设计上为"改革法院案件受理制度,变立案审查制为立案登记制"提供法定的程序支撑和保障。事实上,国外也早已有类似的程序安排。例如法国,1965 年,作为试验,在大审法院与上诉法院设置了负责审前整理案件的法官。审前准备法官的设置为法官与各当事人在诉讼中发挥各自的作用创造了有利条件。[1]

3. 设置庭审前的审核程序有着现有诉讼程序条款设计的基础

现行诉讼法中有关一审程序中审理前的准备、开庭审理等方面的规范设计,为设置庭审前的审核程序提供了法律条款设计的基础。除了《民事诉讼法》和《行政诉讼法》有条款规定之外,《刑事诉讼法》也要求审判人员须在开庭审理前,先行对案件进行审查。

依照《刑事诉讼法》第 186 条,对人民检察院提起公诉的案件,人民法

---

〔1〕 参见[法]让·文森、[法]塞尔日·金沙尔:《法国民事诉讼法要义》(上),罗结珍译,中国法制出版社 2001 年版,第 75 页。

院在决定开庭审判前，也要对提起公诉的案件先进行审查，并确定起诉书中是否有明确的指控犯罪事实；起诉书中有明确的指控犯罪事实的，应当决定开庭进行审判。不仅如此，依照《刑事诉讼法》第187条第2款和第4款，在开庭以前，审判人员可以召集公诉人、当事人和辩护人、诉讼代理人，对回避、出庭证人名单、“非法证据排除”等与审判相关的问题，了解情况，听取意见，并将这些情形写入笔录，由审判人员和书记员签名。在刑事自诉案件中，依照《刑事诉讼法》第211条第1款，人民法院也需对自诉案件予以审查。犯罪事实清楚、有足够证据的案件，应当开庭审判；缺乏罪证的自诉案件，如果自诉人提不出补充证据，应当说服自诉人撤回自诉，或者裁定驳回。

在司法实践中，有的判例中尽管有庭前会议并形成庭前会议报告，但却出现了在庭前会议中，原审被告人及其辩护律师对有的事项均表示服从合议庭的决定的现象。既然在合议庭决定以前就表示服从合议庭的决定，那庭前会议的意义何在？由此可见，从法律上增设庭前的审核程序，增强庭前程序的法定约束，是十分必要的。

保证庭审集中时间和精力审理争议焦点及对鉴定意见有异议、对证据有疑问等方面的案件事实，是提高司法效率，“保证庭审在查明事实、认定证据、保护诉权、公正裁判中发挥决定性作用”[1]的重要支撑和保障。为此，有必要在现行诉讼法关于审理前的准备、开庭审理等相关条款设计的基础上，整合完善庭审前的审核程序。

(三)增设庭前的审核程序可以弥补现行诉讼程序设计的不足

1.增设庭前的审核程序可以减诉累、提效率

增设开庭审理前的审核程序，既可以缩短整个案件的审理时间、提高

---

〔1〕《中共中央关于全面推进依法治国若干重大问题的决定》(2014年10月23日中国共产党第十八届中央委员会第四次全体会议通过)第4部分第3项。

司法的效率,又立足于保护当事人的诉讼权利和实体权利,对于大量的实质争议不大的案件,应该能够受到快捷审理顺利结案效果。如经过开庭审理前的审核程序后,案件未能了结,则由法院指定案件正式开庭审判的具体日期。

增设立案后的初核甄别程序后,案件在正式开庭审判之前,经法官主持,由当事人的律师把一道关,就可初步理出案件的头绪和脉络,“剪掉”一些不必要的讼累;经过庭审前的交互核实,在双方相互出示证据和质证后,在法官主持下又对案件进行了一遍梳理,当事人及其所聘请的律师对案件把了一道关,又“剪掉”了一些不必要的讼累,当事人无争执的、明确的事项就不会在以后的审理中重复,这个程序起到的实际作用是,进一步汇集诉讼资料、把不需要审理的问题从正式开庭审判中转移出去,并在此基础上明晰案件要点,使即将开庭审理的案件成为有必要审理的案件。这无论是对于法官,还是对于案件的当事人,都能起到减轻讼累的作用,达到既解决问题又提高效率的双倍效果。增设庭前审理的审核程序的一个直接意义,便是提高庭审的质量和整个案件办理的效率,为充分地发挥庭审在保护诉权、公正裁判中的应有作用奠定扎实的基础。

开庭后的审理程序,是庭审前的审理程序的延续。如果案件在庭审前的审理程序中得以“案结事了”,便不再进行开庭审理程序;如果案件在庭审前的审理程序中未得到解决,就进入了开庭审理程序。在开庭审理程序中,对在庭审前的审理程序中各方已认可、无争议的事实及相应的证据,不再进行审理,并直接作为开庭审理的基础,除非有新的证据可以推翻在庭审前的程序中已经认定的事实和证据。在开庭审理程序中,只对各方有争议的案情、有疑问的证据,如有疑问的物证和其他证据、有异议的鉴定意见、有异议的勘验笔录等,进行审理。

2. 法定的程序保障可使庭审前的准备行为具有法律上的效力

在诉讼开始时,当事人的诉求主张和所依据的证据之间未必能充分地相互印证和支撑，案情常常显得杂乱。这时，通过由法官来主持立案后的初核甄别、交互核实程序，运用国家司法的权威，推动当事人及其所聘请的律师对案件所涉争议事项进行梳理和辨析，在事实、证据和法律规定的基础上能够渐渐地确认取得共识、获得部分一致的事实和证据，把下一步不再争议的诉求或事项确定下来，就可以在庭审中集中精力和时间解决诉求明确的焦点问题。这就是庭前审核程序的重要功能和价值，也是调整完善现有诉讼法律程序的重要意义所在。通过法定的庭前审核程序所确认的事实和证据，可以获得法律上的效力，不仅对审判人员产生约束力，对诉讼当事人及参与的律师也产生约束力，在后期的开庭审理程序中，审判人员、当事人和律师都要以在庭前审核程序中所取得的共识为基础，并在此基础上继续诉讼。

在现有的庭前审核程序，就是要明示诉讼活动的严肃性和效力性，明示当事人及其委托人必须慎重、负责地参加诉讼活动、从事诉讼行为。1999 年国家立法机关制定通过的《海事诉讼特别程序法》第 82 条关于船舶碰撞案件当事人在起诉、答辩时应如实填写《海事事故调查表》的规定，以及第 84 条第 1 句明确的当事人应当在开庭审理前完成举证的规定，是我国诉讼法律的进步，相关的规定体现了已经依法完成的举证不得随便推翻的法理。依照《海事诉讼特别程序法》第 82 条、第 84 条、第 85 条：船舶碰撞案件的原告在起诉时、被告在答辩时，应当如实填写《海事事故调查表》；当事人应当在法院开庭审理前完成举证，当事人完成举证并向海事法院出具完成举证说明书后，可以申请查阅有关船舶碰撞的事实证据材料；当事人不能推翻其在《海事事故调查表》中的陈述和已经完成的举证，除非有新的证据和充分的理由说明该证据不能在举证期间内提交。

应该说，在诚信社会建设需要诚信司法支撑的当今，《海事诉讼特别程序法》关于诚信举证的规定，具有特别重要的现实意义。在诚信司法的意义上,不出尔反尔,不仅是诚实信用的要求,还是开展公平而对等的辩论所需要的。据此,无论是主持庭前审理的法官,还是其他的诉讼参与人,都必须诚信地、严肃认真并慎重负责任地参加庭前审理的活动,这也是为防止恶意诉讼和遏制利用诉讼来拖延时间、制造影响等滥诉行为所需要的。在诉讼中,如果允许轻易否认、推翻已经完成的举证,不仅无谓地增加审判人员审查诉讼材料、认定事实的额外负担,还有可能使诚信的一方当事人难以充分地、顺利地回应和对质,并有可能使诉讼的过程出现反复甚至被延迟,从而造成司法效率低下的后果。

3. 庭前的审查程序可为审理涉密诉讼提供保障

依照现行法律的规定,无论是民事诉讼,还是刑事诉讼和行政诉讼,凡涉及国家秘密、商业秘密和个人隐私的证据,都应当保密。如此,就涉及如何在诉讼中发挥此类证据在证明案件事实中的作用的问题。如《民事诉讼法》第 71 条规定,"证据应当在法庭上出示,并由当事人互相质证。对涉及国家秘密、商业秘密和个人隐私的证据应当保密"。对应当保密的涉及国家秘密、商业秘密和个人隐私的证据,《民事诉讼法》第 71 条在此处明文规定,"需要在法庭出示的,不得在公开开庭时出示"。

那么,对"需要在法庭出示的"涉密证据,在公开开庭之外如何出示呢?现行的法律条款未予回应。也许,有人会认为可以不公开审理,《民事诉讼法》第 137 条可以作为依据。且看《民事诉讼法》第 137 条的内容:人民法院审理民事案件,除涉及国家秘密、个人隐私或者法律另有规定的以外,应当公开进行;离婚案件,涉及商业秘密的案件,当事人申请不公开审理的,可以不公开审理。依照上述法条规定,不公开审理,是对涉及国家秘密、商业秘密和个人隐私的证据保密的途径。

依照《刑事诉讼法》第 54 条第 3 款和第 188 条第 1 款第 2 句:在刑事诉讼中,"对涉及国家秘密、商业秘密、个人隐私的证据,应当保密"。"有关国家秘密或者个人隐私的案件,不公开审理;涉及商业秘密的案件,当事人申请不公开审理的,可以不公开审理。”在行政诉讼中,依照《行政诉讼法》第 43 条第 1 款第 2 句和第 54 条,与民事诉讼和刑事诉讼一样,对涉及国家秘密、商业秘密和个人隐私的证据,不得在公开开庭时出示;涉及国家秘密、个人隐私的行政案件,不公开审理;涉及商业秘密的行政案件,当事人申请不公开审理的,可以不公开审理。

如何既能做到在公开开庭时不出示涉及国家秘密、商业秘密和个人隐私的证据,又能使上述三类证据之外的证据能在公开审理中出示,也是公正司法面临的一个问题。应该说,设置了庭前审理审核程序后,涉及国家秘密、商业秘密和个人隐私的证据,就可以合乎程序地在这一程序中出示,由涉及国家秘密、商业秘密和个人隐私的证据证明的案件事实,在开庭公开审理前已依法得到确认,在公开审理的程序启动后,这部分由上述涉密证据证明的案件事实,就可以顺理成章地成为继续审理案件的基础事实的组成部分。如此,既解决了涉及国家秘密、商业秘密和个人隐私的证据不公开出示的问题,又可满足庭审时公开审判的要求。

二、优化人民警察依法履职的规范设计

(一)警察职能的多重性与在刑事诉讼中的特殊性

1. 维护治安秩序与提供社会服务

在现代刑事司法制度的设置中,尽管警察、检察人员、审判人员在刑事诉讼中的职能和作用不同,但这三种力量都从各自的角色定位,对司法公正发挥着重要的不可或缺的作用。

无论是我国还是外国,警察的职能主要在于通过维护社会治安预防违法犯罪,并在有涉嫌犯罪的事实发生时开展侦查活动,以依法有效地惩治犯罪。一般认为,警察是指负责维护治安秩序和执行法律(包括侦查和防止犯罪)的公职人员;也有观点认为,警察是维护社会治安秩序、预防与

惩治违法行为、侦查犯罪的力量。[1] 我国《人民警察法》《治安管理处罚法》规定的人民警察的职责,也主要集中在维护治安秩序、保障公共安全,保护公民、法人和其他组织的合法权益,以及预防、制止、侦查犯罪方面。相对于侦查犯罪的职责而言,维护治安秩序的职责更为基本和日常,维护治安秩序的职责履行好了,社会治安就应该会好,刑事犯罪相应地也就应该会少。

依照《人民警察法》第 9 条的规定,为维护社会治安秩序,对有违法犯罪嫌疑的人员,公安机关的人民警察经出示相应证件,可以当场盘问、检查;经盘问、检查,对有被指控有犯罪行为情形的,或有现场作案嫌疑情形的,或有作案嫌疑身份不明情形的,或有携带的物品有可能是赃物情形的,可以将其带至公安机关,经批准并在严格遵守法定的时间要求[2]的前提下对其继续盘问。第 8 条规定,对严重危害社会治安秩序或者威胁公共安全的人员,公安机关的人民警察可以强行带离现场、依法予以拘留或者采取法律规定的其他措施。

《人民警察法》第 15 条规定,为预防和制止严重危害社会治安秩序的行为,县级以上人民政府公安机关,可以在一定的区域和时间,限制人员、车辆的通行或者停留,必要时可以实行交通管制并采取相应的交通管制措施。第 17 条规定,对严重危害社会治安秩序的突发事件,县级以上人民政府公安机关,经上级公安机关和同级人民政府批准,可以根据情况实行现场管制,可以采取必要手段强行驱散并对拒不服从的人员强行带

[1] 参见本书课题组编著:《外国司法体制若干问题概述》,法律出版社 2005 年版,第 158 ~ 159 页。

[2] 依照《人民警察法》第 9 条第 2 款、第 3 款:对被盘问人的留置时间自带至公安机关之时起不超过 24 小时,在特殊情况下,经县级以上公安机关批准,可以延长至 48 小时,并应当留有盘问记录。对于批准继续盘问的,应当立即通知其家属或者其所在单位。对于不批准继续盘问的,应当立即释放被盘问人。经继续盘问,公安机关认为对被盘问人需要依法采取拘留或者其他强制措施的,应当在上述规定的期间作出决定;在上述规定的期间不能作出决定的,应当立即释放被盘问人。

离现场或者立即予以拘留。依据第14条，对严重危害公共安全或者他人人身安全的精神病人，公安机关的人民警察可以采取保护性约束措施。需要送往指定单位、场所加以监护的，应当报请县级以上人民政府公安机关批准，并及时通知其监护人。公安民警履行维护社会治安秩序的法定职责，既能维护社会秩序，又能在此基础上预防和制止违法犯罪的发生。这一环节的工作做好了，就会从源头上大大地减少进入检察环节和刑事审判环节的案件，实现社会治安好、刑事案件少的理想状态。

虽然警察的职能主要在于维护社会治安秩序和预防、制止及侦查违法犯罪，但随着社会的变迁和时代的发展，现代的警察职能已在原有的基础上扩展了不少，其中最引人注目的就是警察所承担的社会事务。据美国学者的资料显示，有警察在参加研讨班时表示：警察只有10%的时间用在对付犯罪上，另外90%的时间是用来做社会服务型工作的。[1] 尽管这一关于警察工作时间的说法不一定是十分准确的，但起码说明了，在当代美国社会，警察在依法履行传统的警务职能以外，确实承担了许多超出原有警务范畴的社会服务型工作。

在我国，依照《人民警察法》第6条，按照职责分工，我国公安机关的人民警察依法履行的职责，除了治安管理，维护治安秩序和预防、制止、侦查违法犯罪活动，还有依法从事社会事务。《人民警察法》第21条规定：人民警察除对公民的报警案件应当及时查处之外，还应当积极参加抢险救灾和社会公益工作；另外，如果遇到公民人身、财产安全受到侵犯或者处于其他危难情形，人民警察应当立即救助；对公民提出解决纠纷的要求，人民警察也应当给予帮助。显然，《人民警察法》第21条的规定，已经拓展了人们理解的一般意义上警务的范围，当代公安民警的职责范围也由此得到了扩展。

---

〔1〕 参见[美]博西格诺等：《法律之门》，邓子滨译，华夏出版社2007年版，第373～391页。

2. 刑事司法的“守门人”

我国现行刑事诉讼法关于人民警察在刑事诉讼中职能的规定，大致可分为三个方面：一是公安机关立案侦查方面的，二是移送人民检察院审查起诉方面的，三是人民法院开庭审理及判决执行方面的。

刑事诉讼法关于公安机关及其人民警察在刑事诉讼中职能的规定，体现了“人民法院、人民检察院和公安机关进行刑事诉讼，应当分工负责，互相配合，互相制约，以保证准确有效地执行法律”[1]的原则，是司法实践中的经验总结。虽然我国《刑事诉讼法》在条文表述时将公安机关、人民检察院和人民法院排序为“人民法院、人民检察院和公安机关”，但从刑事诉讼的程序看，公安机关及其人民警察处于刑事诉讼程序的前端，以至于有国际上的法律界人士将警察在刑事诉讼中的位置形象地比喻为刑事司法制度的“门卫”，并以此表明警察在刑事诉讼中发挥着独特的作用。除了检察机关依法直接侦查的案件、监察机关依法直接调查的案件以及刑事自诉案件外，其他大多数的刑事案件都是由公安民警负责侦查的。对公安民警侦查的案件而言，尽管涉嫌犯罪的人是否有罪，要经过检察院的审查起诉以及法庭审理才能判定，但公安民警的初步裁量权是刑事案件走出的第一步，也因此，刑事警察在刑事司法中发挥着类似“守门人”的作用。

在刑事司法的体系中，除了当事人和诉讼参与人，仅仅国家机构就有警察、检察、审判、监狱等。在这样一个体系中，履职在前的国家机构及其工作人员的行为，势必影响着履职在后的其他国家机构及其工作人员的工作负荷和履职状况，特别是作为刑事司法“守门人”的公安机关及其人民警察。因此，有效发挥作为刑事司法“守门人”的公安机关及其人民警察的作用，对于刑事司法体系的高质有效运转意义非同寻常。推进公正司法，依法有效及时地惩治犯罪，依法有效及时地维护受害人的合法权

---

[1] 《刑事诉讼法》第7条。

益,既要关注刑事司法制度的整体,又要重视刑事司法体系中每一机构职能的充分有效发挥;既要关注公、检、法等机构之间有效配合与制约的关系,又要重视每一环节的决定对其他环节所产生的影响。

如果说,在刑事司法中,公安民警是刑事司法体系的"守门人",那么,在实行立案登记制后,负责立案登记的法院的工作人员就是民事案件、行政案件和刑事自诉案件的"守门人"。既然实行立案登记制后,需要完善充实相应的庭前审理程序,那完善刑事司法"守门人"制度的程序规定也就成为顺理成章之事。完善了刑事司法"守门人"履职的程序规定,对公安机关及其人民警察来说是必要的,对整个刑事司法其他环节的履职来说也是十分重要的。因为,只有完善的法定的程序规定,才会有检察环节和审判环节的检察人员和审判人员可依法适用的同一准则,才能为刑事司法体系的前后衔接、顺畅运作、依法履职提供支撑和保障。

3. 公安民警在刑事司法中的特殊性

在刑事司法中,与检察人员、审判人员相比较,公安民警的作用具有特殊性。诚然,以事实为根据,以法律为准绳是刑事司法各环节都普遍适用的原则,无论是侦查环节,还是检察和审判环节,都必须以事实为根据,以法律为准绳。

除非案情明显、证据充足,不然,进入侦查环节的案件是否涉嫌构成犯罪,一方面要依赖于公安进行的调查进展和侦查结果,另一方面,侦查阶段又不能把所有事实彻底查清查实了再对涉嫌实施违法犯罪行为的人采取措施。这就出现了悖论,既要先行依法采取措施、维护治安秩序、保障公民个人和公共的安全,又要继续查证以判定涉嫌违法犯罪的人是否构成犯罪。

这就如同前面提到的,警察是刑事司法的"守门人",站在刑事司法的门口,若不作为,涉嫌违法犯罪的人对社会造成的危害性就可能发生或进一步加大;不进行进一步的严密细致的调查和侦查,"守门人"也很难立即对所接受的报警、报案是否涉嫌刑事犯罪作出判断。原因在于警察首先遇到的是粗放和不精确的案情。至于街头临时发生的案件、突然出现的警情,在警察接警赶往现场的当下,只能根据眼下的情况控制现场、采取措施、维护秩序、保障安全。警察履职的这种特殊环境,就决定了警察在出警、维护治安秩序、保障公民安全和公共安全时,所依据的事实是当下的事实,而这种事实往往是粗放的和不精确的,与事后深入查证的事实也许一致,也许不一致。

由此,应根据警察采取行动时所依据的事实来判定警察当时的行为是否正当和合法,而不应根据警察采取行动后进一步核实和证明的事实重新判断事先的行动是否合法和正当。

虽然判定警察行为正当与合法的事实依据是警察"事前的事实",公正文明执法依然是首要的。我国《治安管理处罚法》就明确要求实施治安管理处罚,应当公开、公正,尊重和保障人权,保护公民的人格尊严。[1]之所以这样要求,是因为警察享有的权利是一种特殊的国家公权力,警察是可以使用强制措施的国家公务人员,如果警察执法不公正、不文明,不只警察执法的相对人要受到极大的伤害,整个社会的公正和文明也都会受到伤害。在国外,就有这样的例子,例如,2020 年 5 月 25 日晚,在美国明尼苏达州的明尼阿波利斯市,警察接到有人涉嫌使用假钞的报警后,便前往现场。曾经在网上流传的视频显示,一名警察把犯罪嫌疑人按倒并用膝盖抵住他的脖子,虽然犯罪嫌疑人反复求救说"我不能呼吸了",这名警察并未作出反应,其他 3 名警察也未采取其他措施。后来,犯罪嫌疑人失去知觉,直到医护人员到达并准备将犯罪嫌疑人抬上担架时,警察才将其松开。经抢救无效死亡。第二天,联邦调查局和明尼苏达州对犯罪嫌疑人之死展开调查,涉事的 4 名警察被起诉,直接跪压犯罪嫌疑人的警察被控二级谋杀罪、三级谋杀罪和二级过失杀人罪,另外三名涉事警察被

---

〔1〕 参见《治安管理处罚法》(2005 年 8 月 28 日通过,2012 年 10 月 26 日修正)第 5 条第 2 款。

控协助教唆二级谋杀罪和协助教唆二级过失杀人罪。美国警察暴力执法致犯罪嫌疑人死亡的事件,引发了人们的关注。事后,明尼苏达州和其他许多州的民众举行了示威活动,致使全美至少 40 个城市被迫宵禁,至少 15 个州和华盛顿哥伦比亚特区出动了国民警卫队以控制局势。与此同时,国际社会也予以谴责和抗议。例如,联合国人权事务高级专员巴切莱特专门发表声明,谴责美国警察暴力执法致人死亡;赞比亚一位律师认为,美国警察没有任何理由伤害已被控制、不可能对你生命构成威胁的人;德国、英国、法国、澳大利亚等国的民众也同样进行了大规模示威活动。[1]

(二)公安民警在刑事诉讼中的职能

1. 刑事诉讼法关于"侦查终结"的规定

依照《刑事诉讼法》第 162 条第 1 款的规定,公安机关侦查终结的案件,应当做到犯罪事实清楚,证据确实、充分,并且写出起诉意见书,连同案卷材料、证据一并移送同级人民检察院审查决定;同时将案件移送情况告知犯罪嫌疑人及其辩护律师。[2]

按照一般的理解,《刑事诉讼法》关于侦查终结的规定,是指案件可以从公安民警环节出手了,要转入刑事诉讼的下一环节,即检察环节了。无疑,这种理解是符合《刑事诉讼法》此处规定的本意的。而且,除检察机关依法直接侦查的案件、监察机关依法直接调查的案件外,对刑事诉讼程序的理解,一般也是认为先公安民警、再检察人员、最后审判人员的流程。

应该说,大概的流程或者说总体的流程是如此,但本书认为,《刑事诉

〔1〕 参见《5·25 美国警察暴力执法事件》,载百度百科网 2024 年 7 月 4 日,https://baike.baidu.com/item/5%C2%B725%E7%BE%8E%E5%9B%BD%E8%AD%A6%E5%AF%9F%E6%9A%B4%E5%8A%9B%E6%89%A7%E6%B3%95%E4%BA%8B%E4%BB%B6/50581897?fr=aladdin。

〔2〕《刑事诉讼法》第 162 条第 1 款。

讼法》此处的规定有进一步完善的必要。按照字面理解,《刑事诉讼法》规定的侦查终结是指侦查环节已经结束,且相关案件应当“做到犯罪事实清楚,证据确实、充分”。把《刑事诉讼法》的这一规定,置于全部刑事诉讼的流程中来检视,对于作为刑事诉讼“守门人”的公安民警来说,有一定压力。这一观点是基于刑事诉讼特有的规律提出的。

众所周知,许多的刑事案件,只有经过法庭的公开审理,经过公开的质证、辩护等活动过程,才能够“做到犯罪事实清楚,证据确实、充分”,有的疑难复杂案件,即使经过了公开审判的程序,也可能无法完全“犯罪事实清楚,证据确实、充分”。在司法实践中,有些案件由于未能侦查终结,长期处于侦查环节,除了客观因素外,《刑事诉讼法》的相关要求也可能会对此产生影响。

事实上,在一件具体刑事案件的办理过程中,特别是在疑难复杂案件的办理过程中,检察环节和审判环节常常提出新的证据要求,而且侦查机关也常常会应检察官、法官的要求予以补充侦查,无法做到在“写出起诉意见书,连同案卷材料、证据一并移送同级人民检察院审查决定”前终结侦查。在全部刑事活动中,侦查一般是一个持续的过程,阶段性的“终结”是可以的,全部的“终结”只有待整个案件审理结束、作出判决时才会真正地实现,特别是那些疑难复杂的案件。

2. 公安民警的裁量权

依照《治安管理处罚法》第 77 条,公安机关对报案、控告、举报或者违反治安管理行为人主动投案,以及其他行政主管部门、司法机关移送的违反治安管理案件,应当及时受理,并进行登记。公安机关受理报案、控告、举报、投案后,认为属于违反治安管理行为的,应当立即进行调查;认为不属于违反治安管理行为的,应当告知报案人、控告人、举报人、投案人,并说明理由。[1] 从受理登记到作出是否构成违反治安管理的判定,

---

〔1〕 参见《治安管理处罚法》第 78 条。

实际上是公安民警在已有事实基础上行使裁量权的过程。

公安民警的主要职责是维护社会治安和预防、制止、侦查违法犯罪行为，由此，在案件的办理过程中，对有的案件，公安民警可能要根据掌握的证据依法作出治安处罚；对有的案件，公安民警要根据掌握的证据，需要就是否涉嫌违法犯罪进行裁量。《治安管理处罚法》第 2 条规定：扰乱公共秩序，妨害公共安全，侵犯人身权利、财产权利，妨害社会管理，具有社会危害性，依照《刑法》的规定构成犯罪的，依法追究刑事责任；尚不够刑事处罚的，由公安机关依照《治安管理处罚法》给予治安管理处罚。依照《治安管理处罚法》的上述规定，对于扰乱公共秩序、妨害公共安全、侵犯人身权利、侵犯财产权利、妨害社会管理、具有社会危害性的行为，分两种情形依法予以处置：一种是依照《刑法》的规定构成犯罪的，依法追究刑事责任；另一种是尚不够刑事处罚的，由公安机关依照《治安管理处罚法》给予治安管理处罚。如此，在“案件”的初始阶段，法律便赋予了公安机关及其人民警察判定所受理的案件是否构成刑事犯罪的初步裁量权。

依照《治安管理处罚法》第 95 条的规定，治安案件调查结束后，公安机关应当根据不同情况，分别予以处理：第一，确有依法应当给予治安管理处罚的违法行为的，根据情节轻重及具体情况，作出处罚决定；第二，依法不予处罚的，或者违法事实不能成立的，作出不予处罚决定；第三，违法行为已涉嫌犯罪的，移送主管机关依法追究刑事责任；第四，发现违反治安管理行为人有其他违法行为的，在对违反治安管理行为作出处罚决定的同时，通知有关行政主管部门处理。《治安管理处罚法》这一条涉及对涉嫌犯罪的治安案件，公安机关要移送主管机关依法追究涉嫌犯罪的人的刑事责任。显而易见，对治安案件调查结束后，判定违法行为是否已涉嫌犯罪的裁量权，是由公安机关来行使的。

公安民警作为刑事司法的“守门人”，除了对在手的案件予以判定是治安案件还是涉嫌犯罪的案件外，有时还需要临场及时采取措施，以维护治安秩序、控制实施违法行为的人。这种临场的行动、现场来的措施，也是需要采取行动的警察现场裁量的。

公安民警接到警情的时候，一般情况下难以判定是属于治安案件还是涉嫌犯罪的案件。这一现象就决定了将治安管理处罚与刑事司法分开的不科学性。而对于那些案情十分明朗的警情，只有经过细致的调查分析，才能依法初步判定下一步的工作指向和如何处置。也就是说，接到报警的一开始，公安民警不仅需要临场依法采取必要的强制措施以控制违法的人并维护治安秩序，还需要在调查研究的基础上，依法"过滤"掉那些不需要移送检察院的案件，并在侦查环节依法予以裁量和处置。

现行的《治安管理处罚法》关于治安管理处罚的种类的规定，实际上就体现了依法赋予公安民警对接到的警情予以裁量和处置的权力。除了"行政拘留"需要根据法治中国建设的新要求，在修改完善法律时予以优化外，其他如"警告""罚款""吊销公安机关发放的许可证"等规定〔1〕，都是公安民警可以依法用以裁量和处置所承办的案件的。公安民警依法裁量和处置的案件，是正式的刑事司法启动前的依法"过滤"，这种法定的"过滤"警情的方式，能将一些社会危害较轻、不作为犯罪追究的案件，从正式的刑事司法流程中分离出来，既依法处置了实行违法行为的人，又将一些受害人无异议、社会危害性不大的案件在侦查环节完成处置，减少进入检察环节和审判环节的"审判意义不大"的案件的数量，对于提高刑事司法的效率有着现实的意义。

对于在警察环节依法"过滤"案件时可能出现的不当处置，如将本当被起诉的犯罪嫌疑人在警察环节就已完成对其的处理的弊端，可以通过程序上的规定来规范和制约，如必须录入办案系统，处置结果须公开，受害人可以控告，检察机关可以介入等。在英国，警察对于掌握了犯罪嫌疑人违法犯罪的足够证据但还未提交检察院的案件，根据内政部的指导方

---

〔1〕 参见《治安管理处罚法》第10条。

针,在维护公共利益的前提下,有权决定对犯罪嫌疑人提出警告;如果被告人认罪,警告是上法庭的最普遍的替代方法。而且,警察对犯罪嫌疑人的警告是一种正式的程序决定,要记录在案,如果被警告过的人又涉嫌犯新罪,就一定得移送检察院审查起诉。[1]

3. 公安民警处罚权的制约问题

毫无疑问,警察在现场自由裁量权大,可能会给不严格执法甚至滥用职权预留空间和可能。公安民警的处罚权,直接涉及公民的人格尊严,人身自由和生命、财产安全,更需要明确对其进行制约,更需要从法定程序上对这种制约予以支撑和保障。实际上,现行有效的法律已经对此作了规定。违法行使职权的公安民警,除了要依法承担法定的责任外,如有必要,有关公安民警在开庭审判时,可以出庭作证。法律的这一安排,在客观上对临场采取措施的公安民警也构成了无形的制约。依照《刑事诉讼法》第 192 条第 2 款的规定,人民警察就其执行职务时目击的犯罪情况作为证人出庭作证,也同样适用《刑事诉讼法》对其他证人证言的要求,即“公诉人、当事人或者辩护人、诉讼代理人对证人证言有异议,且该证人证言对案件定罪量刑有重大影响,人民法院认为证人有必要出庭作证的,证人应当出庭作证”[2]。

依照《治安管理处罚法》第 91 条,治安管理处罚由县级以上人民政府公安机关决定;其中警告、500 元以下的罚款可以由公安派出所决定。公安机关作出治安管理处罚决定的,应当制作治安管理处罚决定书。[3]第 100 条规定,违反治安管理行为事实清楚、证据确凿,处警告或者 200 元以下罚款的,可以当场作出治安管理处罚决定。对人民警察现场行使治安管理处罚权的制约:一是根据《治安管理处罚法》第 101 条第 1 款、第 2 款的

[1] 参见王晋、刘生荣主编:《英国刑事审判与检察制度》,中国方正出版社 1999 年版,第 221 ~ 239 页。

[2] 《刑事诉讼法》第 192 条第 1 款。

[3] 参见《治安管理处罚法》第 96 条第 1 款。

规定,当场作出治安管理处罚决定的,人民警察应当向违反治安管理行为人出示工作证件,并填写处罚决定书,处罚决定书除应当载明被处罚人的姓名、违法行为、处罚依据、罚款数额、时间、地点以及公安机关名称外,经办的人民警察还须签名或者盖章,并将处罚决定书当场交付被处罚人;有被侵害人的,并将决定书副本抄送被侵害人。二是根据《治安管理处罚法》第101条第3款的规定,当场作出治安管理处罚决定的,经办的人民警察应当在24小时内向报所属公安机关备案。三是虽然公安机关依法实行罚款决定与罚款收缴分离的制度,受到罚款处罚的人应当自收到处罚决定书之日起15日内到指定的银行缴纳罚款,但对于具有法定情形的,人民警察也可以当场收缴罚款;人民警察当场收缴罚款的,应当向被处罚人出具省、自治区、直辖市人民政府财政部门统一制发的罚款收据;不出具统一制发的罚款收据的,被处罚人有权拒绝缴纳罚款。[1] 如此,报所属公安机关备案的要求、当场向被处罚人交付处罚决定书并将处罚决定书副本抄送被侵害人以及当场收缴罚款要出具罚款收据的规定,都构成了对现场行使治安管理处罚权的人民警察的制约。

我国刑事司法权力的行使,是分为侦查、审查起诉、审判、执行等环节的,不同的机构行使不同的权力,构成了刑事司法的完整流程。这一设置,为刑事司法的公正奠定了基本的法律保障,也是为司法实践证明了的司法权配置的有效模式。循着刑事司法权力设置所体现的公权力之间相互制约的法理,《治安管理处罚法》关于治安管理处罚决定权与执行权相分离的设置,有助于治安管理处罚裁量权的公正行使。依照《治安管理处罚法》第115条的规定:公安机关依法实施罚款处罚,应当依照有关法律、行政法规的规定,实行罚款决定与罚款收缴分离;收缴的罚款应当全部上缴国库。办理治安案件的人民警察不执行罚款决定与罚款收缴分离制度

---

〔1〕 参见《治安管理处罚法》第104条、第106条、第115条。

或者不按规定将罚没的财物上缴国库或者依法处理的，依法给予行政处分。[1]

遵循处罚权与执行权相分离的权力制约法理，《治安管理处罚法》关于行政拘留的规定需要重新审视和完善。尽管从目前的法律规定来看，行政拘留不同于刑事拘留，但从其限制人身自由的视角分析，依现行的《治安管理处罚法》，无论是对“扰乱公共秩序的行为”“妨害公共安全的行为”，还是对“侵犯人身权利、财产权利的行为”“妨害社会管理的行为”，依法实施的处罚中涉及拘留的，根据不同情形可以适用三种不同的拘留的时间，分别是“处五日以下拘留”、“处五日以上十日以下拘留”和“处十日以上十五日以下拘留”。如果有两种以上违反治安管理行为的，分别决定、合并执行的行政拘留处罚，最长不超过 20 日。[2] 如此长时间的行政拘留，已远超过《刑事诉讼法》对拘留时间[3]的一般限制。

鉴于限制人身自由的同质性，应该按照“优化司法职权配置”[4]的要求，将《治安管理处罚法》关于限制人身自由的行政拘留与《刑事诉讼法》中的拘留统一称为拘留，由公安民警根据案情决定，拘留的时间不超过 24 小时的，在公安机关的拘留所羁押，超过 24 小时的，由公安机关提交检察院或法院审查批准送专门的看守所羁押，以实现对采取限制人身自

---

〔1〕 参见《治安管理处罚法》第 116 条。

〔2〕 参见《治安管理处罚法》第 16 条。

〔3〕 《刑事诉讼法》第 86 条规定：“公安机关对被拘留的人，应当在拘留后的二十四小时以内进行讯问。在发现不应当拘留的时候，必须立即释放，发给释放证明。”依照《刑事诉讼法》第 91 条的规定：“公安机关对被拘留的人，认为需要逮捕的，应当在拘留后的三日以内，提请人民检察院审查批准。在特殊情况下，提请审查批准的时间可以延长一日至四日；对于流窜作案、多次作案、结伙作案的重大嫌疑分子，提请审查批准的时间可以延长至三十日。人民检察院应当自接到公安机关提请批准逮捕书后的七日以内，作出批准逮捕或者不批准逮捕的决定。人民检察院不批准逮捕的，公安机关应当在接到通知后立即释放，并且将执行情况及时通知人民检察院。对于需要继续侦查，并且符合取保候审、监视居住条件的，依法取保候审或者监视居住。”

〔4〕 《中共中央关于全面推进依法治国若干重大问题的决定》（2014 年 10 月 23 日中国共产党第十八届中央委员会第四次全体会议通过）第 4 部分第 2 项。

由这种强制措施的分置制约,为公正司法提供法定程序的支撑和保障。

(三)进一步完善公安民警在治安管理与案件侦查方面的规范设计

1. 完善公安民警在治安管理与案件侦查等方面的职责衔接设计

司法实践告诉我们,除了主观恶意大、蓄谋已久的犯罪外,大多数的刑事案件萌芽于治安案件,造成较大社会危害性的犯罪分子,很多情形下是受过治安管理处罚的人。在法律规范上,完善公安民警在治安管理与案件侦查和决定是否移送检察院审查起诉方面的职责衔接设计,就是必要和需要的。

完善公安机关及其人民警察在维护社会治安秩序和治安管理与刑事案件侦查和决定是否移送起诉方面的职责衔接设计,主要是基于公安机关及其人民警察日常的职责大多是维护社会治安秩序和处理治安管理诸方面的事务,从总量上看,"扰乱公共秩序,妨害公共安全,侵犯人身权利、财产权利,妨害社会管理,具有社会危害性,依照《中华人民共和国刑法》的规定构成犯罪的,依法追究刑事责任"的事务,相对来说,毕竟是少数,更多的是"尚不够刑事处罚的",应由公安机关依照《治安管理处罚法》给予治安管理处罚的事务。[1]

在法治中国建设的新的征程中,提升社会治理的法治化水平,培育全社会尊法尚法的风气和价值取向,需要将公安机关及其人民警察在日常维护社会治安秩序和进行治安管理时掌握的信息,记录在案并储存起来,并将这些信息与公安机关及其人民警察有关刑事案件侦查和决定是否移送人民检察院审查起诉的业务结合起来,以准确有效地惩处那些主观恶性比较大的犯罪分子。任何犯罪嫌疑人,只要之前有过违反治安管理的行为,特别是那些多次违反治安管理的人,公安机关及其人民警察在决定是否移送人民检察院审查起诉时,应该将涉案犯罪嫌疑人之前的违反治

[1] 参见《治安管理处罚法》第2条。

安管理的行为考虑进去，以综合考量其社会危害性。

2. 明确公安民警在收集和调取犯罪嫌疑人的证据材料时要符合全面性的要求

依照《刑事诉讼法》的规定，公安机关对已经立案的刑事案件，应当进行侦查、收集、调取犯罪嫌疑人有罪或者无罪、罪轻或者罪重的证据材料。[1] 这实际上是要求公安机关及其人民警察在案件侦查中，尽量全面收集和调取与犯罪嫌疑人、与案件有关系的证据材料。与案件有关的证据材料应该是与正在调查的犯罪或者被调查的人或者案件的周围环境有某种关联的材料，可能是证人证言，可能是书证或者计算机资料或者物证等材料，除非它对案件不可能有任何影响。

之所以如此强调材料收集和调取的全面性，是因为这些与案件有关的证据材料，关乎着案件的公正审判。因为，无论是侦查之后的审查起诉还是公开审判，公安机关及其人民警察移送的材料，都具有特别重要的价值。弘扬法律惩恶扬善的社会价值取向，实现公正司法对全社会公平正义的引领作用，基础全在于案件事实的全面、真实和准确。鉴于此，应该在刑事诉讼法律中明确规定公安机关及其人民警察应当全面收集、调取与犯罪嫌疑人、与正在侦查的案件有关联的证据材料，即对公安机关及其人民警察提出收集、调取证据材料全面性的要求。不仅如此，还应当明确公安机关及其人民警察在案件侦查的过程中，掌握和保护与案件有关的证据材料是其履行案件侦查职责的应有内容；要明确承办案件的公安民警，必须将所掌握和保护的、与案件有关的所有证据材料，都毫无遗漏地登记入卷。

需要特别提及的是，公安机关及其人民警察在收集和调取犯罪嫌疑人的证据材料时要符合全面性的要求，意味着公安机关及其人民警察向人民检察院移送审查起诉的证据材料时，也要符合完整性的要求。依照

[1] 参见《刑事诉讼法》第115条第1句。

现行《刑事诉讼法》的规定，公安机关对案件侦查终结后，应当在犯罪事实清楚，证据确实、充分的基础上写出起诉意见书，连同案卷材料、证据一并移送同级人民检察院审查决定。[1] 基于我国现行《刑事诉讼法》对于公安机关及其人民警察对案件侦查的要求，需要在刑事诉讼法律中，明确规定公安机关及其人民警察要向人民检察院移送所收集和调取的与犯罪嫌疑人和案件有关联的所有材料，即要求公安机关及其人民警察将所掌握的案件的全部材料完整地移送人民检察院。

3. 明确公安民警在案件的侦查活动中要吸收与案件有关或者了解案情的公民协助调查

依照《刑事诉讼法》第 6 条第 1 句，人民法院、人民检察院和公安机关进行刑事诉讼，必须依靠群众，必须以事实为根据，以法律为准绳。必须保证一切与案件有关或者了解案情的公民，有客观地充分地提供证据的条件，除特殊情况外，可以吸收他们协助调查。[2] 我国现行《刑事诉讼法》的这些要求，既体现了“警力有限，民力无穷”的法律谚语所蕴含的哲理，又反映了刑事诉讼的规律所在。

司法实践中，许多个案的办理结果表明，是否吸收“一切与案件有关或者了解案情的公民”协助调查，是能否全部、准确查证案件事实的重要一环。应在刑事诉讼法律中，将“必须保证一切与案件有关或者了解案情的公民，有客观地充分地提供证据的条件，除特殊情况外，可以吸收他们协助调查”[3] 调整为“必须保证一切与案件有关或者了解案情的公民，有客观地充分地提供证据的条件，除特殊情况外，应当吸收他们协助调查”。如此的条款设计，既体现人民司法的理念，更符合刑事司法的规律。

---

[1] 参见《刑事诉讼法》第 162 条第 1 款前半句。

[2] 参见《刑事诉讼法》第 52 条第 3 句。

[3] 《刑事诉讼法》第 52 条第 3 句。

三、优化刑事诉讼检察环节的规范设计

（一）应当赋予检察院对公安机关受理的重大案件的知情权

1. 行使立案监督权有赖于知情权

依据我国《刑事诉讼法》第3条前3句，为保证准确有效地执行法律，在刑事诉讼中实行人民法院、人民检察院和公安机关分工负责、互相配合和互相制约的运行机制：公安机关负责对刑事案件的侦查、拘留、执行逮捕和预审；人民检察院负责检察、批准逮捕、对检察机关直接受理的案件的侦查和提起公诉；人民法院负责审判。这其中，人民检察院的职责比较特殊，人民检察院在负责检察、批准逮捕、对检察机关直接受理的案件的侦查和提起公诉的同时，还依法对刑事诉讼实行法律监督。[1] 因此，以公正司法为导向，进一步优化刑事诉讼检察环节的规范设计，对于提高司法效率、实现司法公正十分关键。

依照《刑事诉讼法》，检察机关对公安机关的办案有监督的权利，在立案监督方面，人民检察院认为公安机关对应当立案侦查的案件而不立案侦查的，或者被害人认为公安机关对应当立案侦查的案件而不立案侦查，向人民检察院提出的，人民检察院应当要求公安机关说明不立案的理由；人民检察院认为公安机关不立案理由不能成立的，应当通知公安机关立案，公安机关接到通知后应当立案。[2] 法律规定的检察院对公安机关的立案监督权，有赖于检察机关对公安机关立案的知情权，除了规定的被害人向检察院提出的以外，法律还应当明确规定公安机关应当将受理的重大案件，特别是涉及致人重伤或者死亡等严重危害人的生命、健康等重

〔1〕 参见《刑事诉讼法》第8条。
〔2〕 参见《刑事诉讼法》第113条。

大案件,及时地向同级检察院通报案情和立案侦查的进展情况。

2. 检察机关介入公安机关办理案件的侦查权

依照《刑事诉讼法》,检察机关对于公安机关提请批准逮捕的案件,"必要的时候,人民检察院可以派人参加公安机关对于重大案件的讨论";人民检察院审查案件的时候,对公安机关的勘验、检查认为需要复验、复查的,"可以派检察人员参加"公安机关的复验、复查。[1] 在这两种情形下,检察机关介入了公安机关的侦查环节。

之外,人民检察院审查案件,对于需要补充侦查的,"也可以自行侦查"[2],更是明确地赋予了人民检察院对公安机关办理的刑事案件所具有的侦查的权力。

(二)完善检察环节的裁量权规定

1. 完善检察机关对于公安机关提请批准逮捕的案件进行审查后的决定权的规定

现行《刑事诉讼法》规定,人民检察院对于公安机关提请批准逮捕的案件进行审查后,应当根据情况分别作出批准逮捕或者不批准逮捕的决定。[3] 建议调整为:人民检察院对于公安机关提请批准逮捕的案件进行审查后,应当根据情况分别作出批准逮捕或者不批准逮捕或者取保候审或者监视居住的决定。理由有三:

一是在法院判决以前,任何被立案侦查的人都只是犯罪嫌疑人,凡是不妨碍侦查的顺利进行且无社会危险性的,都应按照我国《刑事诉讼法》关于"尊重和保障人权"[4]的任务要求,尽最大可能减少羁押并采取非羁押性质的强制措施。

[1] 参见《刑事诉讼法》第 87 条、第 134 条。
[2] 《刑事诉讼法》第 175 条第 2 款。
[3] 参见《刑事诉讼法》第 90 条第 1 句。
[4] 《刑事诉讼法》第 2 条。

二是降低成本提高效率，实现公共资金的最大价值是很重要的。刑事诉讼也同样应该降低运行成本、提高公共资金使用效益。

三是现行《刑事诉讼法》所赋予的人民检察院对羁押的必要性进行审查的权力，本身就蕴含了人民检察院对不需要继续羁押犯罪嫌疑人时的裁量权。[1] 不仅如此，检察机关对自侦案件的犯罪嫌疑人，依法享有可以适用“取保候审或者监视居住”等强制措施的权力；更加明确地将检察机关原本就可以对犯罪嫌疑人行使的适用“取保候审或者监视居住”等强制措施的权力，作为对于公安机关提请批准逮捕的案件进行审查后应当根据情况作出的一个选项，应是检察机关对羁押的必要性进行审查的权力的逻辑结果。

2. 完善检察机关申请法院对于实施犯罪的精神病人予以强制医疗的程序设计

依照《刑事诉讼法》的规定，对于公安机关移送的或者在审查起诉过程中发现的精神病人符合强制医疗条件的，人民检察院应当向人民法院提出强制医疗的申请，人民检察院对强制医疗的决定和执行实行监督。[2]

一般而言，符合强制医疗条件的精神病人应该属于重症精神病患者，虽然他们并无危害他人和社会安全的恶意，但其因精神疾患实施的行为往往危害他人的身体健康甚至生命安全，进而造成一定范围的社会恐慌，带来的社会危害性不容忽视，有的此类犯罪甚至会严重侵害受害者本人及其家人权益。因此，确有将实施危害社会的犯罪行为的暴力型精神病人纳入法律的有效管控范围的必要。

但是，社会是复杂的，应该秉着公正司法的总要求，完善人民检察院申请人民法院对于实施犯罪的精神病人予以强制医疗的程序设计。应该

---

〔1〕 参见《刑事诉讼法》第一编第六章“强制措施”部分。

〔2〕 参见《刑事诉讼法》第 303 条第 2 款第 2 句、第 307 条。

明确:在认定“符合强制医疗条件的精神病人”时,既要有精神病学专家运用专业知识对行为人相关情况进行分析和判断,又要调取行为人在实施犯罪前后一段时间的有关生活起居的资料(如出行等)进行比对研究,包括听取其街坊邻里等方面的反映,对其精神状况作出综合评判。另外,鉴于强制医疗的拘束效果所限,对即使是“符合强制医疗条件的精神病人”,在他们实施了极为严重的犯罪时,应该结合其日常的表现,在法律中明确规定予以有效管制的监禁办法。

在国外,例如美国,有的精神失常的罪犯“被关在精神病院的时间,要比囚犯被监禁的时间长”,如刺杀里根总统的约翰·辛克利,当里根总统在22年后去世时,约翰·辛克利仍然被关在医院里。虽然如此,当时陪审团判定被告人约翰·辛克利精神失常的裁决,与后来的辛普森案〔1〕一样,引发了公众的愤怒,其中的缘由就在于观念上的不同:一方面“行为的道德性取决于行为者的思想状态这一观念”由来已久,另一方面“不论意图为何,行为本身非善即恶的观念”也影响深远。有学者认为,“意识能力某种程度上与罪恶有关这一看法所赖以建立的基础像任何迷信一样脆弱”。后来,美国至少有“四个州彻底废止了这种辩护理由”〔2〕。

3. 完善在审查起诉环节“认罪认罚从宽”的制度设计

在刑事诉讼的链条中,审查起诉的前端是公安机关的侦查和预审,后端是法院的开庭审判,完全可以说,在整个刑事诉讼流程中,审查起诉是关键的一环。而这一环节,对公安侦查预审和法院开庭审判具有一定的监督制约作用。从优化检察权配置、促进公正司法的角度思考,除前述的明确检察机关对公安机关受理重大案件的知情权、完善检察机关申请法

〔1〕 著名橄榄球运动员辛普森被指控于1994年6月12日杀妻一案,由于证据问题,1995年10月3日被判无罪获释,法庭只判处辛普森对死者负民事赔偿责任,在当时引发舆情轰动,成为美国乃至全世界各大媒体关注和评论的事件。

〔2〕 [英]萨达卡特·卡德里:《不公正的审判》,杨雄译,华东师范大学出版社2017年版,第26、180~184页。

院对于实施犯罪的精神病人予以强制医疗的程序设计外，还需要赋予检察机关在审查起诉环节根据法定情形依据犯罪嫌疑人的认罪认罚可以终结案件的权力。具体的情形至少应该体现在以下三个方面：

一是犯罪嫌疑人主动交代自己未被公安机关、检察机关掌握的犯罪事实并查证属实的。犯罪嫌疑人能够主动交代自己不被公安机关和检察机关掌握的罪行，说明犯罪嫌疑人主观上愿意认罪，客观上有悔罪表现，表现出犯罪嫌疑人主观恶意不深，如检察机关可据此终结案件能够节省侦查的人力、物力成本，节约国家的司法资源。

二是案件类型为可能影响受害人身心健康的案件和涉密案件。对那些提起公诉可能对被害人身心健康产生不良影响的案件，或者将犯罪细节公之于众可能会损害国家秘密、商业机密和个人隐私的案件，或者犯罪嫌疑人已在人民检察院审查起诉前弥补被害人所遭受损失的过失案件或轻微的故意犯罪案件，都可以赋予人民检察院在提起公诉之前，引导被害人与犯罪嫌疑人进行刑事和解，将符合法律关于刑事和解条件的刑事案件终结在检察环节的权力。

三是涉及证据不便公开的犯罪。根据我国现行《刑事诉讼法》第 154 条第 1 句的规定，依照规定采取侦查措施收集的材料在刑事诉讼中可以作为证据使用。如果使用该证据可能危及有关人员的人身安全，或者可能产生其他严重后果的，应当采取不暴露有关人员身份、技术方法等保护措施，必要的时候，可以由审判人员在庭外对证据进行核实。[1] 对此类通过采取技术侦查措施获得的证据，如果在审查起诉环节，犯罪嫌疑人能够对通过采取技术侦查措施获得的证据证明的那部分罪行主动认罪认罚，人民检察院的公诉人员可据此提请人民法院予以从宽处理，并不在日后的开庭审判中出示该证据，从而实现不暴露有关人员身份、技术方法等保护措施的同时也能依法惩处罪犯，在犯罪嫌疑人认罪认罚的基础上对

---

〔1〕 参见《刑事诉讼法》第 154 条第 2 句。

其予以从宽处罚。

需要特别予以说明的是,刑事诉讼的本来流程,应是公安机关侦查破案、检察院审查起诉、法院审理判决。只有经过了相互制约和相互协作的全部司法流程,才可以确定犯罪嫌疑人、被告人是否有罪及如何量刑。

依照司法公正的价值导向,应该设置受害人及其诉讼代理人对检察环节接受认罪认罚的异议权,如果受害人及其诉讼代理人提出异议,检察环节就不能仅依据犯罪嫌疑人的认罪认罚终结案件,而是必须将案件起诉到法院接受审判。此外,对犯罪嫌疑人涉嫌数个犯罪的,也需要在法律上设定检察环节接受认罪认罚的条件。因为,如果犯罪嫌疑人只对指控中的某一或某些犯罪认罪认罚,而检察机关接受了犯罪嫌疑人的这种认罪认罚,那就会使法院在审理环节可能忽略掉与正在审理的案件的相关因素,从而可能影响公正司法。所以,检察环节依据犯罪嫌疑人的认罪认罚终结案件,一般应限于"孤罪"或犯罪嫌疑人所涉的罪都是事实非常清楚的犯罪。

检察环节以犯罪嫌疑人认罪认罚终结案件,不仅应接受受害人及其诉讼代理人异议权的制约,还应受到其他设定条件的限制,为司法公正提供严密的法律支撑和保障。

(三)明确检察机关有配合辩护人的义务

1. 检察机关配合辩护人的基础在于查明犯罪事实

《刑事诉讼法》第53条第1句明确要求公安机关提请批准逮捕书、人民检察院起诉书、人民法院判决书,必须忠实于事实真象。据此,我国刑事诉讼的全部活动,首先应该是证实被指控的犯罪嫌疑人、被控告的被告人有无犯罪、是否罪犯,然后才是惩罚犯罪的问题;这是合乎法律的、实现公正司法所需要确立的信条和原则。因此,刑事诉讼的第一要义,应该

"是保证准确、及时地查明犯罪事实"。[1]

在刑事诉讼中,特别是在法庭上,作为控方的公诉人,既代表检察机关向法院提起公诉、出庭参加审判、当面指控犯罪,又代表检察机关与被告人及其所委托的辩护律师依据事实和法律展开辩论;作为被告人聘请的律师,辩护律师受其所在的律师事务所指派为被告人提供法律服务,出庭与公诉人展开辩护,依据事实和法律反驳公诉人的指控,以维护被告人的合法权益。

尽管公诉人与辩护律师在刑事诉讼中的角色不同,但在刑事诉讼中发挥各自职责的原则基础却是相同的,即遵守"以事实为根据,以法律为准绳"的原则。

2. 辩护人对于查明犯罪事实有着积极的作用

依照《刑事诉讼法》,在"准确、及时地查明犯罪事实"的过程中,公安机关的侦查、检察机关的检察、法院的审判十分必要,辩护人的作用亦十分重要。现行《刑事诉讼法》的许多规定都体现了这一精神。

依据《刑事诉讼法》第 51 条,在公诉案件中,被告人有罪的举证责任由人民检察院承担,自诉案件中被告人有罪的举证责任由自诉人承担。在人民检察院审查案件的阶段,《刑事诉讼法》第 173 条第 1 款要求人民检察院应当讯问犯罪嫌疑人,听取辩护人或者值班律师、被害人及其诉讼代理人的意见,并记录在案,辩护人或者值班律师、被害人及其诉讼代理人提出书面意见的,也应当同时附卷。辩护人收集的有关犯罪嫌疑人不在犯罪现场、未达到刑事责任年龄、属于依法不负刑事责任的精神病人的证据,也应当及时告知公安机关、人民检察院。[2]《刑事诉讼法》的这些规定,实际上都说明了辩护人对于查明犯罪事实发挥着积极的作用。

辩护人在刑事诉讼中对于查明犯罪事实所发挥的作用,不仅体现在

---

〔1〕《刑事诉讼法》第 2 条。

〔2〕参见《刑事诉讼法》第 42 条。

案件审查中,更体现在法庭审理的过程。

《刑事诉讼法》第 198 条第 2 款规定,在法庭上,经审判长许可,公诉人、当事人和辩护人、诉讼代理人可以对证据和案件情况发表意见并且可以互相辩论。依据《刑事诉讼法》第 192 条第 1 款,公诉人、当事人或者辩护人、诉讼代理人对证人证言有异议,且该证人证言对案件定罪量刑有重大影响,人民法院认为证人有必要出庭作证的,证人应当出庭作证。《刑事诉讼法》第 192 条第 3 款第 1 句规定,公诉人、当事人或者辩护人、诉讼代理人对鉴定意见有异议,人民法院认为鉴定人有必要出庭的,鉴定人应当出庭作证。依据《刑事诉讼法》第 194 条第 1 款,证人作证,公诉人、当事人和辩护人、诉讼代理人经审判长许可,可以对证人、鉴定人发问。《刑事诉讼法》第 195 条规定:公诉人、辩护人应当向法庭出示物证,让当事人辨认,对未到庭的证人的证言笔录、鉴定人的鉴定意见、勘验笔录和其他作为证据的文书,应当当庭宣读。审判人员应当听取公诉人、当事人和辩护人、诉讼代理人的意见。《刑事诉讼法》第 197 条第 2 款规定,公诉人、当事人和辩护人、诉讼代理人可以申请法庭通知有专门知识的人出庭,就鉴定人作出的鉴定意见提出意见。《刑事诉讼法》第 61 条第 1 句规定,证人证言必须经过公诉人、被害人和被告人、辩护人双方质证并且查实以后,才能作为定案的根据。此外,现行《刑事诉讼法》第 234 条第 2 款规定,关于第二审人民法院决定不开庭审理的案件,要求在讯问被告人之外,要听取其他当事人、辩护人、诉讼代理人的意见。辩护人在庭审中的上述活动,是辩护人辩护职责的所在,为庭审查明案件事实所必需。

3. 法律应该明确检察机关协助辩护人的义务

辩护人的责任,是根据事实和法律,提出犯罪嫌疑人、被告人无罪、罪轻或者减轻、免除其刑事责任的材料和意见,维护犯罪嫌疑人、被告人的诉讼权利和其他合法权益。[1] 辩护人履行这一职责,客观上需要检察机

---

〔1〕 参见《刑事诉讼法》第 37 条。

关的协助，正如人民检察院在刑事诉讼中依照法律规定独立行使检察权，客观上亦需要辩护人发挥作用一样。

循着这一路径，应该在刑事诉讼法律中，将现行《刑事诉讼法》关于"辩护律师自人民检察院对案件审查起诉之日起，可以查阅、摘抄、复制本案的案卷材料"[1]修改为"人民检察院自对案件审查起诉之日起，就应当将本案的案卷材料提供给辩护律师，但妨碍侦查或涉及通过技术侦查措施得到的证据除外"。如此，有以下几点好处：一是省去辩护律师"摘抄、复制"之劳。二是与《刑事诉讼法》关于"辩护人收集的有关犯罪嫌疑人不在犯罪现场、未达到刑事责任年龄、属于依法不负刑事责任的精神病人的证据，应当及时告知公安机关、人民检察院"[2]的规定相对等、相平衡。三是这样的规定设计也能为落实《刑事诉讼法》的如下规定提供更有力的支撑。如《刑事诉讼法》第 41 条规定，"辩护人认为在侦查、审查起诉期间公安机关、人民检察院收集的证明犯罪嫌疑人、被告人无罪或者罪轻的证据材料未提交的，有权申请人民检察院、人民法院调取"。《刑事诉讼法》第 43 条第 1 款规定，"辩护律师经证人或者其他有关单位和个人同意，可以向他们收集与本案有关的材料，也可以申请人民检察院、人民法院收集、调取证据，或者申请人民法院通知证人出庭作证"。在此基础上，还应该将现行《刑事诉讼法》关于"辩护律师经人民检察院或者人民法院许可，并且经被害人或者其近亲属、被害人提供的证人同意，可以向他们收集与本案有关的材料"的规定[3]，修改为"经被害人或者其近亲属、被害人提供的证人同意，辩护律师可以向他们收集与本案有关的材料的，人民检察院或者人民法院应当许可。"

对刑事诉讼法作出上述调整，既是充分保障辩护律师刑事辩护权的

---

〔1〕《刑事诉讼法》第 40 条第 1 句。

〔2〕《刑事诉讼法》第 42 条。

〔3〕《刑事诉讼法》第 43 条第 2 款。

需要,又是人民检察院协助辩护律师履行辩护职责的义务的体现;既有助于尽力将齐全的材料和证据移交给审判任务繁重的人民法院以节省司法资源,又尽量避免在证据不充分的情况下审判可能出现的误判。

需要注意的是,与人民检察院可以不向辩护律师提供有碍案件侦查或涉及通过技术侦查措施得到的证据一样,《刑事诉讼法》第 48 条规定,“辩护律师对在执业活动中知悉的委托人的有关情况和信息,有权予以保密”。在理解和适用这一要求时,还需认识到辩护律师的职责毕竟不同于检察官的职责,出于社会公共利益与被告人个人合法权益之间平衡的考量,法律要求“辩护律师在执业活动中知悉委托人或者其他人,准备或者正在实施危害国家安全、公共安全以及严重危害他人人身安全的犯罪的,应当及时告知司法机关”[1]。

---

〔1〕《刑事诉讼法》第 48 条第 2 句。

第五章　司法的首要职能是证明案件

一、以事实为根据

（一）指控或陈述的事实应该是能被证据证实的事实

1. 案件事实要能够依法被证据证明

“以事实为根据”是案件办理的首要原则。司法机关办理案件的过程，首先需要确认案件事实，然后适用相应的法律，最后作出决断性的裁决。民事诉讼案件、行政诉讼案件的办理是如此，刑事诉讼案件的办理亦是如此，只不过在刑事诉讼案件的办理中，除了法官的审理判决，还涉及公安机关的侦查、移送起诉，涉及检察官的审查起诉等。

法院审判案件都要以事实为根据，公安机关对涉嫌刑事犯罪案件的移送起诉、检察机关对案件材料的审查起诉，也要以事实为根据。法律要求的以事实为根据中的“事实”，不是单纯指当事人的起诉书或报案材料中所陈述的事实，而是指起诉书或报案材料中能够依法被证据证明的事实,尽管与民事诉讼、行政诉讼相比较,法律对刑事诉讼中证据的要求更高。

在刑事诉讼中,犯罪事实要能够依法被证据证明,除了犯罪事实须有证据证明外,还要求用来证明犯罪事实的证据是合法的证据,非法的证据不能被用来证实犯罪的事实,这在证据规则上被称为“非法证据排除”。非法证据,虽然能够证明案件的事实,但由于取证的手段是违反现行法律的,属于“非法证据排除”的范畴,不能用来合法地证明案件。缘由在于:司法的最根本的特征就在于,司法是通过适用法律,来保护合法利益、制裁违法行为、惩罚犯罪行为的,司法活动本身的合法性是公正司法的前提,如果任由非法证据来支撑司法裁决,司法的正当性就没有了前提。有可能非法证据确实能达到证明案情的目的,但为了司法整体的公正合法和正当合理,除了法定的情形,在个案中要排除非法证据,这也是为了司法整体的公平正义。

在国外,“英格兰或威尔士的法官总是拥有排除某些证据的裁量权,这些证据如果不是因为它对审判可能会产生的不利影响超过了其本身的价值的话,本来也是可以接受的。比如,假定有证据表明警官并没有告知犯罪嫌疑人他享有获得法律咨询的法定权利,或者引导犯罪嫌疑人做出供述,法官认为这是不公平的,那法官就有权从案件中排除有关的证据。”〔1〕

根据我国《刑事诉讼法》第56条第1款规定,采用刑讯逼供等非法方法收集的犯罪嫌疑人、被告人供述和采用暴力、威胁等非法方法收集的证人证言、被害人陈述,应当予以排除。收集物证、书证不符合法定程序,可能严重影响司法公正的,应当予以补正或者作出合理解释;不能补正或者作出合理解释的,对该证据应当予以排除。在侦查、审查起诉、审判时发现有应当排除的证据的,应当依法予以排除,不得作为起诉意见、起诉决

---

〔1〕 王晋、刘生荣主编:《英国刑事审判与检察制度》,中国方正出版社1999年版,第219页。

定和判决的依据。[1]

为了将“非法证据排除”原则落实到刑事诉讼的各个环节,《刑事诉讼法》还从以下方面提供了法律上的保障。一是根据《刑事诉讼法》第57条:人民检察院接到报案、控告、举报或者发现侦查人员以非法方法收集证据的,应当进行调查核实。对于确有以非法方法收集证据情形的,应当提出纠正意见;构成犯罪的,依法追究刑事责任。根据第59条:在对证据收集的合法性进行法庭调查的过程中,人民检察院应当对证据收集的合法性加以证明。现有证据材料不能证明证据收集的合法性的,人民检察院可以提请人民法院通知有关侦查人员或者其他人员出庭说明情况;人民法院可以通知有关侦查人员或者其他人员出庭说明情况;有关侦查人员或者其他人员也可以要求出庭说明情况。经人民法院通知,有关人员应当出庭。二是根据《刑事诉讼法》第58条第1款:法庭审理过程中,审判人员认为可能存在《刑事诉讼法》第56条规定的以非法方法收集证据情形的,应当对证据收集的合法性进行法庭调查。根据第60条,对于经过法庭审理,确认或者不能排除存在《刑事诉讼法》第56条规定的以非法方法收集证据情形的,对有关证据应当予以排除。三是根据《刑事诉讼法》第58条第2款:当事人及其辩护人、诉讼代理人有权申请人民法院对以非法方法收集的证据依法予以排除。申请排除以非法方法收集的证据的,应当提供相关线索或者材料。人民法院可以通知有关侦查人员或者其他人员出庭说明情况。[2]

2. 查找和核实能够证实案件事实的证据是一项复杂的智力活动

查找和核实能够证实案件事实存在的证据,是一项复杂的智力活动,因为证据本身也是分散的和多样的,而且有的证据是显性的,有的证据却是隐形的,证据的查找需要时间和智慧,证据的证明力也不尽相同。其

---

〔1〕 参见《刑事诉讼法》第56条第2款。

〔2〕 参见《刑事诉讼法》第59条第2款。

中,能够直接证明案件事实的证据,一般称为直接证据;仅凭直接证据不能证明存在案件事实的,需要两个或两个以上相互间能印证的多个证据组成的证据链才能证明案件事实存在的,这些组成证据链的证据被称为间接证据。

事实上,除了少数的简易案件可以由直接证据能够证实外,多数案件往往是既需要直接证据的证明,又需要间接证据的佐证。在诉讼实践中,查找到足够能够直接证明案件事实是否存在的证据的情况是存在的,但常见的情况是在直接证据之外,还需要证明案件事实的间接证据,然后再通过与案件有关的间接证据来推断涉及案件的事实。

通俗地讲,证据是否能够证明案件,关键是分析判断证据是否与案件的事实有关联。总体情况如此,但有的证据由于来源特殊和特别,有时也不能被用来证明案件。例如,通过技术侦查手段得到的证据、关系国家安全和社会重大利益的涉密证据等。

3. 证明案件的司法理念

事实本身是现实生活中的客观存在。把客观存在的事实置于法律的调整和规制之下,需要制定法律并由专门的公权力机构和公职人员来运用法律。运用法律来引领社会发展、规范行为,运用专门的公权力机构和公职人员保护合法权益、制裁违法行为、惩处犯罪行为,从而维护社会秩序,是人类实践和智慧的文明成果。

显而易见,运用法律来调整和规制人们的行为,事实是基础,法律是准绳,法律与事实之间的关联是关键。立法机关所设计制定的法律条款,其内容和含义往往依赖于“解释”,而案件的当事者总体上往往是从对自己有利的角度来理解和把握纷争的事实依据和所依据的事实与法律规定之间的联结和关联的。如此,在诉讼活动中,就有必要首先对起诉一方据以起诉(含检察院公诉)的事实依据予以甄别和核实,这就涉及对所指控或据以起诉的事实是否能够被证实成立的问题。

司法公正的基础，在于所裁决的案件，需要有确实充分、确凿无疑的证据来支撑。循着这一原理，应确立这样的司法理念：无论是民事案件、行政案件还是刑事案件，证明案件应该成为司法的首要职能。特别是在关乎人的自由和生命的刑事案件中，司法的理念更应从着眼于惩罚犯罪行为的视角调整为证明犯罪的视角。这是因为，只有证实了犯罪，为正确适用法律提供了前提，才能实现惩罚犯罪行为、保护人民的刑事司法目的。可见，推进公正司法、实现公平正义，查明案情、证实违法、证实犯罪是最基础和最重要的工作，也应该是司法的首要职能。

（二）证据规则是查明案件事实的保障

1. 证据规则与法官的自由裁量权

就公正司法而言，证据规则是所有参与司法的人都须遵守的诉讼准则，不论是履行公职的司法人员，还是有直接利害关系的案件当事人和其他的诉讼参与人员，概莫能外。

在国际上，法定证据制度的形成和不断完善是用来约束法官对案件事实的裁量权的。曾有学者指出，“从具有悠久历史的西欧民事诉讼来看，19 世纪以前，人们认为当时的法官并不值得信任，因而制定了各种各样的规则来制约法官在审判时的裁量范围，这就是强调形式的法定证据原则”[1]。虽然后来在如何根据证据作出判断方面更加强调法官的自由心证，但参与司法的各方人士依据证据规则来约束自己言行的意识越来越强了，证据规则已经构成了诉讼程序正当的重要组成部分。

2. 检察机关协助辩护律师的相关问题

在前述内容中，已经谈到了检察机关协助辩护律师的问题，此处要探讨的是在已经明确检察机关需协助辩护律师的前提下，涉及的相关问题。

---

〔1〕［日］谷口安平：《程序的正义与诉讼》，王亚新、刘荣军译，中国政法大学出版社 1996 年版，第 231 页。

如前所述，在刑事诉讼中，需要检察机关协助辩护律师的法理在于：刑事诉讼首要的职能是为了证明案件。为此，虽然控辩双方的职责需要依法区分，但在证明案件方面检察机关需要为辩护律师提供必要的协助。之所以要求检察机关协助，是因为检察机关是公权力机关，与辩护律师相比较，在证明案件方面，有着明显的优势。当然了，虽然要求检察机关给予辩护律师必要的协助，但这丝毫不意味着降低或减少辩护律师在依法维护被告人合法权益、维护法律尊严方面的职能和作用。

根据刑事诉讼首要任务是证明案件的法理，检察机关在履行协助辩护律师的义务时，承办案件的检察官究竟应该向被告人的辩护律师送交与案件相关的哪些材料呢？

依照《刑事诉讼法》的规定，“辩护律师自人民检察院对案件审查起诉之日起，可以查阅、摘抄、复制本案的案卷材料”[1]。实行检察机关协助辩护律师的措施后，检察机关自对案件审查起诉之日起，除会妨碍侦查或涉及通过技术侦查措施得到的证据外，就应当将所承办案件的案卷材料提供给辩护律师。在案件办理中，检察机关要提供的除会妨碍侦查或涉及通过技术侦查措施得到的证据外的材料中，可能包括不利于公诉人对被告人的指控但却有利于辩护律师为被告人的权益予以辩护的材料。出现这样的结果，正是刑事诉讼首要任务是证明案件并在证明案件的基础上正确适用法律的逻辑后果，也正是公正司法所要实现的结果。如此，司法首先须证明案件的理念更便于落地，公正司法的实现就又在诉讼程序上多了一重支撑和保障。

之所以需要这样做，是因为只有代表公共利益的公诉人对代表被告人权益的辩护律师予以有效的协助，才有可能彻底证明案件，从而有助于审判员对案件的依法公正审理，实现精准地保护合法利益、制裁违法行为、惩罚犯罪行为，进而更好地发挥司法作为维护社会公平正义的防线的

---

[1] 《刑事诉讼法》第40条第1句。

作用。

在有的国家,这样的做法已有比较丰富的实践基础。例如,1996 年英国通过的《刑事诉讼与侦查法》,就规定了证据开示制度,证据开示发生于指控被告人之后、起诉开始的时候。据英国皇家检察院办案局的加里·帕顿介绍:在英国的制度中,天平是向被告人倾斜的。因为,英国的传统观念认为,宁可让有罪者逍遥法外,也不叫无辜者身陷囹圄,是刑事诉讼中的一个基本的价值取向。加里·帕顿强调,避免有罪者逍遥法外,最好的保证就是警方最有效的侦查工作,尽其所能地为公诉人提供尽可能多的证据。[1]

我国《宪法》第 134 条赋予人民检察院以国家法律监督机关的宪法定位,人民检察院依法行使国家的法律监督职权。在刑事诉讼中,公诉人就是代表人民检察院,从维护公共利益的视角来履行其保护受害人、指控犯罪嫌疑人的法律职责的,因此,公诉人的角色明显不同于被告人的辩护律师。公诉人在行使决定是否继续进行刑事诉讼程序并酌情向辩护律师送交相关证据材料时的职能,就被包含在人民检察院所被赋予的司法权中。与辩护律师明显不同的是,公诉人不仅要履行指控犯罪嫌疑人、追诉犯罪嫌疑人的诉讼职能,还要基于国家法律监督权的宪法定位和职责,监督司法依法公正地进行。如此,就需要公诉人依法公正地对待被告人,其中,依职权主动向辩护律师送交能证明案件的证据材料,就是实现司法公正这一价值取向的应有之举。

基于国家法律监督机构的宪法定位,在刑事诉讼中,人民检察院及其公诉人的所作所为,都不仅是为单纯地打击犯罪,而是为维护社会的公共利益。辩护律师则不然,由于其接受的是委托人的委托,在案件中,辩护律师要竭尽全力依法维护他所代表的被告人的合法权益。如果辩护律师

---

〔1〕 参见王晋、刘生荣主编:《英国刑事审判与检察制度》,中国方正出版社 1999 年版,第 137 页。

在接受委托后得到了不为公诉人所知而又有利于公诉人的信息,基于他是被告人利益的代表者的角色,辩护律师没有义务将这些材料提供出来和出示给公诉人,除非涉及法定的国家和社会的重大利益。

3. 辩护律师是否协助检察机关的问题

在刑事诉讼中,公诉人与辩护人的职责不同。公诉人代表国家,是从维护社会公共利益的基点来指控和追诉犯罪嫌疑人的,而辩护人则是受被告方委托或法院指定来依法维护被告人合法权益的。

相对于公诉人依法履职所具有的明显的公益的特点,辩护人的行为乍一看是在依法维护私人的利益,但如果进一步予以探究,由于辩护人正当履职也要受到"以事实为根据,以法律为准绳"原则的规制,律师的辩护行为因此亦具有推动法律正确适用、维护国家法律尊严的公益的属性。

依此定位,辩护律师除了严格按照"以事实为根据,以法律为准绳"的原则来约束和规范自己为被告人的辩护外,也应该在一定的限度内对检察机关乃至审判机关负有必要的协助义务。依照《刑事诉讼法》的规定:虽然辩护律师对在执业活动中知悉的委托人的有关情况和信息,有权予以保密;但是,如果辩护律师在执业活动中知悉委托人或者其他人,准备或者正在实施危害国家安全、公共安全以及严重危害他人人身安全的犯罪的,应当及时告知司法机关。[1] 法律如此要求,既是法律须维护重要的公共利益的使命的需要,又是保持个案公正与社会正义之间的平衡的需要。作为以维护当事人合法权益为自己职业准则的律师,也须在涉及重大公共利益的时候,依法承担及时告知司法机关的义务。

在国际上,也是类似的做法。例如,在英国的刑事诉讼中,与控方负有向辩方开示证据的义务不同,辩方只是向控方开示有关案件性质方面的信息,不负有向控方送交那些可能不利于被告人或者有利于控方起诉的材料的义务。在由治安法院审理的不那么严重的案件中,是否向控方

---

〔1〕 参见《刑事诉讼法》第48条。

送交案件材料，决定的权利在辩护的一方。但是，在较严重的刑事案件中，辩方须承担送交抗辩声明的义务，即送交有关确认案件争议的材料，具体包括两个方面，一是送交对案件性质的声明性材料，二是准备质疑事项的材料。辩方向控方和法院送交抗辩声明后，控方要根据辩方的抗辩声明重新分析研究之前所掌握的有关案件的证据材料，并进一步开示任何可能会对辩方有帮助的证据。这被称为控方的“二次开示”义务。在经过了控方→辩方、辩方→控方、控方→辩方这样的回合以后，控方和辩方在法庭上就会集中于案件的争议展开论辩，由于事先都有比较充分的准备和研究，庭审的质量就有了基础，庭审的效率也会提高。与我国《刑事诉讼法》的规定类似，在英国，虽然辩护律师有权查阅检察官向他开示的证据，但对有些有利于被告人的证据，检察官是不向辩护人开示的。例如，公诉人掌握的证据，是来自秘密帮助警察的“卧底”或告密者。[1]

（三）实行“不合理证据排除”制度

1. 现行法律蕴含了“不合理证据排除”的法理

我国现行《刑事诉讼法》第 55 条规定：对一切案件的判处都要重证据，重调查研究，不轻信口供。只有被告人供述，没有其他证据的，不能认定被告人有罪和处以刑罚；没有被告人供述，证据确实、充分的，可以认定被告人有罪和处以刑罚。证据确实、充分，应当符合的条件，一是定罪量刑的事实都有证据证明；二是据以定案的证据均经法定程序查证属实；三是综合全案证据，对所认定事实已排除合理怀疑。另外，依据《刑事诉讼法》第 253 条，当事人及其法定代理人、近亲属的申诉，符合“据以定罪量刑的证据不确实、不充分、依法应当予以排除，或者证明案件事实的主要证据之间存在矛盾的”的情形，人民法院应当重新审判。《刑事诉讼法》

---

〔1〕 参见王晋、刘生荣主编：《英国刑事审判与检察制度》中国方正出版社 1999 年版，第 117 ~ 139、207 ~ 215 页。

还规定："收集物证、书证不符合法定程序，可能严重影响司法公正的，应当予以补正或者作出合理解释；不能补正或者作出合理解释的，对该证据应当予以排除。在侦查、审查起诉、审判时发现有应当排除的证据的，应当依法予以排除，不得作为起诉意见、起诉决定和判决的依据。"[1]

《刑事诉讼法》第55条第2款第3项关于"综合全案证据，对所认定事实已排除合理怀疑"以及上述其他规定要求，实际上均蕴含了实行"不合理证据排除"的法理和观点。此外，2016年，最高人民法院、最高人民检察院、公安部等制定的《关于推进以审判为中心的刑事诉讼制度改革的意见》的相关内容也包含有要排除不合理证据的观点。这些内容有：第2条第3款人民法院作出有罪判决，对于证明犯罪构成要件的事实，应当综合全案证据排除合理怀疑，对于量刑证据存疑的，应当作出有利于被告人的认定。第15条第4句证据不足，不能认定被告人有罪的，应当按照疑罪从无原则，依法作出无罪判决。

可能有人会讲，"非法证据排除"识别起来比较容易，在审判中也容易操作。与"非法证据排除"相比，"不合理证据排除"则不易掌握和识别，在实际运用中可操作性弱些。

应该承认，这些担心是有一定道理的。这也从一个侧面说明：不熟悉社情民意，没有丰富社会阅历的人，是难以有效地履行审判之重责的。2017年4月，最高人民法院在山东省济南市召开刑事审判工作调研座谈会时曾有观点表示：刑事审判牵涉社会生活方方面面，事关社会公平正义；刑事审判贯彻法治原则，依法裁判，是不能动摇的原则，是必须坚守的底线；与此同时，刑事审判也要将个案的审判置于国法与人情之中综合考量，不能违背人之常情。在刑事审判中实现法理情的有机结合，既需要完备的法律制度，又需要法官的经验、智慧与良知。司法人员的综合素质在公正司法中有着极为重要的价值和作用，"不合理证据排除"对审理案件

---

[1] 《刑事诉讼法》第56条第1款第2句、第2款。

法官的业务素质、道德水准、社会阅历、司法经验等提出了更高的要求。

从完善诉讼法律制度、实现公正司法的角度思考,完全可以在总结我国司法机关纠正冤错案件、再审改判实践的基础上,明确"不合理证据排除"需把握的要点。现行《刑事诉讼法》第 200 条第 3 项关于"证据不足,不能认定被告人有罪的,应当作出证据不足、指控的犯罪不能成立的无罪判决"的规定,就可以被视作体现"不合理证据排除"的一项内容。之外,明确"不合理证据排除"需把握的要点,还可从以下几点入手,例如,虽然有客观证据,但重要物证的来源不清;虽然有供证一致的情形,但证据链条不完整;虽然有一个以上的证据,但其中有"疑点"存在;虽然供述认罪,但无其他证据印证,而且被告人作出供述的环境、背景及相关因素不是十分清楚;虽然有证据的记录,但初始证据缺失,而且侦查机关及相关证人不能作出合理解释;等等。

2."不合理证据排除"与"非法证据排除"的不同

需要指出的是,与"非法证据排除"不同,"不合理证据排除"应该只能在法院的判决阶段适用。对侦查阶段、起诉阶段和审理中的不合理证据,不是应予以排除的问题,而是需补充侦查、进一步查证属实的问题。

只是在判决阶段,作为法官定罪量刑的证据,必须是既排除了非法证据,又排除了不合理证据,真正将"罪刑法定、疑罪从无"的刑法原则落实到人民法院的判决中。

"不合理证据排除",不同于"非法证据排除"的另一点是,排除了不合理证据,有可能造成误判。也许不合理证据的背后有合理的证据,只是限于种种原因未能查证或无法查证。"罪刑法定、疑罪从无"的刑法原则要求人民法院据以定罪判刑的证据必须是"合法""合理"的证据,从法治精神的角度,排除不合理证据尽管有造成误判的可能,但这是为了公正司法应该做的。

二、与案件关联的法律事实

(一)对事实的法律评价

1. 法律事实

法律事实就是能引起或导致具体法律关系产生、变更或终止的事实。任何构成案件的事实都要与已有的法律规定有关联,也就是说,作为司法机关要查实的事实,不是那些没有任何法律意义的事实,而是那些能够引起具体法律关系产生、变更或者终止的情形、行为。

之所以须如此,是因为在办理任何一起司法案件时,不论案件是刑事的还是民事和行政的,司法机关的目标是通过依法履行职责,实现保护合法利益、制裁违法行为、惩罚犯罪行为的职能;同时,案件当事人和其他参与诉讼的人,其目的无非是为了维护、实现有法律依据的权利,或减少、免除有法律依据的义务,或者是二者兼具。因此,作为案件的事实,应该都是那些具有法律依据的、相关法律关系主体之间的权利义务关系产生、变更或者终止的情形和行为,或者说是能够引起相关案件的当事人在法律上的权利义务产生、变化或灭失的原因和因素。司法机关及其工作人员履职的目标就是通过种种法定的过程和措施,查实并寻找案件事实与法律之间的关联以及案件处理结果与案件事实之间的因果关系。

司法人员在适用相应的法律裁决案件时,首先遇到的问题就是要识别和判定所要适用法律条款需具备的要件或模型。按照法律规则逻辑构成三要素[1]的观点,法律规则或法律条款中明确适用该规则或该条款的条件和情形的表述部分,一般称为假定。正是法律规则或法律条款中关

---

〔1〕 在我国法理学教材中,关于法律规则逻辑结构比较有代表性的表述,就是三要素说,依照三要素说,法律规则一般由三部分组成:假定、处理和制裁。参见沈宗灵主编:《法理学》,北京大学出版社2014年版,第28~30页。

于假定部分的表述，昭示了法律规则或法律条款据以适用的事实要件或案件模型；这是司法人员适用法律规则或法律条款裁决案件的一步，但仅仅有这一步还远远不够，理由就是法律规则或法律条款中对假定的表述，还仅仅停留在描述的层面，而这种描述必定是以概括的和抽象的法律术语的形式表现出来，这种概括的和抽象的法律术语所描述的事实要件或案件模型，必须要以司法人员依法查实的、有证据证明的确凿无疑的具体的案件事实为依托，所要适用的法律规则或法律条款才能"落地"，才能对应具体的案件。这种经过司法查实的、有证据证明的确凿无疑的具体的案件事实，就是在法律上可以引起或导致案件当事人权利义务关系产生、变更或终止的法律事实。在这一过程中，司法人员适用法律裁决案件时，必须综合分析判断案情中涉及的事实是否符合法律条款所描述的法定要件，或者说是否能证实确实存在法律规则或法律条款中假定部分所要求的具体而实在的事实。

可见，明确法律事实的意义，就是告诉我们，当事人在报案或诉状中陈述的案件事实，还不能直接作为司法人员据以适用法律的事实要件，只有经过法定程序查实的、有证据支撑的案件事实，才是法律适用的要件，才能构成司法的事实要件并作为裁决案件的事实依据。

2. 诉状事实成为法律事实要经过辩论或辩护的环节

综上所述，诉状中、控告材料中所陈述的案件事实，还是案件一方当事人、控告方向司法机关提供的事实，与那些经过了法庭辩论或辩护过的案件事实相比较，这种事实还是未经质疑和对证的，比较"原生态"的事实。这种比较"原生态"的事实，还不能直接作为司法人员据以定案裁判的当然根据。

司法实践中，除案情简易明了、当事人争议不大的案件，经简易审理就可定案裁判外，那些案情疑难复杂、当事人争议很大的案件，往往要经过多个回合的辩论或辩护，才能为综合分析判断当事人的诉求或公诉人的指控所依据的事实,是否符合法律条文所描述的法定要件,提供扎实有益的基础。或者说,是否能证实当事人的诉求或公诉人的指控所依据的事实,是否确实是法律规则或法律条款中假定部分所要求的事实,辩论或辩护的环节往往不可或缺。

诉讼程序中设置辩论或辩护的环节,道理就在于:“兼听则明,偏信则暗。”事实越辩越明。如此,经过辩论或辩护后的事实,特别是经过几轮辩论或辩护后的事实,应该会去除掉原来诉状或控告中所陈述事实中存在的不确实、不准确的部分,经过辩论或辩护后的事实,一般是不同于诉状或控告中所陈述的事实的,此时的案件事实更真实、更准确。经过辩论或辩护后的事实,与诉状或控告中所陈述的事实相比较,已经不是案情中比较“原生态”的事实,而是经过了法庭辩论或辩护环节“过滤”了的事实,是已经与法律规则或法律条款中假定部分所要求的事实要件联系趋近的法律事实。

把诉状或控告中所陈述的事实与法律规则或法律条款中假定部分所要求的事实要件联结起来的过程,也是“以事实为根据,以法律为准绳”原则的适用过程,这既需要了解、掌握和分析案情,又需要知道、熟悉和运用法律。经过了这样的过滤,产生于社会生活中的比较“原生态”的案情,就被浸入了法的元素,朝着法律规则或法律条款中假定部分所要求的事实要件的目标迈进。

案件事实之所以需经过辩论或辩护的环节才能成为法律事实,是因为任何案件的当事人,在提起诉讼时或控告违法犯罪时,所主张的并希望国家司法机构予以支持和保护的权益,必须要有法律上的依据以及支撑其主张的线索。这是问题的一个方面。另一方面,当事人提供的案情或线索是否能支撑其提出的关于法律权益的主张,判断和决定的权力不在提起诉讼的人和提出控告的人,而在国家依法设定的司法机构。

公正司法,要求司法机构及其工作人员必须秉公用权、依法判案,如此,兼听则明、越辩越明,就成为受理案件的司法机构及其工作人员必须恪守和遵循的诉讼法则。此外,诉状或控告中陈述的事实,是否与法律规则或法律条款中假定部分所要求的事实要件有关联,或者,是否能够成为法律规则或法律条款中假定部分所要求的事实要件,除了客观的证据之外,还有主观判断的问题。

当事人一方认为自己提供的事实与法律规则或法律条款中假定部分所要求的事实要件有关联,或者,自认为己方提供的事实,能够成为法律规则或法律条款中假定部分所要求的事实要件,然而,对方的当事人却并不一定这样认为;至于司法机构的认定,也可能与当事人一方或双方的认定不同。出现这种情形,既因为涉及对法律规则或法律条款的理解存在差异,又因为每一方当事人多是从有利于自己的角度来理解法律、提供事实的。在法庭上,让参加诉讼的各种角色兼听双方当事人及其诉讼代理人或辩护人的辩论或辩护,通过辩论或辩护,使真相重现、实情明晰,从而为公正司法提供法律事实的基础和支撑。

依照《民事诉讼法》第145条第1句的规定,在民事诉讼中,一般情形下,法庭辩论终结,应当依法作出判决;不仅如此,依据《民事诉讼法》第211条的规定,如果违反法律规定,剥夺当事人辩论权利,当事人提出再审申请的,法院得依法再审。法律关于民事诉讼的这些要求,对行政诉讼也应同样适用。在刑事诉讼中,我国法律要求对与定罪、量刑有关的事实、证据都应当进行调查、辩论;而且,在二审中,如果二审法院发现一审法院的审理有剥夺或者限制当事人的法定诉讼权利,可能影响公正审判的情形,应当依法裁定撤销原判。[1]

3. 法律事实应该是经过当庭质证确认的事实

司法裁决所认可的法律事实,既不当然是诉状材料或报案材料中所陈述的事实,又不必然是辩论或辩护中所论争的事实,而是经过当事双方

---

〔1〕 参见《刑事诉讼法》第198条第1款、第238条。

质证后,由司法人员确认的事实。

所谓质证,是指对当事双方争议的案情,依据事实提出疑问、辨别是非,并予以相互对证和对质的过程。依照法律规定,依据《行政诉讼法》第43条第1款,在行政诉讼中,证据都应当在法庭上出示,并由当事人互相质证;依据《民事诉讼法》第211条和《行政诉讼法》第91条,原判决、裁定认定事实的主要证据未经质证的,当事人提出再审申请的,法院应当再审。在刑事诉讼中,证人证言必须在法庭上经过公诉人、被害人和被告人、辩护人双方质证并且查实以后,才能作为定案的根据;对当庭宣读的未到庭的证人的证言笔录、鉴定人的鉴定意见、勘验笔录和其他作为证据的文书,审判人员应当听取公诉人、当事人和辩护人、诉讼代理人的意见。[1]

法律保障当事人对案件事实的质证权,是为了将诉状所陈述的案件事实,置于大庭广众的庭审场合,在当事人、办案者、参与者都在场的情况下,对案件事实进行公开的讨论、质疑、补正,从而剔除诉状所陈述案件事实可能存在的不确实的部分,补足不完整的部分,修正不准确的部分,力争在公开的办案流程中,进一步查实案情、夯实证据。因此,如果当事人对案件事实的质证权,在司法的流程中未得保障或未得到充分的保障,适用"以事实为根据"原则的基础就可能不牢靠。

就司法的公正性而言,"以事实为根据"是第一位的,案件当事人在司法流程中对事实的质疑权未得到充分保障,司法的公正就没有了基础。我国法律关于刑事案件二审的相关内容就体现了这一法意。依照法律规定,如果刑事案件第一审法院在审理案件时,有剥夺或者限制当事人的法定诉讼权利,可能影响公正审判的情形,第二审法院应当撤销原判。[2]相比之下,现行法律对民事诉讼、行政诉讼二审规定的相关内容,没有特

---

〔1〕 参见《刑事诉讼法》第61条第1句、第195条。

〔2〕 参见《刑事诉讼法》第238条。

别指出剥夺或者限制当事人法定诉讼权利对一审判决效力的影响。为此，应该在民事诉讼法律和行政诉讼法律中明确补上对“剥夺或者限制当事人的法定诉讼权利，可能影响公正审判的”一审判决，当事人提起上诉的，二审法院应该予以撤销的内容。

(二)案情无证据证实时如何裁决

1. 事实无法查实时该不该一驳了之

一般认为，审判的过程在于通过庭审夯实证据、认定案件事实，在此基础上明确应该适用的法律，最后根据事实、依据法律作出判决。如此，夯实证据、认定案件事实就成为司法最终裁判的基础。循着审判的这一逻辑，如果通过审判可以夯实证据、认定案件事实，就可以在审理认定事实的基础上，查询和确定予以适用的相应法律；如果通过审理确定不了证据、认定不了案件事实，就无法明确和适用相应的法律，除了对诉权予以驳回外，案件的实体争议也就因此无法得以裁决。

在 20 世纪 50 年代，德国著名学者罗森贝克教授就认为：如果不清楚事实是否存在，就不能适用法规。虽然罗森贝克教授的这一观点影响巨大，但在 20 世纪 60 年代后期，罗森贝克教授的学生莱伊波尔特却质疑这一观点：“即使无法断定一定的事实是否存在，也不能以此为由不进行审判，而仍然必须作出某种判断。在这样的情形下，举证责任就开始发挥把这种决断所带来的利益和不利在当事者之间进行适当分配的作用。”[1]

从公正司法的视角看问题，通过法院审理实现夯实证据、认定案件事实的结果，当然是司法应该追求和应该尽力做到的，因为唯有如此，法律的正确适用才有了基础和根据，对案件实体问题的最终裁判结论才能尽显“以事实为根据，以法律为准绳”原则的内涵和精髓。然而，司法的现

---

〔1〕［日］谷口安平：《程序的正义与诉讼》，王亚新、刘荣军译，中国政法大学出版社 1996 年版，第 235 页。

实是多样的,有能够完全查实查准案情的案件,有只能部分查实查准案情的案件,还有难以查清、查实、查准案情的案件。

对于能够完全查实查准案情的案件,只要做到法律适用正确,案件当事人的实体纷争的圆满裁决就有了保障。对于只能部分查实查准案情的案件,也只能根据已查实查准的这部分事实,依据应当适用的法律作出司法裁决。在民事诉讼中,我国法律就有只查清部分事实的,亦可以就查清楚的这部分先行判决的内容。[1]

对难以查清、查实、查准案情的案件以及对部分案情查不清楚案件的未决部分,该如何处置呢?难道就只有简单驳回一种办法吗?

2. 法律蕴含问题查不清时予以裁决的法理

依照《民事诉讼法》第192条的规定:在宣告失踪、宣告死亡案件中,法院受理后应当发出寻找下落不明人的公告,宣告失踪的公告期间为3个月,宣告死亡的公告期间为一年;因意外事件下落不明,经有关机关证明该公民不可能生存的,宣告死亡的公告期间为3个月。公告期间届满,法院应当根据被宣告失踪、宣告死亡的事实是否得到确认,作出宣告失踪、宣告死亡的判决或者驳回申请的判决。

乍一看《民事诉讼法》的这一规定,似乎"被宣告失踪、宣告死亡的事实"得到确认,是法院作出宣告失踪、宣告死亡判决的依据,而"被宣告失踪、宣告死亡的事实"没有得到确认,是驳回利害关系人申请的依据。在法律层面如此理解《民事诉讼法》的上述规定,是没有问题的,也是顺理成章的。但是,若仅将法律规定限定在法律层面理解,只是理解法律的第一步。缘由何在?无论从法律是用以调整社会关系、规范社会行为的方面来理解,还是从法律是保护合法、制裁违法和惩罚犯罪的准绳的方面来分析,我们都不能脱离案情来认识和理解法律条文和司法裁决。

循着这一法理,我们再接着看《民事诉讼法》第193条的规定:被宣告

[1] 参见《民事诉讼法》第156条。

失踪、宣告死亡的公民重新出现，经本人或者利害关系人申请，法院应当撤销原判决、作出新判决。这就意味着，遇此情形时，法院依据《民事诉讼法》第 192 条作出的宣告判决所根据的事实，并没有达到“被宣告失踪、宣告死亡的事实”得到确认的程度。“下落不明”本身就是表明被申请宣告失踪、宣告死亡的人，究竟是不是确实“下落不明”，是一个待查的事实。《民事诉讼法》第 190 条第 1 款、第 91 条第 1 款规定将“下落不明满二年”“下落不明满四年”作为利害关系人申请宣告失踪、宣告死亡的前置条件，而这一前置条件中的“满二年”“满四年”是确定的，法院受理后发出的寻找下落不明人的公告，无论法院是在“3 个月”的公告期满作出判决或者驳回申请，还是在“一年”的公告期满作出判决或者驳回申请，是否“下落不明”的事实可能查清了，也可能还是“下落不明”。

另外，《民事诉讼法》关于认定财产无主案件的规定，同样也如此。依照《民事诉讼法》第 203 条和第 204 条的规定：法院受理认定财产无主的申请后，经过审查核实，应当发出财产认领公告，如果公告满一年无人认领的，判决认定财产无主并收归国家或者集体所有；判决认定财产无主后，原财产所有人或者继承人出现，如果还在《民法典》规定的诉讼时效期间以内的，可以对财产提出请求，法院审查属实后，应当撤销原判决、作出新判决。

分析《民事诉讼法》的这两条规定可知，法院受理认定财产无主案件，如果公告满一年无人认领，那财产可能是无人认领的，也可能是财产所有人或者继承人还未出现，应该说这两种情形的可能性都是存在的。《民事诉讼法》第 203 条中规定公告满 1 年无人认领的，法院就可作出判决。

《民事诉讼法》关于公示催告程序的规定，也同样包含事实未查清时可以依法宣判的法理。依照《民事诉讼法》第 229 条第 1 款第 1 句的规定，按照规定可以背书转让的票据持有人，因票据被盗、遗失或者灭失，可以向票据支付地的基层法院申请公示催告。依照《民事诉讼法》第230条的规定,法院受理后,应当通知支付人停止支付,并在3日内发出期间不少于60日的公告,催促利害关系人申报权利。《民事诉讼法》第233条前2句规定,没有人申报的,法院应当根据申请人的申请,作出宣告票据无效的判决并公告。《民事诉讼法》第234条规定,利害关系人因正当理由不能在判决前向法院申报的,自知道或者应当知道判决公告之日起一年内,有权向作出判决的法院起诉。

不少于60天的公示催告期满后,如果没人申报权利,可能是不存在利害关系人,也可能是利害关系人不知情或有其他正当理由未能申报,此时法律赋予受案法院依法作出裁判的权力,也是为了维持正常的市场秩序、维护正常的经济交往,从而维护利害关系人正常的经济权益。《民事诉讼法》第234条允许有正当理由未能申报权利的利害关系人,自知道或者应当知道判决公告之日起一年内,可以向作出判决的法院起诉。

在刑事诉讼中,法院裁定没收在逃的犯罪嫌疑人、被告人的违法所得,法律也是要求先予公告,公告期满后,法院即可依法裁定。依照规定,法院受理检察机关要求没收在逃犯罪嫌疑人、被告人的没收违法所得的申请后,应当发出期间为6个月的公告,公告期满后,法院就开始对没收违法所得的申请进行审理;对于没收违法所得的裁定,犯罪嫌疑人、被告人的近亲属和其他利害关系人或者检察院可以提出上诉、抗诉;如果在审理过程中,在逃的犯罪嫌疑人、被告人自动投案或者被抓获的,法院应当终止审理,没收犯罪嫌疑人、被告人财产确有错误的,也应当予以返还、赔偿。[1]

3. 事实查不清时也应该在合理期限内作出裁决

案件事实不能完全查清楚,有的是证据已经灭失了,有的是尽管尽了该尽的力,但在合理时间内证据还是难以或没有取得。当然了,有证据证

---

〔1〕 参见《刑事诉讼法》第299条第2款、第3款第1句,第300条第2款,第301条。

明有毁灭证据情形的诉讼参与人或者其他人,是会受到法律的惩处的[1];如果毁灭重要证据的是案件的当事人一方,则该当事人除了应该受到法律的惩处,还应承担因该重要证据灭失而无法证明案情的不利法律后果。如此,才能彰显司法公正的价值和威力。

众所周知,人工智能技术的发展,已使今日的司法与以往大有不同,一些辅助性的司法事务借助人工智能的技术就可以完成了,但无论人工智能技术还会有多么大的发展和进步,也是不可能取代司法人员独有的能动性的。如此,最大限度地让司法走出可能存在的事实不清的困境,并为在程序公正的框架内推动实体问题的公正处理提供充分的法律支撑和保障,需要在已有法律设计的基础上,进一步完善不能完全查实案情时实现公正司法的法律适用规则。

一个现实的问题是,那些证据不足、难以查实,而相应的法律事实确实发生和存在过的案件,当事人的正当权益如何得到司法的支撑和保障,是一个需要研究和回应的问题。

综上所述,现有法律条款的已有设计中,包含了事实不清时可以裁决的法理。如《民事诉讼法》第192条、第193条规定的宣告失踪、宣告死亡案件,第203条、第204条规定的关于认定财产无主案件,第230条、第233条、第234条规定的关于公示催告的案件,都是根据已有的事实,规定一定的公告期,公告期过后,如无相反的证据推翻利害关系人提供的事实,法律就根据利害关系人提供的事实作出判决,如判决后有证据证明利害关系人提供的事实不成立,再依法定程序予以纠正。

《刑事诉讼法》第160条第2款规定:犯罪嫌疑人不讲真实姓名、住址,身份不明的,应当对其身份进行调查,侦查羁押期限自查清其身份之日起计算,但是不得停止对其犯罪行为的侦查取证;对于犯罪事实清楚,证据确实、充分,确实无法查明其身份的,也可以按其自报的姓名起诉、审

〔1〕 参见《民事诉讼法》第114条,《行政诉讼法》第59条。

判。之外,在现有法律关于行政诉讼的规定中,也包含了上述思路和原理。在行政诉讼中,尽管原告可以提供证明行政行为违法的证据,但原告提供的证据不成立的,也不免除被告的举证责任;而且除被诉行政行为涉及第三人合法权益并由第三人提供证据的外,如果被告不提供或者无正当理由逾期提供证据,就视为没有相应证据。[1]

在民事诉讼中,对于事实不能完全查清楚的案件,除了依上述原则审判外,还可根据自愿和合法的原则,令当事人和解结案。在民事诉讼中,根据《民事诉讼法》第 8 条规定,当事人有平等的诉讼权利。根据《民事诉讼法》第 13 条的规定,各方当事人在遵循诚实信用原则的基础上,都有权在法律规定的范围内处分自己的实体权利和诉讼权利。在遇有事实确实无法查清的案件时,司法机关及其司法人员在依法保障和便利当事人充分地、平等地行使诉讼权利的前提下,促使双方当事人依照诚实信用原则,在法律规定的范围内,通过处分自己的实体权利和诉讼权利实现自行和解,应该成为可选的结案方式。[2]

此外,在遇有事实确实无法查清,当事人又不能实现和解结案时,还应充分发挥程序法在实现实体权利方面的独特功能。程序法除了可以规制诉讼的流程和过程,保障当事人的诉讼权利,规范司法人员的依法履职,保障当事人实现实体法上的权利外,还可以对实体法上权利义务的效力发挥一定的和直接的作用。在 20 世纪 60 年代后期,针对无法查明事实、无法适用法规的情形,德国学者莱伊波尔特研究认为:应该确立一种与实体法规定的规则不同的规则,用以在利益和不利之间进行规制。[3] 如此,便可根据举证情况作出裁决,这是根据程序法中的举证责任,将裁判结果所带来的利益和不利在当事人之间进行适当分配的思路。

---

〔1〕 参见《行政诉讼法》第 34 条第 2 款、第 37 条。

〔2〕 参见《民事诉讼法》第 52 ~ 54 条。

〔3〕 参见[日]谷口安平:《程序的正义与诉讼》,王亚新、刘荣军译,中国政法大学出版社 1996 年版,第 238 页。

对于那些事实确实难以查清的边缘性案件,应该确立这样的原则:争议还是要解决但裁决并不以对错论。一般来说,只要司法机关充分保障了当事人的诉讼权利,查实了已有的所有证据,在合理期限内也确实无法查实全部案情的案件,对结果有利的一方也提不出相反的证据来推翻对方的主张,法院就可据此作出判决。当然了,如果判决以后,又得到了可以推翻判决的证据,也是允许有了证据的一方依法要求司法机关根据新的证据来纠错的。如是,对于边缘性案件,应是全面审查了已有证据、正确适用了程序法关于公正司法的所有规定之后,作出的决断。在穷尽了所有的诉讼查证的途径和方法后,在合理的时间内仍然查不清楚全部事实的案件,是搁置不办、还是在合理的时间内作出处置,两相比较,搁置不办应该不是一个好的办法和结果。

在合理时间内确实查不清楚全部案情的案件,如果无限期拖下去,既不利于实现社会秩序的合理预期,又会使案件的当事人,特别是权益受损的当事一方,陷入诉累中。对这类案件在合理期限内作出判决,并在法律上提供救济的机会和途径,司法公正依旧得以保障。对这种判决,依照法律规定,如果有新的证据足以推翻原判决、裁定的,当事人申请再审的,法院应当再审。[1]

需要说明的是,在刑事诉讼中,由于可能裁判结果关乎人的自由甚至生命,法律对案情的查实及相应的证据要求,应该比民事诉讼和行政诉讼中的要求更高、更严。在刑事诉讼中,对于涉及定罪和量刑的裁判,法院必须根据已经查明的事实、证据和有关的法律规定判决,对证据不足、不能认定被告人有罪的,应当作出证据不足、指控的犯罪不能成立的无罪判决;在刑事自诉案件中,在法院宣告判决前,自诉人可以同被告人自行和解;缺乏罪证的自诉案件,如果自诉人提不出补充证据,应当说服自诉人

---

〔1〕 参见《民事诉讼法》第 211 条,《行政诉讼法》第 91 条。

撤回自诉或者裁定驳回。[1]

(三)缺席审判的必要性和正当性

1. 符合法定条件可以缺席审判

在民事诉讼中,依据《民事诉讼法》第 146 条,原告经传票传唤,无正当理由拒不到庭的,或者未经法庭许可中途退庭的,如果被告提起反诉,受案法院可以在原告缺席的情形下判决。《民事诉讼法》第 148 条规定,即使是原告在法院宣判前申请撤诉,如果受案法院裁定不准许撤诉,原告经传票传唤,无正当理由拒不到庭,受案法院仍可在原告缺席的情形下判决。这是原告方面的缺席。在被告方面,如果被告经传票传唤,无正当理由拒不到庭,或者未经法庭许可中途退庭,受案法院同样可以在被告缺席的情形下判决。[2]

在行政诉讼中,依照《行政诉讼法》第 101 条的规定,关于开庭审理等问题,行政诉讼法没有规定的,适用《民事诉讼法》的相关规定;依照《行政诉讼法》第 89 条第 1 款第 4 项的规定,法院审理行政诉讼的上诉案件,一审违法缺席判决是严重违反法定程序的情形,二审法院可据此裁定撤销原判决。若是,对符合《民事诉讼法》中缺席审判情形的一审行政诉讼案件,受案法院也可依法实行缺席判决。与民事缺席判决的区别在于,由于行政诉讼被告身份的公务性,法律要求法院对经传票传唤无正当理由拒不到庭的被告,或者未经法庭许可中途退庭的被告,可以将其拒不到庭或者中途退庭的情况予以公告,并可以向监察机关或者被告的上一级行政机关提出依法给予其主要负责人或者直接责任人员处分的司法建议,以彰显国家法律要求那些可能违法行政的行政机关主要负责人或者直接

---

〔1〕 参见《刑事诉讼法》第 200 条、第 211 ~ 212 条。
〔2〕 参见《民事诉讼法》第 147 条。

责任人员接受司法审判的严肃性。[1]

在刑事诉讼中，依据《刑事诉讼法》第 291 条第 1 款的规定，对于贪污贿赂犯罪案件，以及需要及时进行审判、经最高人民检察院核准的严重危害国家安全犯罪、恐怖活动犯罪案件，犯罪嫌疑人、被告人在境外，监察机关、公安机关移送起诉后，受理案件的检察机关认为犯罪事实已经查清，证据确实、充分，依法应当追究刑事责任的，可以向法院提起公诉；受案法院进行审查后，对于起诉书中有明确的指控犯罪事实，符合缺席审判程序适用条件的，应当决定开庭审判。此外，依据《刑事诉讼法》第 296 条，因被告人患有严重疾病无法出庭，中止审理超过 6 个月后被告人仍无法出庭的，被告人及其法定代理人、近亲属申请或者同意恢复审理的，审理案件的法院可以在被告人不出庭的情况下缺席审理并依法作出判决。对被告人死亡的案件，审理案件的法院应当裁定终止审理，但是，如果有证据证明被告人无罪，审理案件的法院经缺席审理确认无罪的，也应当依法作出判决；对于依审判监督程序重新审判的案件，如果被告人死亡的，审理案件的法院也可以缺席审理并依法作出判决。[2]

关于对犯罪嫌疑人、被告人逃匿、死亡案件违法所得的没收裁判，也属刑事案件缺席审判的范畴。依照法律规定，对于贪污贿赂犯罪、恐怖活动犯罪等重大犯罪案件，犯罪嫌疑人、被告人逃匿，在通缉一年后不能到案，或者犯罪嫌疑人、被告人死亡，依照刑法规定应当追缴其违法所得及其他涉案财产的，办理案件的公安机关应当写出没收违法所得意见书，移送检察院；检察院经审查与犯罪事实、违法所得相关的证据材料属实后，可以向法院提出没收违法所得的申请；法院经审理，对经查证属于违法所得及其他涉案财产，除依法返还被害人的以外，应当裁定予以没收，对不

---

〔1〕 参见《行政诉讼法》第 66 条第 2 款。
〔2〕 参见《刑事诉讼法》第 297 条。

属于应当追缴的财产的,应当裁定驳回申请,解除查封、扣押、冻结措施。[1]

2. 缺席审判的局限

相比较于解决纠纷、实现权利、制裁违法行为的其他途径,司法的途径往往被人们视为是化解纷争、解决争议、维护权益的最后一个步骤和最后一道防线。公正司法被频频提及并被屡屡强调的缘由应该就在于此。

通过司法查明案情、作出裁决的一个显著特点,就是司法有着严格的程序约束和制度保障。在司法的过程中,除了依法履职的司法工作人员外,原被告双方、有利害关系的第三方以及控告和被控告的相对方,都需面对面地对证、对质,并在控告和辩护的过程中,尽可能地实现查实案情、认定事实的结果,为正确适用法律裁决案件奠定扎实的基础、提供比较充分的根据。也就是说,循着司法的途径,理想的审判,是在原被告双方、控告方和被控告方都在场的情形下进行和实现的。

与当事人都出席的审判相比较,缺席审判是有一定局限的。这表现在:第一,当事人陈述方面的不全面。尽管不能仅仅根据当事人的陈述来认定案件的事实,但当事人的陈述对于案件事实的查实的作用是不可忽略的,起码可从当事人的陈述中发现和掌握查明查实案情的线索和路径,还可以从双方当事人各自的陈述中寻找需要进一步核实的疑点和破绽。第二,无论是民事案件、行政案件中原被告双方之间的辩论,还是刑事案件中受害人与被告人之间的对质,抑或是被告人为自己的辩护以及被告人与公诉人之间的对质,对于发现疑点、寻求真相,都有着其他方式和途径难以替代的作用。民事和行政案件中原被告其中的一方缺席,刑事案件中被告人的缺席,都会使上述查明查实案件事实的审理有着难以避免的不严谨。第三,缺席审判,也使司法难以充分维护缺席审判一方的合法权益。由于缺席的一方不参加审判,或者参加了审判又中途退庭,司法人

[1] 参见《刑事诉讼法》第298条、第300条。

员只能根据庭审查明的事实来适用法律作出裁决；在有当事人缺席的情况下，由于没有人提出和举证，对缺席一方有利的事实和证据在法庭上很有可能无从知晓和核实。

尽管缺席审判有上述局限，但造成这一局面、形成这种局限的原因，正是由于应该出席庭审的人、应该接受审判的人，放弃了自己理应享有的诉讼权利，故意不参加庭审、故意逃避审判（患有严重疾病、被告人死亡等合理原因的除外）。

作为一起已经到了审判环节的案件，不能因为有人故意不参加庭审、故意退出庭审、故意逃避审判，就停止审判程序的正常进行，使已经受损的权益不能得到及时维护、已经违法的人不能得到及时处置、已经被破坏的社会秩序不能得到及时修复、已经开始的诉讼程序一直处于"停摆"状态。回应审判中出现的这些问题，需要有所作为，需要设定缺席审判的法定条件。尽管是无奈之举，但也是必需之为。

3. 缺席审判的正当性问题

在缺席审判中，无论是民事和行政案件的原、被告中的一方，还是刑事案件中的被告人，都是依法本应参加庭审的当事人，他们的诉讼权利是法律赋予的。司法机构及其工作人员依法保障当事人和其他诉讼参与人的诉讼权利，当事人和其他诉讼参与人依法充分行使诉讼权利，都为公正司法所必需，都是公正司法的应有之义。当事人无故不参加庭审，或者逃避审判、缺席审判活动，原因在当事人一方的，只要司法机构及其工作人员依法从事，穷尽了法律上保障当事人充分行使诉讼权利的所有途径，缺席的审判即具有正当性。正如一位国外的学者曾经指出的那样："即使当事者实际上没有参加诉讼，但只要被给予了参加的机会即视为达到了参加目的的情况。例如，缺席判决就是一种没有听取被告的主张或辩论就作出不利于其决定的制度，但是在给被告送达了诉状，保障了他有进行防御的机会这一前提下,缺席判决也获得了正当性。”[1]

此外,之所以说法定条件下缺席审判具有正当性,是因为一起诉讼案件,涉及的不仅仅是一方当事人,一方当事人无故缺席审判或退出庭审,除了使他自己的诉讼权利不能继续行使外,还直接影响对方诉讼权利的充分行使及相应的实体权利的充分保障。如果因为当事人一方无故缺席审判,就停止对案件的审理,那对诚信参加诉讼、出席审判的当事人一方来说显然不公正。民事诉讼中的原告或被告一方无故缺席审判,行政和刑事诉讼中的被告一方无故缺席审判,如果不继续进行缺席的审判,不仅会伤害民事诉讼对方当事人、伤害行政诉讼原告和刑事诉讼受害人对法治的信仰、损害其合法的权益,还会使受损的社会秩序无法得到恢复,使法律的尊严和社会的法治治理受到损害。由此可知,缺席审判的正当性,既涉及依法参加诉讼的案件当事人一方,又涉及社会的公共利益。

当然了,对于经过缺席审判所作的裁决,公正的司法还要求法律上须提供事后的必要补救和保障。首先是要确保缺席审判的合法性。我国法律,关于上诉审和再审的规定,都特别突出对缺席审判合法性的审查。在二审中,经审查发现原判决有遗漏当事人或者违法缺席判决等严重违反法定程序情形的,原判决得由二审法院裁定撤销;法院收到当事人的再审申请,如发现生效判决存在违法缺席审判情形的,应当启动再审程序,法定的违法缺席审判的情形是:一是因不能归责于本人或者其诉讼代理人的事由,应当参加诉讼的当事人或无诉讼行为能力人未经法定代理人代为诉讼未参加诉讼的,二是未经传票传唤,缺席判决的。[2]

依据《刑事诉讼法》第192条:在刑事诉讼中,对于在中国境外的被告人,受案法院应当通过有关国际条约规定的或者外交途径提出的司法协

---

〔1〕[日]谷口安平:《程序的正义与诉讼》,王亚新、刘荣军译,中国政法大学出版社1996年版,第16页。

〔2〕参见《民事诉讼法》第177条第1款、第211条,《行政诉讼法》第89条第1款。

助方式,或者被告人所在地法律允许的其他方式,将传票和检察机关的起诉书副本送达被告人。传票和起诉书副本送达后,被告人未按要求到案的,法院应当开庭进行缺席审理并依法作出判决,同时对违法所得及其他涉案财产一并作出处理。为充分保障被告人的辩护权,依据《刑事诉讼法》第293条:受案法院在缺席审判时,被告人有权委托辩护人,被告人的近亲属可以代为委托辩护人;如果被告人及其近亲属没有委托辩护人,受案法院应当通知法律援助机构指派律师为其提供辩护。对经缺席审判作出的判决,《刑事诉讼法》第294条第1款第2句、第3句,第2款规定:被告人或者其近亲属不服判决的,有权向上一级法院上诉;辩护人经被告人或者其近亲属同意,可以提出上诉;检察机关认为判决确有错误的,应当向上一级法院提出抗诉。《刑事诉讼法》第295条第1款、第2款在缺席审理过程中,如果被告人自动投案或者被抓获的,受案法院应当重新对案件进行审理;罪犯在判决、裁定发生法律效力后到案的,虽然法院应当将罪犯交付执行刑罚,但交付执行刑罚前,法院应当告知罪犯有权对判决、裁定提出异议;如果罪犯对判决、裁定提出了异议,受案法院应当重新审理。同时,依照生效判决、裁定对罪犯的财产进行的处理确有错误的,应当予以返还、赔偿。[1]

谈及缺席审判的正当性,还涉及一个问题,这就是在民事诉讼和行政诉讼中,因当事人违反法庭规则而致使的、可能的缺席审判,现行法律对此没有明确规定。依照法律,诉讼参与人和其他人应当遵守法庭规则,违反法庭规则的,法院可以予以训诫,责令他们退出法庭或者予以罚款、拘留;对具有法定的严重扰乱法庭秩序情形的人,依法追究刑事责任;对情节较轻的,予以罚款、拘留;对具有其他妨碍法院审理案件的法定情形的,法院可以根据情节轻重予以罚款、拘留,构成犯罪的依法追究刑事

[1] 参见《刑事诉讼法》第295条第3款。

责任。[1]

一般而言,民事诉讼和行政诉讼的当事人是会遵守法庭的规则的,但也不乏不遵守法庭规则、破坏法庭秩序的事例。由于诉讼不仅仅关系一方当事人的权益维护,如果一方当事人因严重违反法庭规则、破坏法庭秩序,妨碍了法院对案件的正常审理,被法院责令退出法庭,或被依法拘留,法院可否在违反法庭规则一方缺席的情形下继续审判?从公正司法的角度,完全可以缺席审判,而且应该在法律中予以明确。此种情形下,法院进行缺席审判的正当性就在于:任一当事方都应遵守法庭规则、维护法庭秩序,更不应有妨碍法院审理案件的违法行为,如哄闹以及伪造、毁灭证据等。任一当事人,如若有此种情形,已经失去了诚信参加诉讼的本真,已经表现出了蔑视法律的恶意,遇此情形,法律应该明确缺席审判的合法性,以保护遵守法庭规则、维护法庭秩序、诚信参加诉讼的当事人,并维护司法的权威和法律的尊严。

三、诉讼中的举证

(一)民事诉讼和行政诉讼中的举证

1. 举证是最重要的诉讼权利

如果说合法正当的诉讼程序是公正司法、案结事了的通道导引和过程保障,那么,事实根据和法律准绳就是公正司法、案结事了的实体内核和结果理由。实现公正司法、案结事了,让人民群众在每一个司法个案中都感受到公平正义,须在遵守合法正当的程序的同时,按照我国法律关于"以事实为根据,以法律为准绳"的原则,完整查实案件事实涉及的证据,准确适用与案情相关的法律。相比较于案件的事实和证据,案件所应适

[1] 参见《民事诉讼法》第113~114条。

用的法律是早已公布的。由此,"证据"就成为联结案件事实与所应适用的法律之间的"关键点",所谓的"打官司就是打证据",正是道出了司法的核心和关键。

根据证据进行审判是现代司法制度的根本原则。实际上,程序的正当性,最核心的是定案的证据需要诉讼的对立方都在场的情形下提出、质疑以及辩论,需要审判者、起诉者、被诉者及其他参与者都依照法定诉讼程序,在法庭上对起诉者和被诉者提出的证据进行核实和审视。因此,诉讼中的举证,是程序正当的核心要义,如果当事人的举证权利没有得到充分保障,那程序正当性的核心要义就不存在了,由此产生的司法裁判的公正性也就失去了依托。可见,案件的当事人,如果不能充分地在法庭上举证,只是参加庭审并陈述自己的意见,并不意味着其权利得到了公正司法意义上的程序保障。

之所以举证是当事人最重要的诉讼权利,是因为司法裁判要以事实为根据,而确认事实的基础就是证据。国内外的法学学者,反复强调诉讼程序的重要和程序保障的正当,不完全是指司法机构须依诉讼程序法履行法律赋予的司法职责,其重大意义更在于司法机构及其工作人员必须依程序法履职,只有在充分制约环节中的程序保障,才具有完整的程序公正的内涵和价值。

在民事诉讼和行政诉讼中,只有案件当事人及其代理人充分行使了举证权,当事人参加诉讼,才有意义,也才能直接制约司法人员对案件事实的认定权,从而保障诉讼程序的正当性。正是基于这一法理,日本京都大学谷口安平教授曾提出"提出什么证据以及怎样提出,在当事者进行的诉讼活动中都是重要性不亚于事实主张的问题"的观点,认为"当事者提出或要求审查的证据"应该成为辩论原则的一项重要内容。

在诉讼中,虽然诉讼的结果往往也关乎社会秩序和公共利益,但诉讼的法律效果首先还是直接涉及案件当事人的利益。当事人的诉求所依据的案件事实，只有得到证据的证实，其主张的权益才有可能获得司法的支持和保护，“谁主张谁举证”虽然明晰了权利主张者的责任，但这种责任恰恰也是当事人依法所应该享有的诉讼权利。当事人进行诉讼，其目标是为了维护或实现实体权利，但如果举证的权利得不到司法机构的充分保障，其实体权利的维护或实现就失去了依托和基础。由此，完全可以将当事人及其代理人的举证权利，视为是当事人依法所享有的诉讼权利中最重要的权利。

2. “谁主张谁举证”的合理适用

尽管人们一般将“谁主张谁举证”作为诉讼中的原则，但如果不分情况僵硬运用，也会导致公正受损。

依照我国法律，在刑事诉讼中，公诉案件中被告人有罪的举证责任由人民检察院承担，自诉案件中被告人有罪的举证责任由自诉人承担。[1]实际上，公诉案件中由检察院负举证责任，刑事自诉案件中由自诉人负举证责任，是民事诉讼和行政诉讼中“谁主张谁举证”的原则在刑事诉讼中的体现和运用。虽然如此，由于刑事诉讼毕竟与民事诉讼和行政诉讼有着较大的差别，在体现和运用“谁主张谁举证”的原则上，刑事诉讼也与民事诉讼和行政诉讼有着较大差别。

在刑事公诉案件中，检察院对构成犯罪要件的事实负有举证的责任，在举证和查明犯罪事实的诉讼过程中，检察院与犯罪嫌疑人、被告人之间的关系，基本上是控诉和辩护的关系，犯罪嫌疑人、被告人沉默不语或予以辩护，都是其享有的法定的诉讼权利。但是，在民事诉讼和行政诉讼中，案件当事人之间如何在“谁主张谁举证”原则的大前提下区分具体情形并按照公正司法的要求，在特殊的待证事实上，更加合理地、有所例外地分配举证责任，就显得必要和适宜。

之所以需要如此，是因为当事人的举证责任，直接关乎案件事实的查

---

〔1〕 参见《刑事诉讼法》第51条。

证；当事人举证责任的分配，直接关乎审判人员在认定案件事实方面的程序正当。对于“谁主张谁举证”的原则，日本京都大学的谷口安平教授曾指出：从不法行为救济制度的原理来看，这样分配举证责任基本上是妥当的。但是，对于“公害诉讼或医疗事故诉讼等案件，作为受害者的原告本来应进行主张和举证的地方，但有关资料却全部掌握在被告手里。这种情况下，仍要求原告按照传统的法理承担举证责任几乎意味着胜诉的不可能”[1]。因此，在民事诉讼和行政诉讼中，如果无条件地、僵硬地适用“谁主张谁举证”的原则，在举证方无法掌握相关证据的特殊情形下，公正的司法会受到损害。

3. “谁主张谁举证”原则的例外

根据证据证实的事实适用法律，是公正司法的原则和前提。一般来说，“谁主张谁举证”是诉讼的原则，但正如前所述，如果绝对地以这一原则来衡量各当事方的主张并据此认定事实，在有的情形下会有失公正。日本京都大学法学教授谷口安平就认为，在此情形下，“如果某一要件能够给某一方当事者带来有利的法律效果，则这一方当事者就必须对该要件负举证责任”[2]。此时，“谁主张谁举证”的原则就转化为了“谁受益谁举证”的原则，这构成了“谁主张谁举证”的例外。如此，公正司法理念下的举证安排，应该将举证责任与证据材料的掌握匹配起来。

(1)民事案件

2020 年通过的《民法典》第 7 编“侵权责任”部分，在坚持“谁主张谁举证”的前提下，就几类具有特殊情形的侵权责任问题的举证，作出了更符合公正司法要求的例外规定：

一是“法定的推定过错”。被告不能举出推翻“法定的推定过错”的

---

〔1〕［日］谷口安平：《程序的正义与诉讼》，王亚新、刘荣军译，中国政法大学出版社 1996 年版，第 15 页。

〔2〕［日］谷口安平：《程序的正义与诉讼》，王亚新、刘荣军译，中国政法大学出版社 1996 年版，第 236 页。

证据的,由被告承担诉讼的不利后果。依照《民法典》第1165条的规定,行为人因过错侵害他人民事权益造成损害的,应当承担侵权责任;依照法律规定推定行为人有过错,其不能证明自己没有过错的,应当承担侵权责任。例如,患者在诊疗活动中受到损害,如果医疗机构有违反法律、行政法规、规章以及其他有关诊疗规范的规定的情形的,或者隐匿或者拒绝提供与纠纷有关的病历资料,或者遗失、伪造、篡改或者违法销毁病历资料,法律上推定医疗机构有过错,如果作为被告的医疗机构不能举出否定"推定过错"的证据,医疗机构须承担诉讼的不利后果。[1]

实现"法定的推定过错"的意义在于,由于业务属性和行业习惯等因素,作为定案的证据资料仅由当事人的一方(往往是被告一方)保留和掌握,如果法律上不推定其有过错,被告一方往往不愿意提供证明自己有过错的证据,如此,原告一方的正当诉求就难以获得证据的支撑,原告就有可能承担本来不应由其承担的诉讼的不利后果。如果诉讼的裁判是这样的结局,除了原告的权益受到了损害,公正的司法也难以实现。

二是"免责、减责须举证"。有以下几种情形:

第一,《民法典》将法律规定的不承担或者减轻责任的情形及其行为与损害之间不存在因果关系的举证责任,明确地赋予污染环境、破坏生态行为人(诉讼中的被告)一方。[2]

在涉及环境污染、破坏生态方面的案件中,原告多是无辜受害者,对此类案件,如果全部依着"谁主张谁举证"的原则行事,那受害者的权益保障很难获得证据的支撑,环境、生态也会受到损害。因此,法律上允许特殊情形下"谁主张谁举证"的原则可以有例外,既是公正司法的需要,又是社会公共利益的需要。

第二,对于侵权责任中的几类高度危险责任,法律在明确要求侵权人

---

〔1〕 参见《民法典》第1222条。

〔2〕 参见《民法典》第1230条。

(诉讼中的被告)承担法定责任的同时,也将不承担法定侵权责任或减轻责任的举证责任交由侵权人(诉讼中的被告)承担。这几类高度危险责任包括民用核设施发生核事故致人损害的侵权责任,民用航空器造成他人损害的侵权责任,占有或者使用易燃、易爆、剧毒、高放射性、强腐蚀性、高致病性等高度危险物造成他人损害的侵权责任,从事高空、高压、地下挖掘活动或者使用高速轨道运输工具造成他人损害的侵权责任,非法占有高度危险物造成他人损害的侵权责任,未经许可在高度危险活动区域或者高度危险物存放区域受到损害的责任。[1]

第三,关于饲养动物损害责任,法律也明确规定饲养的动物造成他人损害的,动物饲养人或者管理人应当承担侵权责任,并同时将可以不承担责任或者减轻责任的举证责任,交由侵权人(诉讼中的被告)承担。[2]

第四,关于建筑物和物件损害责任,法律明确规定建筑物、构筑物或者其他设施倒塌、塌陷造成他人损害的,由建设单位与施工单位承担连带责任,但是建设单位与施工单位能够证明不存在质量缺陷的除外;同理,侵权人以"所有人、管理人、使用人或者第三人的原因"为由不承担责任的举证,虽然法律对其未予明确规定,按照公正司法的要求,也应该由诉讼中的被告承担。[3]

第五,基于如上法理,以下的侵权责任的举证的责任由侵权人(诉讼中的被告)承担:建筑物、构筑物或者其他设施及其搁置物、悬挂物发生脱落、坠落造成他人损害的侵权责任,堆放物倒塌、滚落或者滑落造成他人损害的侵权责任,在公共道路上堆放、倾倒、遗撒妨碍通行的物品造成他人损害的侵权责任,因林木折断、倾倒或者果实坠落等造成他人损害的侵权责任,在公共场所或者道路上挖掘、修缮安装地下设施等造成他人损害

---

〔1〕 参见《民法典》第 1237 条、第 1238 条、第 1239 条、第 1240 条、第 1242 条、第 1243 条。
〔2〕 参见《民法典》第 1245 条。
〔3〕 参见《民法典》第 1252 条。

的侵权责任,窨井等地下设施造成他人损害的侵权责任。[1]

第六,为摆脱不时发生的高楼抛物、掉物致人损害案件难以找到侵权人的困境,法律明确了“可能加害的建筑物使用人”“建筑物管理人”免责的举证责任。依照规定,从建筑物中抛掷物品或者从建筑物上坠落的物品造成他人损害的,如果难以确定具体的侵权人是谁,除能够证明自己不是侵权人的外,由可能加害的建筑物使用人给予补偿,这其中欲免责的住户要自己承担“不是侵权人的”的举证责任;建筑物管理人欲免除“未履行安全保障义务的侵权责任”,也须自己承担举证责任;发生《民法典》第1254条第1款规定情形的,公安等机关有依法及时调查,查清责任人的责任。[2]

(2)行政案件

在行政诉讼中,由于被诉的行政机关拥有法定的公权力,其作为或不作为,都会对行政相对人(行政诉讼原告人)产生法律上的效力,就这一意义而言,拥有公权力的行政机关及其工作人员处于主动地位。在权益受到损害的原告提起行政诉讼时,由于与行政行为有关的详尽的资料被作为行政诉讼被告的公权力机关掌握,如果一味地坚持“谁主张谁举证”,那原告的合法诉求将难以获得证据的完全支撑,此时由可能获益的行政机关(行政诉讼的被告)对行政行为的合法性、合理性承担举证责任,才为公正的司法提供了可能。鉴于此,法律要求被告对作出的行政行为负有举证责任,并应当提供作出该行政行为的证据和所依据的规范性文件;如果被告不提供或者无正当理由逾期提供证据,视为没有相应证据(被诉行政行为涉及第三人合法权益,第三人提供证据的除外)。[3]

---

〔1〕 参见《民法典》第1253条、第1255~1258条。
〔2〕 参见《民法典》第1254条。
〔3〕 参见《行政诉讼法》第34条。

(3)国家赔偿案件

在行政赔偿案件中，尽管法律明确赔偿请求人和赔偿义务机关应当提供证据来支持自己提出的主张，但是，赔偿义务机关采取行政拘留或者限制人身自由的强制措施期间，如果被限制人身自由的人死亡或者丧失行为能力的，对赔偿义务机关的行为与被限制人身自由的人的死亡或者丧失行为能力是否存在因果关系的证据，法律要求应当由赔偿义务机关负责提供；在刑事赔偿案件中，被羁押人在羁押期间死亡或者丧失行为能力的，对赔偿义务机关的行为与被羁押人的死亡或者丧失行为能力是否存在因果关系的证据，法律也要求应当由赔偿义务机关负责提供。[1]

(二)刑事诉讼中的被告人供述

1. 确定有罪应该有一个以上的证据来证明

准确、及时地查明犯罪事实，是正确适用法律以惩罚犯罪分子、保障无罪的人不受追究的基本前提和条件。由此决定，刑事司法机构及其工作人员依法履职的根基在于“以事实为根据”，唯有如此，准确有效地执行法律才有了保证。

在刑事诉讼中，尽管绝大多数案件都有犯罪嫌疑人、被告人对犯罪事实的承认或供认，但如果仅有犯罪嫌疑人、被告人的供述，而没有其他佐证的证据，是不能确定犯罪嫌疑人、被告人是否有罪的。这是由犯罪嫌疑人、被告人在刑事诉讼中的诉讼地位决定的，特别是那些被羁押的犯罪嫌疑人、被告人，他可能出于急于脱离羁押状态、尽快实现了断的本能和心理，完全有可能先承认有罪，待事后有机会再予翻供。因此，仅有犯罪嫌疑人、被告人供述和认罪的言词证据，没有犯罪嫌疑人、被告人确实是犯了罪的行为证据、事实证据或其他证人提供的证据，是不能仅仅依据犯罪嫌疑人、被告人自己的供词这个唯一证据来确定作出供述的犯罪嫌疑人、

---

〔1〕 参见《国家赔偿法》第15条、第26条第2款。

被告人是否有罪的。

基于上述的理由,在确定犯罪嫌疑人、被告人是否有罪时,应该需要一个以上的证据,以证明确实发生了犯罪的事实,以及犯罪嫌疑人、被告人确实实施了被指控的罪行。应该由一个以上的证据来证实犯罪和确认犯罪嫌疑人、被告人有罪,既是不同的证据之间相互印证的逻辑需要,又是作为定案根据的证据必须经过查证属实的法治要求。[1]

之所以特别明确不能仅仅依据犯罪嫌疑人、被告人的供述来确定其是否有罪,是因为犯罪嫌疑人、被告人的供述本身不能当然地被认定为正确与否,而是需要通过其他的证据来证明是否属实。此乃自身不能证明自身的常理所在,也是“不能自证其罪”的法理所在。

此外,不能仅仅依据犯罪嫌疑人、被告人的供述确定其是否有罪的原因,还在于《刑事诉讼法》第53条第1款要求公安机关提请批准逮捕书、起诉书、判决书必须要忠实于事实。《刑事诉讼法》第51条规定,刑事审判中,被告人有罪的举证责任在公诉人或自诉人一方。公诉案件中,被告人有罪的举证责任由承办案件的检察院承担;自诉案件中,被告人有罪的举证责任由自诉人承担。在刑事审判中,“只有被告人供述,没有其他证据的,不能认定被告人有罪和处以刑罚”[2]是法律的明确要求,这正是需要有一个以上证据来确定是否有罪的法律基础和其所体现的朴实法理。

2. 被告人翻供

在刑事案件中,犯罪嫌疑人、被告人在检察环节、审判环节翻供的情形时有发生。犯罪嫌疑人、被告人所“翻”的“供”,只能是口供,不可能是其他的证据;也就是说,犯罪嫌疑人、被告人所可能推翻的“供”,只能是他自己的供述。

我国法律明文否定刑讯逼供的方法,不仅如此,《刑事诉讼法》第56

---

[1] 参见《刑事诉讼法》第50条。

[2] 《刑事诉讼法》第55条第1款第2句前半句。

条第 1 款还明文宣示了以刑讯逼供收集证据的非法性。依照规定，审判人员、检察人员、侦查人员必须依照法定程序，收集能够证实犯罪嫌疑人、被告人有罪或者无罪、犯罪情节轻重的各种证据；严禁刑讯逼供和以威胁、引诱、欺骗以及其他非法方法收集证据，不得强迫任何人证实自己有罪。[1]

为了从根本上否定刑讯逼供，法律还明确了相关机制：一是对采用刑讯逼供等非法方法收集的犯罪嫌疑人、被告人供述，法律明确应当予以排除；二是在侦查、审查起诉、审判时发现有应当排除的证据的，应当依法予以排除，不得作为起诉意见、起诉决定和判决的依据；三是检察机关对诉讼活动实行法律监督中发现司法工作人员有利用职权实施刑讯逼供等侵犯公民权利、损害司法公正的犯罪，可以立案侦查；四是法庭审理过程中，审判人员认为可能存在《刑事诉讼法》第 56 条规定的以非法方法收集证据情形的，应当对证据收集的合法性进行法庭调查；当事人及其辩护人、诉讼代理人有权申请人民法院对以非法方法收集的证据依法予以排除。[2]

实现公正的司法，在坚守和实行上述法律规定的同时，还需要进一步提升司法的理念，并将现行法律中规定的"对一切案件的判处都要重证据，重调查研究，不轻信口供"[3]修改为"对一切案件的判处都要重证据，重调查研究，不能仅凭口供"。

3. "如实供述"与"从宽处理"

从一般意义上来讲，在刑事诉讼中，犯罪嫌疑人、被告人的翻供应该属于不诚信的行为，缘由就在于犯罪嫌疑人、被告人事后否定了自己曾经在司法工作人员面前自愿（前提是未曾受到任何外在的逼迫）作出的有

---

〔1〕 参见《刑事诉讼法》第 52 条第 1 句、第 2 句。

〔2〕 参见《刑事诉讼法》第 19 条、第 56 ~ 58 条。

〔3〕 《刑事诉讼法》第 55 条第 1 款第 1 句。

罪供述。

诚然,确有在刑事诉讼中出尔反尔、随意翻供的不诚信的犯罪嫌疑人、被告人,但我们不能仅仅因为有如此不诚信的犯罪嫌疑人、被告人,就认定所有翻供的犯罪嫌疑人、被告人都是不诚信的。

在英国,有法律规定,如果刑事司法人员对被告人讲了任何有可能使供述不可信的话,那么供述就可能被排除。例如,在办理一起盗窃案中,警察告诉犯罪嫌疑人,他不认为失窃的店主会对犯罪嫌疑人采取什么行动;正是基于警察的说辞,犯罪嫌疑人便作出有罪供述。但事后,警察经讯问失窃的店主才知道,失窃店主的意图是让犯罪嫌疑人受到起诉。[1]在此情形下,警察的行为是否有违司法的诚信呢?

我国法律坚持诚信司法,明文禁止以威胁、引诱、欺骗以及其他非法方法收集证据。依照规定,审判人员、检察人员、侦查人员必须依照法定程序,收集能够证实犯罪嫌疑人、被告人有罪或者无罪、犯罪情节轻重的各种证据;严禁以威胁、引诱、欺骗以及其他非法方法收集证据。[2] 在我国法律明确坚持诚信司法,严禁以威胁、引诱、欺骗以及其他非法方法收集证据的前提下,需要讨论的是现行法律关于"如实供述自己罪行可以从宽处理"的规定。

依照规定,侦查人员在讯问犯罪嫌疑人的时候,应当首先讯问犯罪嫌疑人是否有犯罪行为,让他陈述有罪的情节或者作无罪的辩解,然后向他提出问题;犯罪嫌疑人对侦查人员的提问应当如实回答,但是对与本案无关的问题,有拒绝回答的权利;侦查人员在讯问犯罪嫌疑人的时候,应当告知犯罪嫌疑人享有的诉讼权利,如实供述自己罪行可以从宽处理和认罪认罚的法律规定。[3]

---

〔1〕 参见王晋、刘生荣主编:《英国刑事审判与检察制度》,中国方正出版社 1999 年版,第 284 ~ 323 页。

〔2〕 参见《刑事诉讼法》第 52 条第 1 句、第 2 句。

〔3〕 参见《刑事诉讼法》第 120 条。

(三)证人证言与鉴定意见

1.证人证言

证人证言是可以用来证明案件事实的一种证据。从查明案件事实、夯实案情证据的角度着眼,在审判环节,证人应该到庭,在法官的主持下,当着案件当事人和其他诉讼参与人的面,当庭作证,以充分发挥证人证言对案件事实的证明作用。道理上尽管如此,但实践是变化多端的,有时证人可能无法出庭作证。因此,从审判的需要着眼,是否需要证人出庭作证,受案法院在庭审前就应该决定下来。

作为用来证明案件事实的证人证言,如果相关的诉讼参加人没有异议,则证人提供证人证言即可,可以不用出庭作证。但是,如果诉讼参与人对证人证言存有异议,从夯实案件证据、查明案件事实、实现公正司法的角度着眼,证人应出庭作证,并就异议当场作出回应。

有异议的证言,之所以需要证人出庭作证,是因为尽管证人证言是证据的一种,但证人证言要成为证明案件事实的证据,仅凭证人证言本身还不够,还必须经过当庭质证并获得认可才行。也就是说,没有其他证据佐证,有异议的证人证言自身不能当然地成为支撑案件事实的证据;任何存在异议的证人证言,在未经当庭质证确认以前,其证明力都是待定的。法律要求"有意作伪证"[1]要负法律责任,其道理也就在此。

在刑事诉讼中,在确定证人是否必须出庭作证时,现行法律确定了要考虑的因素,一是公诉人、当事人或者辩护人、诉讼代理人对证人证言有异议;二是该证人证言对案件定罪量刑有重大影响。依照现行法律,对具备这两个因素的证人证言,如果受案法院认为证人有必要出庭作证的,证人就应当出庭作证。[2]

---

〔1〕《刑事诉讼法》第125条。

〔2〕参见《刑事诉讼法》第192条第1款。

细究上述因素可知,公诉人、当事人或者辩护人、诉讼代理人对证人证言有异议,易于理解、也好把握,因而可以构成一项确定的因素。而《刑事诉讼法》第 192 条第 1 款规定的“该证人证言对案件定罪量刑有重大影响”则属于判断性的因素,由谁判定证人证言对案件定罪量刑有重大影响、重大影响应从哪几点把握,则属于易发生争论的因素。由于公诉人、受害人及其代理人、被告人及其辩护人的出发点和追求的目标存在差异,对易发生争论的因素——证人证言是否对案件定罪量刑有重大影响,相关方往往会陷入各执一词、争执不下的僵局,以至于最后还是由受案的法院、审案的法官来判定。如此,就只剩下《刑事诉讼法》第 192 条第 1 款规定的“公诉人、当事人或者辩护人、诉讼代理人对证人证言有异议”这一个确定的因素了。

从公正司法的视角看,案件当事人行使诉讼权利的受阻,特别是直接涉及核实案件证据的诉讼权利,不仅会影响当事人依法享有的诉讼权利本身,还会影响当事人实体权利的公正保护。循此,如果在庭审中,有包括案件当事人在内的相关诉讼参与人对证人证言有异议,而且有符合常理的根据,则提供证人证言的证人就应当出庭作证,除非应该到庭作证的证人遇到了不可抗拒的客观事由。为此,应该修改《刑事诉讼法》第 192 条第 1 款中关于在实践中可能限制当事人诉讼权利的表述,即“该证人证言对案件定罪量刑有重大影响”。试问,对有异议的证人证言,证人不当庭对“异议”之处予以回应和解释,如何在有异议的情形下判断“该证人证言对案件定罪量刑有重大影响”?不在庭审中对有异议的证人证言进行质证,审判的意义将大打折扣,也难以保证司法公正。同时,还应该对有关“法院认为证人有必要出庭作证的”规定作出限定。对有异议的证人证言,受案法院不同意证人出庭作证,需要有合理的法定约束,以法定的条件限制受案法院的裁量权。

在民事诉讼中,与证人证言类似的还有受案法院的调查笔录。依照规定，审判人员必须认真审核诉讼材料，调查收集必要的证据；调查笔录，由被调查人校阅后，由被调查人、调查人签名或者盖章。[1]

需要说明的是，受案法院主动作为、调查收集查实案情所必需的证据，是办案法院的职责所在。既然如此，那法院主动调查形成的调查笔录是否就具有当然的证明力呢？也许有人会说，既然是法院调查得来的证据，证明力应该是不言自明的。果真如此吗？庭审的意义就在于公开，而公开的意义就在于所有的诉讼参与人都可以依法充分地行使自己的诉讼权利，并依法对提交法庭的所有证据进行公开的质疑和质证，以实现排除合理怀疑从而夯实用以证明案件事实的证据，从而为查清案件事实提供支撑和保障。循此，法院的调查笔录，包括受案法院委托外地法院所做调查[2]后形成的调查笔录，也只有在法庭上宣读，经过公开的质证后，才能确定是否为证明案件事实的确凿证据。

2. 鉴定意见

与证人证言一样，作为用来证明案件事实的鉴定意见，如果诉讼参加人无异议，则鉴定人完全可以不用出庭作证。但是，如果诉讼参与人对鉴定意见存有异议，那鉴定人就应该出庭作证，并当场对异议进行回应。

与有关证人是否出庭作证的规定相比较，现行法律有关鉴定人是否出庭作证的规定，显得更明了。在刑事诉讼中，公诉人、当事人或者辩护人、诉讼代理人对鉴定意见有异议，人民法院认为鉴定人有必要出庭的，鉴定人应当出庭作证。[3] 此处，“公诉人、当事人或者辩护人、诉讼代理人对鉴定意见有异议”是确定性的规定。无论是程序公正的要求，还是诉讼参与人充分行使诉讼权利的需要，原则上，如果“公诉人、当事人或者辩护人、诉讼代理人对鉴定意见有异议”，鉴定人就应该出庭作证，以回应和

---

〔1〕 参见《民事诉讼法》第 132 条、第 133 条第 2 款。

〔2〕 参见《民事诉讼法》第 134 条第 1 款。

〔3〕 参见《刑事诉讼法》第 192 条第 3 款第 1 句。

解释异议。至于《刑事诉讼法》第 192 条第 3 款规定的“人民法院认为鉴定人有必要出庭的”,同样需要设置合理的法定条件予以规范和约束,以当事人诉讼权利的充分实现,对受案法院和审案法官行使是否需要鉴定人出庭的裁量权予以合理的法定限制。

在司法实践中,由于鉴定意见是出自专业人士之手,相对于证人证言,鉴定意见的证明力更容易得到认同和采纳。鉴定意见之所以需要经过法庭的质证,是因为鉴定人进行鉴定并出具意见或结论的全过程,有因故意或过失而出现不符合专业要求的可能,这也是法律规定“鉴定人故意作虚假鉴定的,应当承担法律责任”[1]的缘由所在。

从法律上对作为证据的鉴定意见予以规制,理应成为合理发挥鉴定意见的证明作用、实现公正司法的应有之举。具体的思路:一是对基于司法机构及其办案人员所指派或聘请的鉴定人出具的鉴定意见,法律要明确只能作为认定事实的初步证据,如果案件的当事人及其代理人或辩护人提出合理的质疑,出具鉴定意见的人须出庭当众予以回应和解释,只有排除合理怀疑的鉴定意见,才能作为确实的用来证明案件事实的证据。二是在民事诉讼中,对不是基于司法机构及其办案人员所委托的鉴定人,应该实行类似仲裁员选任的办法,由当事人协商共同选择一位鉴定人予以鉴定,如果双方协商达不成共识,再由受案法院指定。[2] 对循着这个程序选出的鉴定人的鉴定意见,同样需要经过法庭的质证,如有合理的怀疑,鉴定人也需出庭当庭予以回应并给出解释。三是未经法庭质证并在法庭上被排除合理怀疑的任何鉴定意见,与证人证言一样,都不能当然地成为不可撼动的证据。

鉴定意见属于事实认定的范畴,而未经法庭质证的任何事实,都不得当然地成为司法机构及其办案人员认定案件事实的确凿证据。

---

〔1〕《刑事诉讼法》第 147 条第 2 款。

〔2〕参见《民事诉讼法》第 79 条第 1 款第 2 句。

我国现行《刑事诉讼法》对鉴定意见的相关规定,也充分体现了任何用作证据的鉴定意见,都需经受质证、质疑的法理。依照《刑事诉讼法》第146条的规定,为了查明案情,需要解决案件中某些专门性问题的时候,应当指派、聘请有专门知识的人进行鉴定;《刑事诉讼法》第148条规定,侦查机关应当将用作证据的鉴定意见告知犯罪嫌疑人、被害人,如果犯罪嫌疑人、被害人提出申请,可以补充鉴定或者重新鉴定。法律允许犯罪嫌疑人、被害人对用作证据的鉴定意见,申请补充鉴定或者重新鉴定,实际上就包含了当事人可以对鉴定意见进行质证。

为了充分保障当事人的诉讼权利,实现公正司法,应该在现有法律规定的基础上,进一步明确用作证据的鉴定意见,必须经过法庭公开的质证,只有排除合理怀疑的鉴定意见,才能作为刑事案件的确凿证据。

在民事诉讼中,作为证据的鉴定意见,包括对被请求认定为无民事行为能力或者限制民事行为能力的公民进行的鉴定,无论是申请人提供的鉴定意见,还是法院委托的鉴定人出具的鉴定意见,都不能成为当然的确凿证据,都应该经过法庭的公开质证,也只有在排除合理怀疑之后,才能作为确凿的证据,不能仅在必要时由受案法院单方面审查。[1] 法院审查的结论只有建立在审查经法庭公开质证并排除了合理怀疑情形的基础上才符合要求。

3. 证人与鉴定人的异同

虽然证人证言和鉴定意见都属于言词证据的范畴,但提供证言的证人与出具鉴定意见的鉴定人之间有着明显的不同。

首先,证人是知道案件情况的人,需要证人出面作证,是基于证人对案情的所见所闻,是出于证人对案件的知情;而出具鉴定意见的鉴定人,并不一定是案件的知情人,办理案件有时需要指派或聘请、委托鉴定人,是由于案情涉及需要以专门知识和技能通过使用专门的仪器和设备来分

---

〔1〕 参见《民事诉讼法》第199条。

析和说明的专门问题，而这类问题仅靠一般的常识和常理解释不了，案件涉及的这些专门问题需要由具有专门知识的专业人士对案情涉及的某一方面或某几方面的疑问出具鉴定意见。

其次，与证人提供的证言不同的是，在诉讼参与人对鉴定人意见提出异议的情形下，如果受案法院通知鉴定人出庭，鉴定人拒不出庭作证，则鉴定意见不得作为定案的根据。[1] 而证人则不同，在刑事诉讼中，由于证言是案件的知情人提供的，法律要求，经受案法院通知，证人没有正当理由不出庭作证的，除被告人的配偶、父母、子女以外，受案法院可以强制证人到庭；此外，如果证人没有正当理由拒绝出庭或者出庭后拒绝作证的，予以训诫，情节严重的，经院长批准，处以 10 日以下的拘留。[2]

在英美普通法国家，法官会以蔑视法庭罪，依法对不愿意出庭作证的证人处以短期监禁。例如，在英格兰和威尔士，在法院庭审刑事案件之前，检察官可以申请法院签发要求证人出庭的传票，经传唤后，如果证人还是不出庭作证，法院可以签发强制证人出庭的许可证，并据此逮捕证人，使证人出庭作证。[3] 法律的设计是如此，但在实际上，这种强制证人出庭的制度设计，其威慑意义大于实践价值。因为，在司法实践中，采取这种强制证人作证的情形很少。缘由是，与自愿出庭的证人相比较，被强制出庭的证人很难会发挥作为证人的应发挥的作用。因此，在司法实践中，法律上的要求是抽象的和一般的，而司法实践中遇到的案情是具体的和多样的，这就需要法官根据具体案情具体分析如何裁量，并作出符合法、理、情的裁决。这在涉及家暴方面的刑事案件时尤其明显，例如，在丈夫家暴妻子的案件中，家暴也许是相当严重的，但作为控告人的妻子在作证时的心理往往是复杂和矛盾的。这是由于，在出庭作证的时候，处于非

---

[1] 参见《刑事诉讼法》第 192 条第 3 款，《民事诉讼法》第 81 条。

[2] 参见《刑事诉讼法》第 193 条。

[3] 参见王晋、刘生荣主编：《英国刑事审判与检察制度》，中国方正出版社 1999 年版，第 62 ~ 63 页。

家暴环境下出庭作证的妻子很有可能会出于各种原因保持沉默，不愿继续作证。

提供证言的证人与出具鉴定意见的鉴定人的不同之处还在于是否应回避。法律规定，回避的规定除了适用于审判人员、检察人员、侦查人员、书记员和翻译人员之外，同样适用于鉴定人。[1]

法律之所以将需要回避的要求适用于鉴定人，是因为鉴定人是以自己的专业知识和技能来作证的，而专业知识和技能的运用也具有一定的主观属性，容易受外界因素影响，这与审判人员、检察人员、侦查人员、书记员和翻译人员是相同的。

提升公正司法的理念，需要将鉴定人也定位为“中立”的状态，因为运用专业的知识和技能出具鉴定意见同样需要不偏不倚的角色定位。对于提供证言的证人而言，由于是案情的见证人或知情人，虽然法律关于鉴定人回避的规定难以适用于证人，但基于公正司法的要求，在原则上，证人也应该与鉴定人一样，需要遵守法律关于不得接受当事人及其委托的人的请客送礼以及其他保障诚信作证的要求。

4. 勘验、检查笔录

(1)刑事诉讼中的勘验、检查笔录

在刑事诉讼中，与鉴定意见具有类似作用的证据，还有勘验笔录、检查笔录。之所以说勘验笔录、检查笔录与鉴定意见或鉴定意见类似，是因为它们都是由具有专门知识和技能的专业人士根据指派或聘请对案件涉及的专业疑难问题，凭借一定的仪器、工具等设备作出的专业记录、意见，勘验人、检查人与鉴定人类似，都具有专家证人的属性和特征。

在刑事诉讼中，勘验、检查属于侦查的范畴，侦查人员在勘验或者检查与犯罪有关的场所、物品、人身、尸体时，在必要的时候，可以指派或者聘请具有专门知识的人，在侦查人员的主持下进行勘验、检查；勘验、检查

[1] 参见《刑事诉讼法》第29条、第30条、第32条第1款，《民事诉讼法》第47条。

的情况应当写成笔录，由参加勘验、检查的人和见证人签名或者盖章。[1]此时，勘验人、检查人运用的是自己的专业知识和技能。

在刑事诉讼中，为查实案情，不仅侦查人员应当进行勘验、检查，在法庭审理过程中，合议庭对证据有疑问的，可以宣布休庭，以勘验、检查等方式对证据进行调查核实。[2]

与鉴定意见一样，公正的司法也要求勘验、检查的笔录，不能当然地成为证明案情的证据，也须在法庭上经受公开质证，与其他证据一样，只有被排除了合理的怀疑，勘验笔录、检查笔录才能作为用以证明案件事实的证据。这样做，不仅有关勘验人、检查人可能存在的是否公正勘验和检查的问题以及个体专业人士的专业水平和技能的问题，还在于任何专门知识都只是人们对专门问题的现有认知，是否完全符合事物的内在逻辑，还需要经过常理的推敲和质证并排除合理怀疑。这一点早已为从古至今的科学思想的发展历程和技术进步的实践路径所证实。人们只能趋近真理，但不可能穷尽真理和终结真理，在涉及人身自由甚至生命安全的案件，特别是刑事案件的审理中，任何专业人士的专业意见，都要经受法庭的质证，只有经过充分质证和辩论并排除了合理怀疑的专业意见、专业结论，才能成为公正司法意义上的确凿证据。为此，对勘验人、检查人未到庭的，作为证据的勘验笔录、检查笔录，法庭也应当庭宣读，公诉人、当事人和辩护人、诉讼代理人也应当有权质疑并要求质证。[3]

(2)民事诉讼中的勘验笔录、证明文书、公证证明

在民事诉讼中，对于需要核查的物证或者现场，有时也需要有专门知识和技能的人予以勘验，并将勘验情况和结果制作成由勘验人、当事人和被邀参加人签名或者盖章的勘验笔录。

---

〔1〕 参见《刑事诉讼法》第128条、第133条。

〔2〕 参见《刑事诉讼法》第196条。

〔3〕 参见《刑事诉讼法》第195条。

为保证勘验的透明和公正，勘验人在勘验时必须出示人民法院的证件，并邀请当地基层组织或者当事人所在单位派人参加；有关单位和个人根据人民法院的通知，负有保护现场、协助勘验工作的义务；在勘验时，当事人或者当事人的成年家属应当到场，如果当事人或者当事人的成年家属拒不到场的，不影响勘验的进行。[1] 作为证据的勘验笔录，须在法庭上宣读，对于有异议的勘验笔录，勘验人须出庭作证，并接受当事人的发问。

在民事诉讼中，与勘验笔录类似的，还有“有关单位和个人提出的证明文书”的问题。之所以说与勘验笔录类似，是由于应受案法院要求出具证明文书的单位和个人，也是基于其自身的职责、业务、专业等，对案件涉及的当事人的相关情况或与案件有关的疑点问题作出说明和解释，出具证明文书的单位和个人大体上也类似“专家证人”的角色。在民事审判中，受案法院有权向有关单位和个人调查取证；对有关单位和个人提出的证明文书，受案法院应当辨别真伪，审查确定其效力。[2]

这里需要探讨的问题是，受案法院在审查确定证明文书的效力时，是形式审查，还是既予以形式审查又进行实质审查？对此，法律未作明确规定。从字面理解，形式审查应该是肯定的，在形式审查之后，是否也需进行实质审查呢？公正的司法需要确凿的证据，如果对证明文书只进行形式审查，那么证明文书作为证明案件事实证据的确凿性是难以保证的，唯有在进行了形式审查之后再进一步进行实质上的审查，作为证明案件事实的证明文书的确凿性才有把握。

因此，法律应该明确，在审查确定证明文书的效力时，不应仅仅停留在辨别真伪这一步。对此，也许有人会问，由于证明文书涉及对单位和个人的内部事务，受案法院如何进行实质审查？答案是要相信人民群众（诉

〔1〕 参见《民事诉讼法》第 83 条第 1 款、第 2 款。

〔2〕 参见《民事诉讼法》第 70 条。

讼参与人),途径是在法庭宣读证明文书,让当事人进行质证,经过庭审质证的环节,如果排除了对证明文书的合理怀疑,就可以认定证明文书具备了确凿的证据本性,如果经不起质证,那证明文书就不能成为当然的确凿证据。如此,就可以符合“证据应当在法庭上出示,并由当事人互相质证”[1]的要求,也才能从程序上保障司法的公正。

在民事诉讼中,与勘验笔录、证明文书类似的还有“经过法定程序公证证明的法律事实和文书”的证明力问题。也许有人会问,“公证证明的法律事实和文书”是法定的,难道还用讨论吗?按照证据确凿和公正司法的高要求,答案应该是肯定的,公证证明的证明力问题当然需要讨论。应该与其他证据一样,只有经过在法庭上的公开质证,并排除了合理怀疑的“公证证明的法律事实和文书”,才具有公正司法意义上的当然证明力。这样论述,不仅是司法的内在逻辑的自然要求,还是我国法律的本意。依照规定:经过法定程序公证证明的法律事实和文书,受案法院应当作为认定事实的根据,但有相反证据足以推翻公证证明的除外。[2] 这里的“除外”规定,蕴含了允许对“公证证明的法律事实和文书”质证的法理。

5. 完善当事人关于申请通知新的证人到庭、申请重新鉴定或者勘验的诉讼权利

依据《刑事诉讼法》第 197 条第 1 款、第 2 款:在刑事诉讼中,为保障公正司法,在法庭审理过程中,当事人和辩护人、诉讼代理人除有权申请调取新的物证外,还享有申请通知新的证人到庭、申请重新鉴定或者勘验的诉讼权利;公诉人、当事人和辩护人、诉讼代理人可以申请法庭通知有专门知识的人出庭,就鉴定人作出的鉴定意见提出意见。《刑事诉讼法》第 197 条第 3 款规定,法庭对于上述申请,应当作出是否同意的决定。在民事诉讼中,法律同样赋予当事人在法庭上可以提出新的证据的权利;当

---

〔1〕《民事诉讼法》第 71 条第 1 句。
〔2〕参见《民事诉讼法》第 72 条。

事人要求重新进行调查、鉴定或者勘验的，由受案法院决定是否准许。[1]依据《民事诉讼法》第 82 条的规定，当事人可以申请人民法院通知有专门知识的人出庭，就鉴定人作出的鉴定意见或者专业问题提出意见。

也就是说，对当事人等申请通知新的证人到庭、申请重新鉴定或者勘验等诉讼权利的实现，现行法律设置了审理案件的法庭"是否同意"或"是否准许"的限定。应当说，法律设置这样的限定，对于维持法庭秩序、保证审判顺畅进行，是有必要的，因此，应该探讨的地方不在这一点上。

需要探讨的是，对于当事人等提出的通知新的证人到庭、申请重新鉴定或者勘验等的申请权，法庭在作出是否同意或准许的决定时，到底需不需要对法庭的决定权也设置必要的条件？众所周知，保障上述诉讼参与人依法享有的诉讼权利的充分实现，是公正司法的前提和支撑。曾有学者认为，从西欧的诉讼实践来看，"19 世纪以前，人们认为当时的法官并不值得信任"，"法定证据原则"形成和制定的初衷和目的，就是为了"制约法官在审判时的自由裁量"[2]。因此，为提升司法理念、实现公正司法，需要对法庭是否同意或准许当事人、辩护人、诉讼代理人等提出的通知新的证人到庭、申请重新鉴定或者勘验等的申请权，设置明确的和必要的条件，例如，申请事项是否与案件有关联，是否具有充分和合理的依据，只有所提的申请与案件无关联、没有充分与合理的依据时，法庭才能作出不同意或不准许的决定，而不是无论提出的申请是否具备上述条件，一概由法庭自由裁量。

受到合理的法定条件限制的司法权，才是公正司法意义上的司法权。这样讲的意义，不仅充分保障当事人等的诉讼权利，还体现了司法的内在逻辑。公正司法的前提是查实案情，而由于"案发"和"查案"往往存在着

---

〔1〕 参见《民事诉讼法》第 142 条第 1 款、第 3 款。

〔2〕 [日]谷口安平：《程序的正义与诉讼》，王亚新、刘荣军译，中国政法大学出版社 1996 年版，第 231 页。

时间差，完全复原本来的案情，特别需要案件的当事者进行质证，通过对证人证言、鉴定意见以及其他证据的充分争论和质证，案件的原本就会逐渐明晰和确定。诉讼结构被设计成由审判人员、原告与被告双方或控告与被告双方的格局，正是为了通过对立和对抗，循着理越辩越明、事越辩越清的常理和常识，来尽量呈现案件的本来面貌。因此，如果当事人等在涉及证据方面的诉讼权利行使不畅，案件的真实就难以最大限度地呈现。

实际上，我国现行法律关于启动民事再审的规定已经包含了这样的法理。依照规定，对审理案件需要的主要证据，当事人因客观原因不能自行收集，书面申请法院调查收集，法院未调查收集的，如果当事人以此为理由申请再审，人民法院应当再审。[1]

因此，当事人申请重新进行调查、鉴定或者勘验，只要具有合理的依据，法院就应该准许；只有那些毫无合理性的申请，法院才能决定不准许。只要经过充分的陈述和辩论，一个具有正常理智和本真良心的人，凭照常理和常识，是能够判断出一个申请是否具有合理性的。之所以在严格遵守证据规则和法定限制的前提下，赋予法官一定的自由裁量权为当今世界各国司法之通则，基础和道理就在这里。

[1] 参见《民事诉讼法》第211条。

第六章　协商性司法的种类与程序

一、协商性司法

(一)具有协商司法属性的司法外调解

1. 司法外调解解决纠纷的时代特点

历史上,司法外调解在解决邻里之间的纠纷中发挥了很大的作用。司法外调解之所以能发挥化解纷争的作用,是因为邻里之间比较熟悉,熟人之间往往存在互帮互助的关系和基本趋同的价值取向。在这种情况下,邻里之间发生争执后,由具有较高声望和较大权威的人主持及调和,当事人考虑到在将来的日常交往中还需继续维持和善互助的友好关系,一般很容易实现互谅互让并达成解决纷争的协议,从而便捷简易地解决纠纷。这就是调解可以作为解决纠纷的底蕴所在。因此,邻里纠纷之外,家事纠纷也是比较适合通过调解来化解的。

然而,随着时代的变迁,司法外调解作为解决纠纷的途径和方式也面临新的挑战。现如今,不仅邻里之间互不相识的越来越多,而且,历史上几代同堂式的“大家庭”已为“小家”所取代,婚姻家庭观念的变化以及由此带来的婚姻家庭关系的“巨变”,使原有的情缘和趋同的价值倾向发生了极大的变化。传统的司法外调解所具有的天然底蕴也已松动,以致出现了虽经调解达成协议却不履行协议的现象。

不履行调解协议的情形说明,虽然这类调解是成功的,但效果是大打折扣的。此类调解既浪费参与调解的人的时间和精力,又可能会因为“久调不决”而恶化双方当事人之间的关系。所有这些,都在一定程度上减损了司法外调解应有的功能和正当性。因此,如果经过调解达成协议后,一方不自愿履行,还需要再行向法院起诉解决的话,那就只能说此类纷争本来就不适合以司法外调解的方式来解决。只有在当事人自愿履行调解协议的情形下,才能实现司法外调解应有的不伤和气、快捷省力地化解矛盾纠纷的功能和价值。因而,调解功能和价值的实现,前提是当事人,特别是承担义务的一方,必须心甘情愿地接受调解的结果、履行调解协议议定的义务。正如华东政法大学教授龚汝富在一篇文章中指出的那样:“调解本身也许并不能完全解决问题,调解方案的执行才是关键。”〔1〕

总之,自20世纪80年代后期以来,随着社会的快速变革及人员的频繁流动,利益已经多元、观念已经变化,传统的熟人社会基本上已不再是原来的模式,通过朴素的传统调解解决一些纠纷的时代背景已经变迁,传统的纠纷调解模式也面临新的挑战。华东政法大学教授龚汝富在分析如何借鉴中国传统社会治理经验蕴含的丰富智慧时曾指出:“古代人们对待诉讼的态度,就与当时的生产生活条件相关,有其合理性。”〔2〕这一研究

〔1〕 龚汝富:《整合资源 息讼止争 传统民间纠纷调解蕴含丰富智慧》,载《人民日报》2017年2月13日,第16版。

〔2〕 龚汝富:《整合资源 息讼止争 传统民间纠纷调解蕴含丰富智慧》,载《人民日报》2017年2月13日,第16版。

结论是值得我们在思考和借鉴中国传统民事纠纷调解机制中的一些有益做法时予以特别重视的。因此,如果不顾时代的变迁,过分地强调司法外调解在解决纠纷中的作用,就有可能出现调解虽然“成功”了,但实际履行调解协议时又不“自愿”的尴尬局面。

2. 如何更有效地发挥司法外调解的作用

当前,我国还是处于社会转型期,特别是随着改革进入攻坚期和深水区,涉及深层次矛盾和重大利益调整,社会矛盾明显增多,社会纠纷也日趋多样复杂,大量纠纷涌入法院,“案多人少”的矛盾已经越来越突出。

在深入推进多元化纠纷解决机制改革的同时,如何充分发挥司法外调解及时有效地化解各类纠纷,已是一个现实的问题。以 2005 年和 2015 年人民法院受理案件量为例,2015 年,全国各级人民法院共受理案件 1951 余万件,而在 2005 年,人民法院受理的案件只有 784 万件。[1] 为缓解案件日益增多的压力,各地结合新的时代特点,就如何更好地发挥司法外调解在化解矛盾纠纷中的作用做了不少有益的探索和实践。

2007 年 3 月,甘肃省定西市法院系统开始实行人民调解协议的诉前“司法确认”的做法,既充分发挥了人民调解的独特作用,又确保了人民调解的司法效力和法律权威,后被 2009 年 7 月 24 日最高人民法院印发的《关于建立健全诉讼与非诉讼相衔接的矛盾纠纷解决机制的若干意见》所认可,并推行于全国。2010 年 8 月 28 日,十一届全国人大常委会审议通过的《人民调解法》对此也明文予以确认:经人民调解委员会调解达成调解协议后,双方当事人认为有必要的,可以自调解协议生效之日起 30 日内共同向人民法院申请司法确认,人民法院应当及时对调解协议进行审查,依法确认调解协议的效力。人民法院依法确认调解协议有效,一

[1] 参见《关于〈关于人民法院进一步深化多元化纠纷解决机制改革的若干意见〉及〈人民法院特邀调解规定〉的新闻发布会》,载中国法院网,https://www.chinacourt.org/chat/chat/2016/06/id/44827.shtml。

方当事人拒绝履行或者未全部履行的,对方当事人可以向人民法院申请强制执行。人民法院依法确认调解协议无效的,当事人可以通过人民调解方式变更原调解协议或者达成新的调解协议,也可以向人民法院提起诉讼。2012 年 8 月 31 日,全国人民代表大会常务委员会通过,自 2013 年 1 月 1 日起施行的《关于修改〈中华人民共和国民事诉讼法〉的决定》也专门增加了“确认调解协议案件”的程序,作为民事诉讼法第十五章的“第六节”〔1〕,并明文规定:申请司法确认调解协议,由双方当事人依照人民调解法等法律,自调解协议生效之日起 30 日内,共同向调解组织所在地基层人民法院提出。人民法院受理申请后,经审查,符合法律规定的,裁定调解协议有效,一方当事人拒绝履行或者未全部履行的,对方当事人可以向人民法院申请执行;不符合法律规定的,裁定驳回申请,当事人可以通过调解方式变更原调解协议或者达成新的调解协议,也可以向人民法院提起诉讼。〔2〕

人民调解是由依法设立的调解民间纠纷的群众性组织——人民调解委员会通过说服、疏导等方法,促使当事人在平等协商基础上自愿达成调解协议,解决民间纠纷的活动。〔3〕经过司法确认程序,经人民调解委员会达成的调解协议便纳入了司法的程序,附着了司法的属性。这种“民间调解 + 司法确认”解决当事人争议的方法,即构成了一种特殊的协商司法的模式:协商在先,协商一致是基础;司法在后,司法确认是对当事人“协商一致”的司法审查和司法裁定。这种模式无疑充分地彰显了“协商司法”应当具有的及时有效化解纷争的功能。

3.“调解 + 司法”的新探索

近些年,医患纠纷已经引起了全社会的关注和思考。2008 年 3 月,

〔1〕 2023 年修正后的《民事诉讼法》第十五章第七节。
〔2〕 参见 2012 年《民事诉讼法》第 194 条、第 195 条。
〔3〕 参见《人民调解法》(2010 年 8 月 28 日通过)第 2 条、第 7 条、第 9 条、第 13 条。

江苏省南通市率先组建了南通市医患纠纷调处中心，建立了近百位国内医学专家组成的咨询委员会，发生医患纠纷后，当事双方可随机选择专家进行事故鉴定，实行“医责险 + 人民调解”、民警驻院、分级调处、统一支付，确保患者家属第一时间拿到理赔款项，以有效避免群体性事件的发生。[1] 2011 年 9 月 27 ~ 28 日，笔者在南通市参加以“社会管理创新与法治保障”为主题的“2011 年法治江苏建设高层论坛”期间[2]，还曾应邀到南通市医患纠纷调处中心实地了解考察。南通市这种立足人民调解的基础，引入医学专家参与、保险理赔跟进的做法，抓住了化解医患纠纷需注意的医学专业和及时赔付这两个关键，思路和理念是值得重视的。2015 年 12 月 1 日，在全市压缩机构编制的大背景下，南通市机构编制委员会办公室批准市司法局设立医患纠纷人民调解指导处，为局机关内设机构，正科级建制。南通市机构编制委员会办公室的这种做法，既是呼应医患纠纷增多的现实，又是对当地这些年运用人民调解会同医学专家、保险理赔专业人员有效化解医患矛盾、就地解决医患纠纷工作模式的认同和支持。

为应对不断增多的理财纠纷，上海探索推进的银行调解与司法确认“对接”的做法也引人注目。2016 年 5 月 10 日，原上海银监局与上海市高级人民法院签署了《关于建立银行业纠纷诉调对接工作机制的合作备忘录》，明确上海银行业纠纷调解中心作为行业调解组织可以依法对银行业纠纷进行调解，上海市高级人民法院和原上海银监局对调解工作进行指导和监督，调解协议可申请人民法院司法确认。同时，上海市高级人民法院和原上海银监局、上海市银行业纠纷调解中心建立沟通联系和信息共享工作机制，通过发布典型案例等方式引导金融客户依法维权。

---

〔1〕 参见周斌：《陈斌：南通重大医患纠纷调解“零反悔”》，载新浪网，https://news.sina.com.cn/o/2011-06-24/115522699059.shtml。

〔2〕 参见丁国锋：《共商创新社会管理　共谋深化法治江苏》，载新浪网，https://news.sina.com.cn/o/2011-09-28/075123229121.shtml。

经过两年多的实践，到 2018 年，上海市银行业纠纷调解中心已经陆续与上海市一中院、二中院、上海金融法院以及其他各区基层人民法院也都建立起了“诉调对接”的工作机制。根据该机制，上海市银行业纠纷调解中心出具的调解协议可以申请法院进行司法确认，受案法院也可经当事人同意将争议案件委托、委派上海市银行业纠纷调解中心进行调解。[1] 行业调解与司法审查实现对接，既赋予了有可能难以履行的调解协议以司法的效力，又辅助法院有序分流了一些涉诉纠纷，一定程度上缓解了法院“案多人少”的现状。

4. “调解 + 司法”确认的模式具有协商司法的属性

上述甘肃省定西市、江苏省南通市、上海市等地对新时期如何更有效地发挥人民调解作用的探索应该说是非常有益的。这些探索中所蕴含的时代特点就是，解决新时期的民间纠纷，既要发挥传统的人民调解员的作用，也要依托专业人士的权威判断，还要辅之以国家公权力的支撑（甘肃和上海以人民法院的司法权威来支撑，江苏是以公安民警的权威来辅助）。这些在新时期为人民调解注入法治内核和专业支撑的探索性实验，对于进一步提升人民调解在有效化解矛盾、就地解决纠纷方面所体现出来的开拓性的实践价值和理论意义，完全符合新时期“要自觉提高运用法治思维和法治方式深化改革、推动发展、化解矛盾、维护稳定能力”[2] 的要求。

甘肃省定西市、江苏省南通市和上海市探索的最大价值，就在于把民间的优势、人民调解员及各专业的专家型调解员的力量和智慧与司法机关的权威有机地融合在了一起。这种就地解决矛盾、在基层化解纠纷的生命力就在于其既符合民意情理也合乎专业特点和法治精神。

---

〔1〕 参见《持续探索“诉调对接”上海模式——全覆盖、多特色、出实效》，载搜狐网 2018 年 12 月 20 日，https://www.sohu.com/a/283410454_806840。

〔2〕《中共中央关于全面推进依法治国若干重大问题的决定》，人民出版社 2014 年版，第 36 页。

为适应新时期矛盾纠纷多样复杂的特点，2016 年 6 月，最高人民法院制定了《关于人民法院进一步深化多元化纠纷解决机制改革的若干意见》及《关于人民法院特邀调解的规定》，从整合社会解纷资源、拓展纠纷解决渠道、促进人民群众参与司法的制度性安排等方面，为进一步完善诉讼与非诉讼相衔接的纠纷解决机制、降低纠纷解决成本、满足当事人多元解纷需求，提供了规范性的支撑。

按照最高人民法院的上述规定，人民法院建立特邀调解组织、特邀调解员名册制度。特邀调解组织、特邀调解员在人民法院立案前接受法院委派或者在人民法院立案后接受法院委托，依法开展调解活动，并尽力促使发生纠纷的当事人在自愿平等基础上，通过协商达成化解矛盾纠纷的调解协议。委派调解达成调解协议，特邀调解员应当将调解协议送达双方当事人，并提交人民法院备案；当事人也可向法院申请司法确认。通过法院委托调解达成的调解协议，由法院审查并制作调解书结案。以此推论，最高人民法院关于特邀调解的规范性安排，要求达成的调解协议提交法院备案或由争议双方当事人向法院申请司法确认的制度设计，也是以法院所固有的司法权威为支撑的。[1] 这同样是协商解决争议在先，司法审查在后，总体上属于"协商司法"的性质。

(二)具有协商司法属性的商事仲裁

1. 仲裁源于商事纠纷的解决

与司法外调解一样，商事纠纷的仲裁也具有协商司法的属性。

在我国，"到了近代，随着商业发展与商会组织的扩大，商会公断处成为解决商事纠纷的重要渠道。从上海、天津、苏州等商会档案中可以看

---

〔1〕 参见《关于〈关于人民法院进一步深化多元化纠纷解决机制改革的若干意见〉及〈人民法院特邀调解规定〉的新闻发布会》，载中国法院网，https://www.chinacourt.org/chat/chat/2016/06/id/44827.shtml。

到，商会公断处所处理的商事纠纷，分解了近代城市司法机构相当大的诉讼量”[1]。这种商会公断处，既类似于传统的民间调解，又具有专业性、快捷性的优势，是一种近乎后来渐趋成熟的“仲裁”的新的解决商业纷争的形式。

在西欧历史上，仲裁很早就在解决商人之间发生的纠纷时发挥作用了。其中除了专业性和快捷性之外，也有那时的国家司法审判功能不完备的原因。[2] 后来，涉及经济活动的争议，商人一般选择通过仲裁来尽快地决断发生的争执。

在国际贸易、国际投资、国际货物运输等国际商事合同中，一般都有专门的关于采用仲裁解决争议的条款。选择仲裁解决商事纠纷，除了因为仲裁员的专业性和相比于司法的快捷性外，还因为商业交易的各种关系人一般会有趋同的商事经验、交易知识和大致相同的价值追求，并具备达成选任具有业务专长和专业权威的仲裁机构及其仲裁员的共识。因此，选择仲裁既可实现专业、快捷地解决争议，又不妨碍将来可能继续开展的业务合作和商业往来。

作为最适合用来解决商事纠纷的仲裁，还具有一裁终局的特性，有助于防止一方当事人以拖延时间的方式暂缓履行自己应尽的义务。因为拖延的方式与商机随时变化的市场特点不相符合，不利于基于正常市场规律的商业交往。仲裁实行一裁终局，裁决作出后，当事人不得就同一纠纷再申请仲裁或者向法院起诉。从这一意义上来讲，一裁终局，类似于法院一审终审不再上诉的审判，尽管在解决商业纠纷的过程中，消耗掉了珍贵的时间和精力，但相较于允许上诉的诉讼程序而言，仲裁解决纠纷的时效性和快捷性是市场主体特别需要的。我国《仲裁法》也对“及时地仲裁经

---

〔1〕 龚汝富：《整合资源 息讼止争 传统民间纠纷调解蕴含丰富智慧》，载《人民日报》2017年2月13日，第16版。

〔2〕 参见[日]谷口安平：《程序的正义与诉讼》，王亚新、刘荣军译，中国政法大学出版社1996年版，第300～301页。

济纠纷”作出明确规定,明确“裁决书自作出之日起发生法律效力”。[1]

与调解一样,仲裁也需要双方当事人具备同意仲裁、选任仲裁员的一些共同的基础。仲裁的专业性是由法律对仲裁员的专业要求来保障的。在我国,仲裁委员会的主任、副主任和委员由法律、经济贸易专家和有实际工作经验的人员担任。仲裁委员会的组成人员中,法律、经济贸易专家不得少于2/3。仲裁员由仲裁委员会从公道正派的专业人员中聘任,被聘任为仲裁员的专业人员,还须具备法律规定的担任仲裁员的专业条件和专业资历,包括:通过国家统一法律职业资格考试取得法律职业资格,从事仲裁工作满8年;从事律师工作满8年;曾任法官满8年;从事法律研究、教学工作并具有高级职称;具有法律知识、从事经济贸易等专业工作并具有高级职称或者具有同等专业水平等。涉外仲裁委员会还可以从具有法律、经济贸易、科学技术等专门知识的外籍人士中聘任仲裁员。[2]如此,仲裁员的专业专长和价值基准基本上契合双方当事人的业务专长和价值基准,仲裁员与双方当事人对业务的知识和把握的原则和方向趋近,起码不是差距太大,这就具备了专业和快捷地裁决纠纷的基础。

仲裁之所以最适宜于解决商事纠纷,除了上述的专业性、及时性之外,还在于仲裁的私密性。仲裁原则上不公开进行,除仲裁事项涉及国家秘密的外,只有当事人协议公开的,才可以公开进行。[3] 这一特性正适合市场竞争环境下商事纠纷的处理。选择仲裁,既可以由专业的人处理专业的事,也可避免因为一场纠纷,把当事人的经营状况、涉纠纷事项闹得天下皆知。这不仅有助于维护当事人的商誉和品牌,也可避免潜在的商业机会和商业优势的损失。因而,就这一意义而言,由于纠纷的当事人多会有持续的商业往来的需要,选择以仲裁的方式尽量快速地解决发生

〔1〕 参见《仲裁法》(1994年8月31日通过,2017年9月1日第2次修正)第1条、第57条。

〔2〕 参见《仲裁法》第12~13条、第67条。

〔3〕 参见《仲裁法》第40条。

的纠纷,就有了可能接受仲裁裁决并自觉履行的商业基础和无形约束。

2. 仲裁解决纠纷的协商性

通过仲裁来解决商事纠纷的前提,是纠纷双方当事人的合意。对将来可能发生的商事纠纷,或者是对已经发生了的商事纠纷,双方都愿意选择对自己的业务比较有专长的仲裁员来裁决,以期客观公正和迅速地了结纷争。这种都愿意选择仲裁解决商事争议的合意,是协商的结果,是合作的基础。

仲裁解决纠纷的协商性,首先在于是否选择仲裁解决商事争议完全取决于双方当事人是否协商一致。“当事人采用仲裁方式解决纠纷,应当双方自愿,达成仲裁协议。没有仲裁协议,一方申请仲裁的,仲裁委员会不予受理。”当事人为采用仲裁方式解决纠纷达成的“仲裁协议”,既包括“合同中订立的仲裁条款”,也包括“以其他书面方式在纠纷发生前或者纠纷发生后达成的请求仲裁的协议”。[1] 其次在于选择哪一仲裁机构来裁决纷争也取决于当事人双方的协商一致。与司法管辖不同,仲裁不实行级别管辖、也不实行地域管辖,由哪一仲裁委员会裁决纠纷,完全由当事人协议选定;不仅如此,在双方当事人选定了仲裁委员会后,究竟由该选定的仲裁委员会的哪些仲裁员来审理和裁决,也首先由当事人选择。法律要求每个仲裁委员会,要按照不同专业设仲裁员名册,以供当事人选择。依照规定,仲裁庭可以由 3 名仲裁员或者 1 名仲裁员组成,仲裁庭是由 3 名仲裁员组成还是由 1 名仲裁员独任仲裁,也由当事人协商约定。如果当事人协商约定由 3 名仲裁员组成仲裁庭的,应当各自选定或者各自委托仲裁委员会主任指定 1 名仲裁员,第三名仲裁员由当事人共同选定或者共同委托仲裁委员会主任指定;如果当事人约定由 1 名仲裁员独任仲裁,也要共同选定或者共同委托仲裁委员会主任指定仲裁员;只有当事人没有在仲裁规则规定的期限内约定仲裁庭的组成方式或者选定仲裁

[1] 参见《仲裁法》第 4 条、第 16 条。

员的,由仲裁委员会主任指定负责审理和裁决的仲裁员。[1]

仲裁的协商性,还体现在以下几方面:一是仲裁裁决被人民法院依法裁定撤销或者不予执行的,当事人就该纠纷还可以根据双方重新达成的仲裁协议申请仲裁;二是虽然仲裁应当开庭进行,但当事人协议不开庭的,仲裁庭也可以根据仲裁申请书、答辩书以及其他材料作出裁决,而且,仲裁是否公开进行,除涉及国家秘密的以外,法律也赋予当事人可以协议公开进行的权利;三是当事人协议不愿在裁决书中写明争议事实和裁决理由的,可以不写。[2]

为了保障当事人协商选择以仲裁方式解决争议的法律效力,法律明确"仲裁协议"一旦达成,即具有相对独立的法律效力,不受"合同的变更、解除、终止或者无效"的影响,即使是包含在合同内的"仲裁条款"也是"独立"于"合同"的,除非仲裁协议具有法定无效的情形。因此,当事人达成仲裁协议,一方当事人向法院起诉的,除仲裁协议无效的外,法院不予受理;相反,如果双方当事人协商不成、未能达成仲裁协议,争执的一方当事人申请任一仲裁委员会仲裁的,该仲裁委员会也依法不予受理。[3]

3. 仲裁具有协商司法的属性

由上可知,仲裁解决具有协商基础上的司法属性。之所以这样讲,是基于以下几点。

一是当事人对仲裁协议的有效性发生争议时,需提交司法审查和决断。当事人对仲裁协议的效力有异议的,一方请求仲裁委员会作出决定,另一方请求有管辖权的法院作出裁定的,由受案法院裁定。对约定的仲裁事项超出法律规定的仲裁范围的仲裁协议,对一方采取胁迫手段、迫使

---

〔1〕 参见《仲裁法》第6条、第13条、第30~32条。

〔2〕 参见《仲裁法》第9条、第39~40条、第54条。

〔3〕 参见《仲裁法》第4~5条、第17~19条。

对方订立的仲裁协议，以及对仲裁事项或者仲裁委员会没有约定或者约定不明确、而当事人又达不成补充协议的仲裁协议，受案法院有权依法认定为无效。[1]

二是对仲裁裁决本身的司法审查。对仲裁裁决事项的司法审查，是建立在仲裁应当根据事实、依照法律公平合理地解决纠纷的原则基础上的。鉴于此，尽管当事人把双方纠纷的裁决权"交给"了仲裁庭，但仲裁员的权限也是在事实基础上，对裁决事项在合法合理的前提下作出裁决，任何违背法律和情理的裁决都是得不到当事人认同的，也不会得到司法的支持。如果当事人向有管辖权的法院申请撤销裁决，法院审查并核实有任一法定可撤销的情形的，就可依法裁定撤销仲裁庭作出的裁决。[2]

三是当涉及需要保全财产或证据的情形时需要司法的审查和支持。一方当事人因另一方当事人的行为或者其他原因、可能使裁决不能执行或者难以执行的，或者是遇有证据可能灭失或者以后难以取得的情形，当事人在申请财产保全时，仲裁委员会本身没有权力实施保全财产或保全证据的措施，只能依照法律的有关规定将当事人的申请提交有管辖权的法院审查确定。[3]

四是有效的裁决得不到执行时需要司法的支持。照理，选择仲裁解决争议是当事人自主自愿的行为，仲裁庭作出裁决时，当事人应当自觉地履行裁决。与司法外的调解一样，只有在双方协商选定的仲裁机构作出仲裁裁决后，不依靠司法的强制就能实现当事人自愿履行仲裁裁决的案件，才最终能体现仲裁解决纷争的专业性和快捷性的特殊价值。但实践是多样的，在选择仲裁、仲裁庭作出裁决后，一方当事人不履行仲裁裁决的情形也不是罕见的。因此，另一方当事人唯有依照民事诉讼法的有关

---

[1] 参见《仲裁法》第 12 条、第 17 ~ 18 条。
[2] 参见《仲裁法》第 7 条、第 58 条、第 70 条。
[3] 参见《仲裁法》第 28 条、第 46 条、第 68 条。

规定向有管辖权的法院申请执行，由接受申请的法院依法予以强制执行；如果被申请人不执行仲裁裁决，是由于有证据证明裁决有民事诉讼法规定的法定情形，也得经受理的法院依法审查核实并裁定不予执行才可。[1] 与司法外的调解一样，如果经过仲裁作出裁决的案件的一方当事人，最终到了不申请法院强制执行、仲裁裁决就不能实现其效力，那必须说，这样的纷争本来就不适合通过仲裁的方式来解决。强制执行仲裁裁决的程序属于法定的执行程序，走到这一步，既耗费当事人的时间和钱财，又破坏了当事人达成协商仲裁时具有的友好关系，如果事已至此，到了一方不愿意履行仲裁裁决的境地，司法的兜底和保障就是不可避免的，仲裁也因此被附上了司法的属性。

二、司法中的调解

（一）司法中的调解当然属于司法的范畴

1. 司法中的调解是进入诉讼程序的调解

诉讼法规定的调解，是已经进入诉讼程序的案件的调解，属于司法程序内的调解，或者称作司法中的调解。司法中的调解属于司法的范畴，由司法人员主持，既可以由"审判员一人"主持，也可以由"合议庭"主持；法院根据达成的调解协议制作的调解书，要由审判人员、书记员署名，并加盖人民法院的印章。[2]

进入司法程序的案件，有两种结案方式：一种是审理后通过司法判决结案，另一种是审理中或审理后通过调解结案。通过这两种方式结案的结果，分别体现在法院的判决书和调解书中。法院的判决书、调解书，都

---

〔1〕 参见《仲裁法》第 62 ~ 64 条、第 71 条。

〔2〕 参见《民事诉讼法》第 97 条、第 100 条。

是具有法律效力的司法文书,当事人都有履行的法律义务,一方不履行的,对方有向法院申请强制执行的权利。

依照民事诉讼法的规定,“人民法院审理民事案件,应当根据自愿和合法的原则进行调解;调解不成的,应当及时判决”[1]。此一规定确立的司法原则是,先行调解,调解不成的,要及时判决。需要说明的是,法院“根据自愿和合法的原则”进行的调解,首先包含了“以事实为根据,以法律为准绳”的要求。之所以这样讲,是因为司法中的调解也属于司法的范畴,只有立足于“以事实为根据”和“以法律为准绳”原则之上的调解,才符合司法中的调解的本意。法律之所以要求人民法院审理民事案件,要“在事实清楚的基础上,分清是非,进行调解”,其缘由就在于司法中的调解也是司法的范畴。因此,司法中通过调解达成的协议,内容不得违反法律规定;人民法院根据调解达成的协议制作的调解书,不仅要写明调解结果,还应当写明诉讼请求和案件的事实。[2]

司法中的调解在诉讼程序中的适用,有着明显的灵活性。之所以这样讲,是由于司法中的调解,既可以在开庭审判前进行,也可以在法庭辩论终结、判决前进行。人民法院受理的案件,如果开庭前可以调解,也可先行采取调解的方式,以尽可能及时地解决纠纷;开庭前不适宜调解的,开庭审理、法庭辩论终结,在判决前能够调解的,还可以进行调解,调解不成的,依法及时判决。司法中的调解在诉讼程序中适用的灵活性,不仅在于人民法院进行调解可以邀请有关单位和个人协助,被邀请的单位和个人应当协助人民法院进行调解,还在于司法中的调解既可以在第一审程序中进行,也可以在第二审程序中进行。第二审人民法院审理上诉案件,可以进行调解;调解达成协议,应当制作调解书,由审判人员、书记员署

---

[1] 《民事诉讼法》第 9 条。

[2] 参见《民事诉讼法》第 96 条、第 99 ~ 100 条。

名,加盖人民法院印章;调解书送达后,原审人民法院的判决即视为撤销。[1]

2. 调解书是具有法律效力的司法文书

在民事诉讼中,除已经发生法律效力的解除婚姻关系的调解书不允许当事人申请再审外,对其他已经发生法律效力的调解书,提出证据证明调解违反了自愿原则或者调解协议的内容违反了法律的,当事人申请再审,受案法院审查属实的,还须再审。此外,与具备法定抗诉情形的、已经发生法律效力的判决书、裁定书一样,检察机关对发现的、有损害国家利益、社会公共利益的调解书,也要履行法定的检察职责,以维护法律的尊严和司法的公正。[2]

在行政诉讼中,尽管法院审理行政案件不适用调解,但对涉及行政赔偿、补偿以及行政机关行使法律、法规规定的自由裁量权的案件,法律允许法院在遵循自愿、合法原则的基础上,在不损害国家利益、社会公共利益和他人合法权益的前提下可以调解。[3] 在行政诉讼中达成的调解协议产生法律效力后,如果各级人民法院院长发现本级法院的调解违反自愿原则或者调解书内容违法,认为需要再审的,应当提交审判委员会讨论决定;最高人民法院发现地方各级人民法院的调解违反自愿原则或者调解书内容违法的,或者上级人民法院发现下级人民法院的调解违反自愿原则或者调解书内容违法的,都有权提审或者指令下级人民法院再审。此外,最高人民检察院发现各级人民法院已经发生法律效力的调解书损害国家利益、社会公共利益的,或者是上级人民检察院发现下级人民法院已经发生法律效力的调解书损害国家利益、社会公共利益的,都要依法履行抗诉的职责;地方各级人民检察院发现同级人民法院已经发生法律效

[1] 参见《民事诉讼法》第179条。
[2] 参见《民事诉讼法》第219条。
[3] 参见《行政诉讼法》第60条。

力的调解书损害国家利益、社会公共利益的,可以向同级人民法院提出检察建议、并报上级人民检察院备案,也可以提请上级人民检察院向同级人民法院提出抗诉。[1]

3. 司法中的调解尊重当事人的自主处分权

当事人有权在法律规定的范围内处分自己的民事权利和诉讼权利,是司法中调解的前提;审理案件的法官对案件进行调解的前提,是当事人的自愿。因此,通过调解达成的协议,必须是双方当事人自愿,司法人员不得强迫。不仅如此,当法院将根据达成的调解协议制作的调解书送达双方当事人时,当事人还有自主决定是否接受的权利。而且,调解书只有经当事人签收后,才具有法律效力,除非那些法律规定"可以不制作调解书"的调解协议。对法律规定不需要制作调解书的协议,记入笔录并由双方当事人、审判人员、书记员签名或者盖章后,即具有法律效力。可见,当事人的自愿,始终是司法人员与争执的双方当事人协商处理纠纷的基础。因此,对当事人起诉到人民法院的纠纷,如果当事人拒绝调解,司法中的调解就不能进行,只能通过审判解决纠纷。[2]

因此,在诉讼中,既需要调整"当事人之间对抗对立关系"的理念,也需要树立诉讼整体上协商协同的理念。之所以提出这一观点,是因为单纯地将当事人之间的关系视作"对抗和对立"的关系,仅仅是从双方当事人的角度来定位的。从争执的双方当事人的视角看,他们之间的争执确实是"对抗和对立"的关系,传统诉讼理念的合理性正是在于此。但是,一旦进入诉讼的程序,争执双方当事人"对抗和对立"的关系就不仅是他们双方的事了,而是变成了在司法人员主导下的摆事实、凭证据、讲道理、论法律的关系了,此时,争执双方当事人的"对抗和对立"已经转换为在法律语境和诉讼轨道上的"对话和协同"。而这种"对话和协同"是由掌

---

〔1〕 参见《行政诉讼法》第 92 ~ 93 条。
〔2〕 参见《民事诉讼法》第 13 条、第 96 ~ 102 条、第 125 条。

握国家公权力的司法人员所依法主导和约束的，本真事实状态上的“对抗和对立”转换成了法律程序内的“对话和协同”，争执双方当事人的“两边关系”变成了由争执的双方当事人＋司法人员的“三边关系”。诉讼关系的这一特点，使当事人依法享有的自主处分权、司法人员享有的依法裁判权结合起来。

争执的双方当事人不愿协商或协商不成，作为国家公权力的司法权，即“刚性”发力、依法裁决；争执的双方当事人在司法人员主持下愿意协商并协商成功，作为国家公权力的司法权，就依法予以认可、并据此制作调解书，双方当事人的争执便“柔性”结案。

（二）司法中调解的实践基础

1. 司法中的法理与常识常理

“马锡五审判方式”源自我国司法实践，其中所蕴含的将群众意见、当地风情和法律精神有机融合的精髓反映了司法的本质和规律，体现了司法案件应实现的法理情的融合统一。“枫桥经验”的本质是坚持专门机关与群众路线相结合，充分发挥当地群众在治安管理中的积极作用。“马锡五审判方式”和“枫桥经验”所呈现出来的法理与案件涉及的常识常理相统一的鲜明特点，实际上体现了“司法中有协商、协商里助司法”的人民司法的精神。

在国际上，一些国家采用陪审团审判、大陪审团决定是否继续起诉的司法方式，实际上也是将参加司法的“普通人”的意见和情理与法官、检察官的专业意见相结合的方式，也同样蕴含协商司法的精神。在陪审团审判中，一般由12个随机遴选的“普通人”裁决案件的事实，而由法官据此作出判决。大陪审团决定起诉的做法，一般也是由随机遴选出的23个“普通人”决定是否继续起诉。有学者曾研究指出，在催生陪审团制度的过程中，英格兰的法律也发展出了大陪审团制度。大陪审团由23个宣誓的人组成,他们的角色就是决定起诉是否继续。法官随后就可以在审判中终止案件的程序。假若法官允许审判继续进行,审判陪审团的 12 个人成员必须提出最后的裁决。[1] 需要说明的是,在有的国家的历史上,例如英国,曾长期实行由警察局负责起诉的做法,并由警察局聘用的起诉律师出庭支持公诉,因此,律师实际上也参与了起诉的过程。[2]

当然,除有“普通人”参加司法的陪审团审判之外,还有由“普通人”担任治安法官的实践。例如,在英国,受理并审理轻微刑事案件、简易民事案件的治安法院中,就有由“普通人”出任的不领薪金的“法官”,他们通常是品行良好的社会自愿者。由于不领薪金的“法官”不是法律专业人士,为保障案件的依法审理,不领薪金的“法官”须参加法院的培训以了解诉讼程序、证据规则和法律的一般规定。在庭审时,由书记官(他们或者是至少有 5 年执业经历的律师,或者是至少做过 5 年治安法院的书记官助理),当着双方当事人的面,直接向不领薪金的“法官”提供必要的法律咨询和法律建议。治安法院属于最基层的法院,所受理和审理的案件,一般为多发和频发的、案情简单的案件。处理此类案件,除了必要的法律规则外,往往更需要不领薪金的“法官”的公正品行、丰富阅历和生活常识。这种做法既秉持了“简单事简单办”的朴素原则,又彰显了司法的专业性与普通人常识、情理的统一性。

综上所述,不仅我国的“马锡五审判方式”“枫桥经验”体现了法理与案件涉及的常识常理的统一,国外的陪审团审判、大陪审团起诉、警察局起诉与律师出庭支持公诉以及由不是法律专业人士的“普通人”出任治安法官的做法,也都蕴含了公正的司法应该是法律人的专业意见与“普通人”的正直、常识、常理相融合的结果。

---

〔1〕 参见[英]萨达卡特·卡德里:《不公正的审判》,杨雄译,华东师范大学出版社 2017 年版,第 126 页。

〔2〕 参见曾宪义主编:《检察制度史略》,中国检察出版社 2008 年版,第 261 ~ 264 页;何家弘主编:《检察制度比较研究》,中国检察出版社 2008 年版,第 23 ~ 28 页。

2. 立案前的委派调解和立案后的委托调解

随着商品大潮的涌动和思想意识的活跃,利益分化和诉求多样已是不争的事实。这一现象在司法上的体现,就是进入司法机关的案件不仅数量多而且涉及面广,司法机关普遍面临"案多人少"的困境。为此,司法机关在坚守司法本职的前提下,也进行了适应时代特点的探索和实践。这种探索和实践在调解方面的表现,就是除了对传统的人民调解赋以"司法确认"的法律效力、坚持原来就有的司法调解以外,还在诉调对接方面探索了由法院内部设置的专职调解法官(也称速裁法官)予以指导的委派调解和委托调解的形式。[1]

立案前的委派调解,就是案件已经进入法院,但还没有正式立案,在当事人同意的前提下,由法院先行委派特邀的调解员或特约的调解组织先行对纠纷予以调解,以尽快解决当事人之间的纷争。

按照最高人民法院的设计,对于当事人起诉到法院的案件,符合立案条件的,法院设置的程序分流员认为适宜立案前委派调解的,先以《先行调解告知书》的形式,释明先行调解的特点、人员、法律效力以及自愿调解、诉讼费减免规定等相关事宜,以期引导当事人先行选择人民调解或者行业性、专业性调解方式解决纠纷。

当事人同意选择立案前委派调解的,要签署《立案调解申请书》;当事人明确拒绝立案前委派调解的,法院须及时立案。按照最高人民法院关于委派调解的设计,当事人同意选择立案前委派调解时,既可以选择驻法院的特邀调解员调解,也可以选择行业性、专业性特邀调解组织调解。选择驻法院的特邀调解员调解的,法院的程序分流员要在规定的时限内将案件交"诉调对接中心"或者"速裁庭",由专职调解法官全程指导特邀

---

〔1〕 参见最高人民法院《关于人民法院进一步深化多元化纠纷解决机制改革的意见》(法发〔2016〕14 号);最高人民法院《关于进一步推进案件繁简分流优化司法资源配置的若干意见》(法发〔2016〕21 号);最高人民法院《关于民商事案件繁简分流和调解速裁操作规程(试行)》(法发〔2017〕14 号)。

调解员进行调解,并对调解的结果予以审核确定。当事人选择行业性、专业性特邀调解组织调解的,法院的程序分流员要在规定的时间内将案件移交当事人选择的特邀调解组织,由法院的专职调解法官指导行业性、专业性特邀调解组织进行调解;为保障调解解决纠纷的时效性,专职调解法官可以对行业性、专业性特邀调解组织主持达成的调解协议的合法性、有效性、可执行性进行事先审查。

对通过法院委派调解达成的调解协议,当事人可以依照民事诉讼法、人民调解法等法律申请司法确认。对符合法律规定的调解协议,法院依法立案并出具司法确认裁定;当事人申请出具调解书,法院审查符合相关法律规定的,在立案后出具调解书。对委派调解不成的案件,法院依法立案后转入审判程序。

按照最高人民法院的规定,法院建立诉调对接信息管理系统,对于法院立案前委派调解的案件予以统计分析,以实现与审判管理系统的信息共享。诉调对接管理系统对第三方调解的纠纷逐案登记,采集当事人情况、案件类型、简要案情、调解组织或调解员、处理时间、处理结果等基本信息,形成纠纷调解信息档案。

立案后的委托调解是法院委托第三方进行的调解,是指人民法院对当事人起诉的民商事纠纷,在依法登记立案后,要告知双方当事人委托调解是可供其选择的一种简易纠纷解决方式。对适宜调解的案件,法院应当出具“先行调解告知书”,告知调解的特点、自愿选择调解、调解人员、调解程序、调解法律效力、诉讼费减免等相关规定,以引导当事人选择委托调解。委托调解以双方当事人自愿为原则,当事人明确拒绝的,法院不得以先行调解为由拖延诉讼程序的正常进行。

委托调解的导引,由法院指派的专职或兼职程序分流员负责。受案法院登记立案后,对适宜调解的下列纠纷,法院的程序分流员应当引导当事人选择委托调解:(1)家事纠纷;(2)相邻关系纠纷;(3)劳动争议纠纷;

(4)交通事故赔偿纠纷;(5)医疗纠纷;(6)物业纠纷;(7)消费者权益纠纷;(8)小额债务纠纷;(9)申请撤销劳动争议仲裁裁决纠纷以及其他适宜调解的纠纷。对当事人双方同意的案件,法院的程序分流员即转入委托调解程序,并对委托调解的案件进行跟踪、提示、指导、督促以及不同案件程序之间的转换衔接等相关工作。

双方当事人选择委托调解的,受案法院要在规定的时限内将案件相关材料移交给调解员。委托调解应当在规定的时限内完成,调解期间不计入审理期限。委托调解达成协议的,调解人员应当在规定的时限内将调解协议提交委托其进行调解的受案法院,由法官审查后制作调解书或者准许撤诉裁定书。经委托调解达成协议后撤诉,当事人就调解协议的内容或者履行发生争议的,可以提起诉讼,人民法院应当就当事人的诉讼请求进行审理,当事人的权利义务不受原调解协议的约束。

对委托调解未能达成调解协议的案件,调解员要形成结案报告,明确案件争议焦点、当事人交换证据情况,对涉及的专业性问题可以提出专业性意见,连同案件全部卷宗一并退回委托其进行调解的法院。对调解员退回法院的案件,如果是事实清楚、权利义务关系明确、当事人争议不大的案件,经当事人同意,专职调解法官或者经专职调解法官授权的法官助理在庭审前还可以组织调解;当事人不同意调解的,由专职调解法官根据法院的程序分流员审核过了的、委托调解过程中查清的事实和固定的证据,径行裁判。如果是案件事实需要进一步查清、需要进一步调查取证等疑难复杂、新类型的案件,专职调解法官要在规定的期限内报法院的程序分流员审核后移转至审判庭审理。

为了激励当事人选择调解,最高人民法院还规定了具体的激励措施:一是减交诉讼费。允许同意先行调解的当事人暂缓预交诉讼费,委托调解达成协议的,诉讼费减半交纳。二是场所的便利。人民法院先行调解可以在诉讼服务中心、调解组织所在地或者双方当事人选定的其他场所开展。三是灵活的方式。先行调解可以通过在线调解、视频调解、电话调解等远程方式开展。

(三)增设调解员参与司法调解的程序

1. 增设调解员参与司法调解程序的必要性

经济社会文化的发展变迁带来的观念变化和利益分化,伴随国家法治事业的进步和社会公众法治意识的日益增强,使社会治理面临许多新的问题和矛盾,其中全国法院案件数量的持续大幅增长就是之一。除了前面引用的全国法院 2015 年的案件受理数可以佐证法院案件数量大幅增长外,[1]2016 年 9 月 13 日,最高人民法院就《关于进一步推进案件繁简分流优化司法资源配置的若干意见》相关内容召开的新闻发布会的资料也提供了佐证:截至 2016 年 9 月 12 日的统计,当年全国法院受理案件的数量已达 1430 多万件,其中 80% 以上的案件在基层法院,而且大多数为简单案件。[2] 化解"案多人少"的困境,既需要根据变化了的情形适当地增加法院的编制和补充司法人员,更需要通过改革,从体制机制上予以应对。

面对新时期的种种纠纷,传统的人民调解和适应新形势的各种专业调解、行业调解都发挥了积极的作用,也都呈现出了法治前行过程中的一些新特点。这其中最突出的就是,新时期的不少矛盾纠纷,在人民调解、专业调解成功后,还出现了当事人又申请司法确认,以借助国家公权力的权威来保障调解协议的遵守和履行。如此一来,一件调解成功的案件,既

---

〔1〕 参见《关于〈关于人民法院进一步深化多元化纠纷解决机制改革的若干意见〉及〈人民法院特邀调解规定〉的新闻发布会》,载中国法院网,https://www.chinacourt.org/chat/chat/2016/06/id/44827.shtml。

〔2〕 参见《〈最高人民法院关于进一步推进案件繁简分流优化司法资源配置的若干意见〉新闻发布会》,载中国法院网 2024 年 8 月 19 日,https://www.chinacourt.org/chat/chat/2016/09/id/45451.shtml。

动用了社会的调解资源，也动用了国家的司法资源，争执的当事人还辗转于调解过程与司法确认之间，出现了"1 + 1 > 2"的局面。此外，前述法院关于委派调解和委托调解的实践探索，虽然在快速化解当事人的纷争、实现法院案件的繁简分流等方面发挥了积极的作用，但从有效配置社会调解资源和司法资源、实现化解纠纷整体高效的方面思考，委派调解和委托调解也存在程序上简便不够、效率需要提升的必要。例如，对于经过法院委派调解、在法官指导下达成的调解协议，还需要由当事人依照民事诉讼法、人民调解法等法律再申请司法确认的做法，就显得有点不够便捷。

鉴于此，有必要在已经实行的法院委派调解和委托调解的基础上，充分发挥人民调解、各种专业调解的功能，按照探索调解与裁判适当分离、缓解审判压力〔1〕的思路和要求，完善现有调解程序的规范设计，在现有民事诉讼法中增设"调解员参与司法调解"的程序保障，以将进入法院的所有纠纷纳入司法解决的机制，使争执的双方当事人、受理案件的司法人员都受到法定程序的约束和保障，既助力尊法敬法风尚的培育又彰显国家司法的权威和严肃。

2. 调解员参与司法调解的程序安排

司法中，调解与审判的最大区别在于是否基于当事人的自愿。对于进入基层法院流程的民事案件，当事人自愿选择调解与否，应该是进行司法中调解与否的前提。对于当事人没有选择或者不同意调解的案件，受理案件的基层法院依法审理并作出裁判，裁判的结果并不依赖于当事人是否自主选择或者是否同意，完全是受案法院依法行使审判权的结果。对于当事人选择调解或者同意调解的案件，案件涉及的法律上权利的分享和法律上义务的分担，主要取决于当事人的协商同意和自主处分，受案

---

〔1〕 参见最高人民法院《关于人民法院进一步深化多元化纠纷解决机制改革的意见》（法发〔2016〕14 号）。

法院的司法人员主要是主持调解、对争执双方达成的调解协议进行法律审查,最后由受案法院出具司法调解书。由此决定,调解员参与司法中调解的程序安排,应该以保障案件当事人是否自主自愿选择调解为前提来展开。

调解员参与调解程序的设置思路,在遵循当事人自愿选择或者同意司法中调解的同时,也应准许当事人选择参与自己案件调解的调解员,以实现调解解决纠纷的彻底自主自愿。为此,就需要在现行的关于人民陪审员名册、仲裁员名册、特邀调解员名册规则的基础上,完善现行人民调解员、各专业调解员、特邀调解员的管理规则,并要求所有的人民调解委员会、各专业调解组织、行业调解组织也要修订规则并设置各自的调解员名册,以为当事人选择调解员提供支撑。当事人选择司法中调解后,原告一方首先在调解员名册中选定一名或两名调解员,被告方在应诉前也在调解员名册中选定一名或两名调解员,之后,由受理案件的基层法院或其派出法庭的法官主持并与双方当事人选定的调解员组成调解合议庭,对案件进行调解。

对于依调解员参与司法调解程序调解的案件,争议的事实部分由当事人选定的调解员判断并认定,在此基础上,如果双方当事人达成了调解协议,由法官进行合法性审核。法官经过合法性审核后,对于符合法律规定的调解协议,依法确认其效力,并由受案法院出具结案的司法调解书。司法调解书是具有法律效力的司法文书,事后一方当事人拒绝履行或者不按司法调解书履行约定的义务,对方当事人可以向人民法院申请强制执行。对于违反法律的调解协议,法官依法确认调解协议无效,允许调解员重新调解变更原调解协议,或者重新达成调解协议。变更后的调解协议或者重新达成的调解协议符合法律规定的,依上述原则办理;变更后的调解协议或者重新达成的调解协议仍然违反法律的强制性规定的,法官依法否决调解协议的法律效力,并由法官依据调解员认定的事实直接作出判决,无需当事人再另行提起诉讼。

由于调解是双方当事人事先依照法定程序自愿选择或同意的,主持调解的法官在双方当事人选定的调解员查明事实基础上作出的裁判,应该实行一裁终局,不再允许上诉。这样设计,在尊重当事人诉权(如程序选择权、申请回避权等)的同时,兼备了调解与裁判的优势。按照这种程序调处的案件,既可实现司法审判资源与社会调解资源的融合和有效利用,又能避免当事人在调解与司法之间的"往返",还能提升纠纷的处理效率,并减少调解人员、司法人员以及当事人共同的"诉累"。

为了充分发挥社会的解纷资源,实现更多的简易案件从审判分流,在调解员名册管理方面也要再立新规并明确,当事人可以在各类调解员名册和已经存在的人民陪审员名册和各类仲裁员名册中自主选定充任司法调解的人员;同时明确,位列各类调解员名册、人民陪审员名册和各类仲裁员名册的人员也要在可能的情况下接受选择。在上述名册中被选定并接受调解的人员参与司法调解的费用补助,可分类别予以解决:一种是以政府购买服务的方式由财政经费解决,如"以案定补"等方式;另一种是在法院依规定收取的诉讼费中,由受案法院按一定比例支付给参与司法调解的调解员。

3. 增设调解员参与司法调解程序的法治价值

增设调解员参与司法调解的法定程序,实行由法官主持、法官与双方当事人所选定的调解员组成调解合议庭,在查清事实、释法明理的基础上,促使双方当事人之间设法达成调解协议,以快捷、和顺地解决彼此之间的纠纷。经过调解,即使达不成调解协议,由于调解是当事人事先自愿选择或同意的,调解过程也能起到查明事实或接近查明事实的效果,在此基础上再由主持调解的法官依法予以裁判,是可以实现以少的时间、少的司法资源尽快化解纷争、解决争议的社会效果的。

调解员参与的司法调解,不同于由人民调解组织或专业调解组织所进行的调解，一旦选择或同意启动调解员参与司法调解的程序，司法人员和双方当事人都要受到程序的规范和约束，因为法定的调解程序是以司法本身所具有的国家强制力为支撑的。虽然如此，调解员参与的司法调解也不同于司法审判，双方当事人在所纷争的事项上能否通过调解达成一致的协议，完全由双方当事人在选定的调解员调解的基础上自主决断，即使调解合议庭提出了解决纠纷的建议方案，双方当事人仍可拒绝接受。这又使司法调解与商事仲裁区别开来，因为主持调解的法官不由当事人选定，而是受案法院指派。正因如此，才使有必要在传统的人民调解、专业调解和商事仲裁之外，设置专门的调解员参与司法调解程序。增设调解员参与司法调解程序，使新型的司法调解既具有了传统的人民调解、专业调解、行业调解的优势，又具有了仲裁程序的优点，同时又以司法审判的最终解决为支撑。法律程序简便、当事人的自主性得到充分释放，又可实现少花钱、少费时的经济效益和社会效果。

调解员参与司法调解程序的设置，将调解员的调解融入了司法的程序，在调解解决纠纷时，既要按照风俗人情和道德情理予以分析和劝说又要从法律追求的公平正义的价值维度予以衡量，既发挥了社会解纷力量来自社区村居掌握“家长里短”的优势又将社情民意依托在司法审核或者司法审判的平台。应该说，在此基础上双方当事人取得的共识、达成的协议，可以最大限度地实现法理情的融合。

在人民调解和专业调解的实践中，只要当事人互谅互让、双方同意，调解组织有时也可以不依法律规则化解矛盾纠纷。在有些案件中，为尽早了结纷争，可能存在忽视法律的风险。因此，推进新时期法治国家、法治政府、法治社会建设的事业，注意纠纷解决的合法性，理应成为公正司法应予关注的范畴。

三、司法中的和解

(一)与司法中的和解相近的问题

和解,是当事人在互谅互让的基础上协商一致的结果,是双方当事人自主自愿对自己合法权益行使处分权的结果。在一方当事人将双方的争执起诉到法院前,或者是在一起案件进入司法程序前,基于权利受损的违法、违约的事实,法律上或合同上权利义务平衡被打破的当事人为尽快了结纷争,或者是为了不伤和气自行化解纷争。纷争的解决,是在司法程序之外完成的,双方当事人达成的和解,类似于双方在意思自治基础上达成的协议,只要不侵犯第三人的合法权益,而且不涉及社会的公共利益,第三人和司法机关就无权干预。

司法中的和解不同于司法外的和解。司法中的和解,尽管在自主自愿、意思自治、自主处分方面与司法外的和解没有什么不同,但司法中的和解是进入司法程序的案件当事人之间的和解,这也是司法外的和解与司法中的和解的根本不同之处。司法中的和解,是应该受到诉讼程序约束的,案件当事人之间自愿达成的和解,应该受到司法的审查。只有经过司法审查,确认双方当事人之间的和解不侵犯第三人的合法权益,也不损害社会的公共利益时,受案的司法机关才予以认可,案件才能了结。

司法中的和解也不同于司法中的调解。司法中的和解与司法中的调解都是进入司法程序中的纠纷解决方式,都应该受到法定的诉讼程序的约束,结论也都应该受到司法的审查。司法中的和解与司法中的调解的根本区别在于和解是案件的双方当事人之间不经过第三方的、双方直接的商议和妥协,虽然也不排除案件当事人之外的第三方的说和、劝说和启发,但和解的达成,主要是双方当事人主动和好的意愿和主动和解的行为在起作用,案件当事人之外的第三方所起的作用是辅助的和次要的。司法中的调解是在司法人员的主持下，由案件的双方当事人在自主自愿的基础上就所争执的事实和权益达成的解决纷争的协议。这其中主持调解的司法人员的分析、说理、讲法等司法行为起了很重要的作用，在此前提下，案件的双方当事人才有可能对已经发生的纠纷达成调解的协议。因此，一般的认识是，司法中的调解是以调解人居中调停、讲理说法，并尽量促使案件的双方当事人达成协商解决纠纷方案的方式。

司法中的和解与执行中的和解也不同。司法中的和解与执行中的和解，尽管都属于进入司法程序中的和解，但司法中的和解是用来解决纷争的，即和解的结果是以案件双方当事人都同意的方式，明晰双方都认可的事实和明确双方都同意的新的权利义务关系，并以此为新的起点，了断过去的纷争，开启新的关系。执行中的和解则是在已经确定的双方当事人之间新的权利义务关系的前提下，当事人双方之间就如何实现已经确认的权利义务自主自愿、自主处分的结果，而无论据以确定的新的权利义务关系的依据是司法机关的裁决文书还是双方当事人已经达成的和解或已经调解结案的协议。依照法律规定，在执行中，双方当事人自行和解达成协议的，执行员应当将协议内容记入笔录，由双方当事人签名或者盖章；申请执行人因受欺诈、胁迫与被执行人达成和解协议，执行的法院可以根据当事人的申请，恢复对原生效法律文书的执行。应该说，这样的规定都合情合理，既维护了执行和解的规范性，又保障了执行和解的自主自愿性。但是，现行法律关于执行中当事人之间达成和解协议后出现“当事人不履行和解协议”的情形时，允许当事人申请“恢复对原生效法律文书的执行”的规定，就值得商榷。[1]

（二）和解是当事人应该享有的诉讼权利

司法中的和解，既是当事人自行行使实体权益处分权的表现，也是当

---

〔1〕 参见《民事诉讼法》第241条。

事人应该享有的诉讼权利。

在民事诉讼中,双方当事人可以自行和解是法律的明文规定,而原告可以放弃或者变更自己的诉讼请求、被告可以承认原告的诉讼请求,更是为当事人拥有和解的诉讼权利的观点提供了支撑。在当事人一方人数众多的共同民事诉讼中,虽然允许当事人可以推选代表人进行诉讼,虽然代表人的诉讼行为对其所代表的当事人发生效力,但是,不经被代表的当事人的同意,被代表的当事人依法所享有的和解的诉讼权利,与不经被代表的当事人的同意就变更、放弃诉讼请求或者承认对方当事人的诉讼请求一样,代表人同样无权代为行使。[1] 对于刑事自诉案件,法律也允许自诉人在宣告判决前,可以同被告人自行和解。[2] 现行法律关于民事和解与刑事自诉和解的规定,虽然赋予了当事人和解的诉讼权利,但对此类和解的诉讼结果未予回应,不能不说是一个缺憾。既然是进入司法程序的案件,既然是法律赋予了当事人和解的诉讼权利,就应该进一步明确司法审查和制作和解协议书的要求。凡是进入司法程序的案件,都应纳入程序约束的范畴,因而,对于民事和解以及刑事自诉和解结案的,司法机关应该予以司法审查并主持制作和解协议书,以从诉讼程序上完成对案件的了结。既维护司法的尊严、又引导社会的诚信。

在刑事诉讼中,法律明确规定:因民间纠纷引起,涉嫌《刑法》分则第四章"侵犯公民人身权利、民主权利罪"、第五章"侵犯财产罪"规定的犯罪案件、可能判处3年有期徒刑以下刑罚的案件,以及除渎职犯罪以外的可能判处7年有期徒刑以下刑罚的过失犯罪案件,犯罪嫌疑人、被告人真诚悔罪,通过向被害人赔偿损失、赔礼道歉等方式获得被害人谅解,被害人自愿和解的,双方当事人可以和解(犯罪嫌疑人、被告人在5年以内曾经故意犯罪

---

〔1〕 参见《民事诉讼法》第56条。

〔2〕 参见《刑事诉讼法》第212条。

的,不能和解)。[1] 在这里,和解的内容是犯罪嫌疑人、被告人与被害人的实体权利,而和解方式的运用则属于当事人行使诉讼权利的范畴。

(三)民事和解与刑事和解的区别

在民事案件中,诉讼的架构是原告→法院←被告,原告和被告实现了和解、了结了案件,法院还应该予以司法审查。理论上,只有那些不违反法律的强制性规定、不违反社会公共利益和他人合法权益的和解,法院才可以准许当事人以和解的方式结案。

为了彰显司法的权威性和严肃性,对于进入民事诉讼程序的和解案件,受案法院在进行司法审查后,应该根据当事人的和解协议或双方达成的和解共识,以法院的名义出具司法和解书。这样做,一方面表明和解是经过了司法审查的和解,另一方面也赋予司法和解书与其他司法文书同样的法律效力。一旦法院根据当事人的和解意愿出具了司法和解书,一方当事人事后反悔又起诉的,法院应该按照"一事不再理"的原则,不再受理;不仅如此,实现和解的一方不履行和解协议约定的义务的,另一方有权利申请法院予以强制执行。如此,既彰显司法的权威,又引导社会的诚信,还防止了不必要的重复诉讼。

不同于民事诉讼中的和解,刑事诉讼中的和解有其自身的特点。在刑事案件的和解中,只有刑事自诉案件的诉讼架构与民事诉讼的诉讼架构一样,而公诉案件的诉讼架构则与民事诉讼的架构有极大的不同。刑事公诉的架构是警察→犯罪嫌疑人←检察人员→被告人←审判人员。被害人以当事人、诉讼参与人的名义和身份参与诉讼,虽然对侵犯其人身、财产权利的犯罪嫌疑人,被害人有权向司法机关报案或者控告,虽然被害人与公诉人是站在同一立场的,虽然由于被告人的犯罪行为而遭受物质损失的被害人有权在刑事诉讼过程中提起附带民事诉讼,但是,在法庭上

---

〔1〕 参见《刑事诉讼法》第288条。

与被告人直接对抗的是公诉人，而不是被害人。此外，在民事诉讼中，如果原告不服一审法院的判决，有权在法律规定的时间内直接上诉于上一级法院，请求启动二审。而在刑事诉讼中，对承办案件的检察院决定不起诉犯罪嫌疑人的，被害人收到不起诉决定书后如果不服，有权在法律规定的时间内向上一级人民检察院申诉，请求提起公诉；对人民检察院维持不起诉决定的，被害人可以向人民法院起诉；被害人也可以不经申诉，直接向人民法院起诉。此外，被害人及其法定代理人不服地方各级人民法院第一审的判决的，也只能在收到判决书后的法定时间内，请求人民检察院提出抗诉，收到请求的检察院是否向法院提起抗诉，取决于检察院的自主决断。[1]

四、程序协商

（一）民事与行政诉讼中的程序协商

对简易的民商事纠纷案件，法律赋予了当事人对程序的选择权。允许案件的当事人选择案件处理的诉讼程序，是以法官的同意为前提的。法官的同意和当事人的选择，构成了诉讼程序协商的两个方面。我国民事诉讼的这一做法，与国际上一些国家关于当事人可以选择程序的做法也大体类似。在20世纪八九十年代，日本京都大学教授谷口安平曾研究指出：日本民事诉讼法关于“放弃责问权”[2]的程序规定就包含了当事者

〔1〕 参见《刑事诉讼法》第180条、第229条。

〔2〕 “放弃责问权“指的是在诉讼法上的程序规定完全只是为当事者的利益而不牵涉公益的情况下，因发生了违反该规定的行为或事态而使一方或双方当事者蒙受不利时，当事者如果不立即指出此违法行为并要求纠正的话，以后就不得重新提出该事实来进行争议。具体的例子如送达方式有错误时，被送达的当事者如果没有立即提出异议，则这之后就不能再次以该违法行为作为理由要求改变程序。当然，如果涉及重大的违法行为或违反了涉及公益的程序规定，即使当事者放弃责问权法官也必须介入。参见［日］谷口安平：《程序的正义与诉讼》，王亚新、刘荣军译，中国政法大学出版社1996年版，第103～104页。

对程序可以支配的法理，而且，德国早已不再把民事诉讼视为当事者之间对立抗争的关系，而是将其作为协同关系来把握并将债权法意义上的信义原则融入了诉讼的过程中。[1]

我国法律关于民事与行政诉讼中程序协商的内容有下列几种情形：

(1)简易程序可以协商。民商事简易纠纷解决方式主要有先行调解、和解、速裁、简易程序、简易程序中的小额诉讼、督促程序等。人民法院对当事人起诉的民商事纠纷，在依法登记立案后，应当告知双方当事人可供选择的简易纠纷解决方式，并释明各项程序的特点，以供当事人自主自愿地作出选择。[2] 在行政诉讼的一审案件中，除了发回重审、按照审判监督程序再审的案件，依法不能适用简易程序的以外，行政诉讼法在明确受案法院可以适用简易程序审理的几类案件的同时，还作了含有程序协商性质的规定。行政诉讼的各方当事人同意适用简易程序的，法院也可以适用简易程序审理案件。[3] 这里各方当事人的“同意”和法院的“可以适用”，实际上就蕴含了“程序协商”的法意。

(2)合并审理要经当事人同意。在民事诉讼中，当事人一方或者双方为二人以上，其诉讼标的是共同的，或者诉讼标的是同一种类、人民法院认为可以合并审理并经当事人同意的，为共同诉讼。在行政诉讼中，当事人一方或双方为二人以上，因同一行政行为发生的行政案件，或者因同类行政行为发生的行政案件、人民法院认为可以合并审理并经当事人同意的，为共同诉讼。[4] 共同诉讼的一方当事人对诉讼标的有共同权利义务的，其中一人的诉讼行为经其他共同诉讼人承认，对其他共同诉讼人发

---

〔1〕 参见[日]谷口安平：《程序的正义与诉讼》，王亚新、刘荣军译，中国政法大学出版社 1996 年版，第 138 ~ 139 页。

〔2〕 参见最高人民法院《关于民商事案件繁简分流和调解速裁操作规程(试行)》(法发〔2017〕14 号)。

〔3〕 参见《行政诉讼法》第 82 条。

〔4〕 参见《民事诉讼法》第 55 条，《行政诉讼法》第 27 条。

生效力；对诉讼标的没有共同权利义务的，其中一人的诉讼行为对其他共同诉讼人不发生效力。这里的法院“认为”和当事人“同意”，就体现了“程序协商”的法意。

（3）在当事人一方人数众多的共同民事诉讼中，代表人可以由法官与参加登记的权利人商定。民事诉讼标的是同一种类、当事人一方人数众多，在起诉时人数尚未确定的，受案法院可以发出公告，说明案件情况和诉讼请求，通知权利人在一定期间向法院登记。向受案法院登记的权利人可以推选代表人进行诉讼；推选不出代表人的，法官可以与参加登记的权利人商定代表人。[1] 此处代表人可以由法官与参加登记的权利人商定，实际上也属于“协商司法”的范畴。

（4）诉讼文书的送达方式可以由司法机关与当事人协商。除判决书、裁定书、调解书外，法院的其他诉讼文书，经受送达人同意，法院可以采用传真、电子邮件等能够确认其收悉的方式送达，并以传真、电子邮件等到达受送达人特定系统的日期为送达日期。[2]

（5）是否调解、如何调解要经当事人同意。当事人起诉到人民法院的民事纠纷，是否可以先行调解，要经过当事人的同意，凡当事人拒绝调解的，法官无权进行调解。在民事案件的审理中，法院不仅要根据“当事人自愿的原则”进行调解，而且，调解协议的达成必须依据当事人双方的自愿，不得强迫当事人；对已经达成的调解协议，即使是受案的法院制作了调解书并由审判人员、书记员署了名，加盖了人民法院印章，但在审判人员送达双方当事人时，当事人任一方不予签收，调解书仍不能发生法律效力。此外，对于调解成功、不需要制作调解书、只需要记入法庭笔录的几类案件，由审判人员、书记员与双方当事人都予以签名或者盖章后，调

〔1〕 参见《民事诉讼法》第 57 条。
〔2〕 参见《民事诉讼法》第 90 条。

解协议即产生法律效力。[1]

(二)刑事诉讼中的程序协商

为了保障犯罪嫌疑人、被告人充分行使诉讼权利,并以此促进公正司法,对犯罪嫌疑人、被告人没有委托辩护人,法律援助机构也没有指派律师为其提供辩护的,由法律援助机构派驻在人民法院、看守所等场所的值班律师为犯罪嫌疑人、被告人提供法律咨询、程序选择建议等法律帮助。[2] 可见《刑事诉讼法》也赋予了犯罪嫌疑人、被告人程序选择的权利。犯罪嫌疑人、被告人享有和行使的程序选择权,是以司法人员的判断和同意为前提的,犯罪嫌疑人、被告人对程序的“选择”和司法人员的“同意”,共同构成了程序协商的两个方面。

(1)简易程序审理的协商。对基层法院管辖的案件,如果案件的事实清楚、证据充分,被告人承认自己所犯的罪行、对指控的犯罪事实没有异议,办理案件的基层法院认为可以适用简易程序审判的,除了具有法定的“不适用简易程序”的情形外,在被告人对适用简易程序审理没有异议的情形下,即适用简易程序审理案件。[3] 对此类案件,尽管公诉人在提起公诉时可以建议人民法院适用简易程序,但这种适用简易程序的“建议”仍具有协商性,法官是否适用简易程序审理案件,既取决于法官自己的判断又受制于被告人是否同意的条件。毫无疑问,进入审判环节,法庭是由法官主持的,公诉人的建议、被告人的同意,都需要法官对案情分析判断基础上的“同意”,而法官的“同意”又受到被告人“同意”的制约。如此,程序协商的法意是明确的。

(2)速裁程序审理的协商。速裁程序是为简易案件而设置的由审判

---

[1] 参见《民事诉讼法》第 99 ~ 101 条。
[2] 参见《刑事诉讼法》第 36 条。
[3] 参见《刑事诉讼法》第 214 ~ 215 条、第 217 条。

员一人独任审判的刑事诉讼程序。适用速裁程序的快捷，除了由审判员一人独任审判和当庭宣判外，还体现在简化了普通程序中的送达期限、法庭调查、法庭辩论等要求。基层人民法院管辖的可能判处3年有期徒刑以下刑罚的案件，案件事实清楚，证据确实、充分，被告人认罪认罚并同意适用速裁程序的，除了具有法定的"不适用速裁程序"的情形外，都可以适用速裁程序进行审理；人民检察院在提起公诉的时候，可以建议人民法院适用速裁程序。为了充分保障被害人的合法权益，在刑事附带民事诉讼的案件中，被告人同意适用速裁程序后，法院在决定是否适用速裁程序进行审理时，还需要将被告人与被害人或者其法定代理人是否就附带民事诉讼赔偿等事项达成调解或者和解协议的情形考虑在内；如果被告人与被害人或者其法定代理人没有就附带民事诉讼赔偿等事项达成调解或者和解的协议，法官不得适用速裁程序进行审判。[1]

(三)程序协商与实体协商

在程序协商的同时，还可以在刑事实体处理上予以协商，是有刑事诉讼法的现行规定作依据的，这就是：犯罪嫌疑人、被告人自愿如实供述自己的罪行，承认指控的犯罪事实并愿意接受处罚的，可以依法从宽处理。[2] 犯罪嫌疑人、被告人承认指控的犯罪并愿意接受法律的处罚，再加上司法机构及其工作人员可以依法从宽处理，这两个方面，就构成了刑事实体协商的法律基础。在实体协商方面，国家赔偿法的相关规定也有体现。在刑事赔偿中，国家赔偿法要求赔偿义务机关作出赔偿决定，不仅要充分听取赔偿请求人的意见，而且还可以依照国家赔偿法关于赔偿方式和计算标准的规定，就赔偿方式、赔偿项目和赔偿数额与赔偿请求人进

[1] 参见《刑事诉讼法》第222～223条。
[2] 参见《刑事诉讼法》第15条。

行协商。[1]

依照刑事诉讼法的规定,犯罪嫌疑人认罪认罚的,人民检察院在告知其享有的诉讼权利和认罪认罚的法律规定之外,还需听取犯罪嫌疑人、辩护人或者值班律师、被害人及其诉讼代理人对案件实体处理和程序适用的意见并记录在案;涉及案件实体处理的事项,既有涉嫌的犯罪事实、罪名及适用的法律规定,也有从轻、减轻或者免除处罚等从宽处罚的建议,涉及的程序适用事项是认罪认罚后案件审理适用的程序。此外,犯罪嫌疑人自愿认罪,并同意量刑建议和程序适用的,除法定的不需要签署认罪认罚具结书的以外,还应当在辩护人或者值班律师在场的情况下签署认罪认罚具结书。[2] 刑事诉讼法的这些规定,兼容了程序协商与实体协商的内涵,其中,听取犯罪嫌疑人、辩护人或者值班律师、被害人及其诉讼代理人对涉嫌的犯罪事实、罪名与有关从轻、减轻或者免除处罚等从宽处罚的建议,以及犯罪嫌疑人同意量刑建议,属于实体协商的范畴;而听取犯罪嫌疑人、辩护人或者值班律师、被害人及其诉讼代理人对认罪认罚后案件审理适用的程序的建议,以及犯罪嫌疑人同意"程序适用",则是程序协商的范畴。在刑事自诉案件中,人民法院可以对自诉案件进行调解的做法[3],实际上也既涉及程序适用的调整,又涉及实体协商,是兼及程序协商和实体协商两个方面的。

此外,在第一审案件中,法律还赋予了刑事诉讼中的被告人、民事诉讼中的原告或者被告以及行政诉讼中的原告,有申请由人民陪审员参加合议庭审判的诉讼权利,上述案件的当事人提出申请的,人民法院可以决定由人民陪审员和法官组成合议庭审判。[4] 当事人的申请,加上法院的可以决定,共同构成了是否选择人民陪审员参加合议庭审判的协商。这

[1] 参见《国家赔偿法》第23条。

[2] 参见《刑事诉讼法》第173~174条。

[3] 参见《刑事诉讼法》第212条。

[4] 参见《人民陪审员法》第17条。

其中体现的协商司法的理念也是昭然若揭的。

五、认罪认罚

(一)认罪认罚的归属

在刑事诉讼中,公安机关、检察机关、审判机关依法行使法律赋予的职权,以实现正确实施刑罚、惩罚犯罪、保护人民,并以此维护社会秩序、保障国家安全和社会公共安全。在现实的刑事诉讼中,是先有犯罪行为,后有对犯罪的侦查、审查起诉和刑事审判,刑事案件的发生是引发刑事诉讼系列活动的起因。由此,犯罪的先发性与惩罚犯罪的滞后性,始终是一对矛盾。正是基于刑事诉讼的这一特点,各国的《刑事诉讼法》,既强调对犯罪予以惩罚的一面,又重视在依法惩处犯罪分子的前提下对罪犯的教育改造。由此再进一步就决定了刑事诉讼的目的不是社会对犯罪分子的报复,而是通过对犯罪分子的依法惩处和教育,将其改造为不危害社会的“新人”。法律赋予犯罪嫌疑人、被告人以认罪认罚的诉讼权利,就是从法律条文设置上为主观恶意不大、愿意改过自新的罪犯,提供一个认罪、悔罪并认罚的通道。为此,“犯罪嫌疑人、被告人自愿如实供述自己的罪行,承认指控的犯罪事实,愿意接受处罚的,可以依法从宽处理”[1]就成为刑事诉讼的一种法律安排。

正是基于认罪认罚所具有的当事人应该享有的诉讼权利的属性,法律要求侦查人员在讯问犯罪嫌疑人的时候,须告知犯罪嫌疑人依法应该享有的诉讼权利以及有关认罪认罚的法律规定。涉嫌职务犯罪的被调查人主动认罪认罚,具有法定情形的,承办案件的监察机关经报上一级监察

[1] 《刑事诉讼法》第15条。

机关的批准,可以在移送人民检察院时提出从宽处罚的建议。[1] 人民检察院对于监察机关、公安机关移送起诉的犯罪嫌疑人具有认罪认罚情形并符合速裁程序适用条件的案件,除重大、复杂的案件外,法律要求检察机关应当在10日以内作出是否提起公诉的决定,远少于上述案件之外的案件"应当在一个月以内作出决定"的要求;进入审判程序后,对被告人认罪认罚的案件,审判长还须当庭告知被告人享有的诉讼权利以及有关认罪认罚的法律规定。[2]

尽管现行的刑事诉讼法未明确指明认罪认罚属于当事人依法应该享有的诉讼权利,但在侦查、审查起诉和审判的各个环节,现行的刑事诉讼法都明确地将告知犯罪嫌疑人、被告人有关认罪认罚的法律规定与告知犯罪嫌疑人、被告人依法应该享有的诉讼权利并列的内容安排,也昭示了认罪认罚与诉讼权利的同等性。需要特别指出的是,对于公安机关侦查终结的案件,如果存在犯罪嫌疑人自愿认罪的情形,现行的刑事诉讼法要求公安机关及其办案民警,不仅须记录在案,而且,在随案移送同级人民检察院审查决定的起诉意见书中,还要"写明有关情况"[3]。由上可知,现行刑事诉讼法对犯罪嫌疑人应该享有认罪认罚的诉讼权利的法意是明确的。

(二)认罪认罚的主体与作用

如前所述,认罪认罚的法律设置,是立足于刑事诉讼规律和刑事诉讼目的之上的,应该属于法律赋予当事人的诉讼权利的范畴,行使国家赋予的刑事司法职能的各机构及其工作人员,负有依法保障当事人享有和行使诉讼权利的职责,法律赋予公、检、法各机构及其工作人员的刑事司法

[1] 参见《监察法》第31条。
[2] 参见《刑事诉讼法》第172条、第190条。
[3] 《刑事诉讼法》第162条。

职能并未因设置了认罪认罚而改变，国家通过法律设置的侦查权、检察权和审判权依然由法定的机构履行，“人民法院、人民检察院和公安机关进行刑事诉讼，应当分工负责，互相配合，互相制约，以保证准确有效地执行法律”[1]的法律原则并未改变。因此，现行刑事诉讼法“对于认罪认罚案件，人民法院依法作出判决时，一般应当采纳人民检察院指控的罪名和量刑建议”[2]的规定，实有将国家审判权的应有内容向检察权的本来内涵倾斜和让渡的嫌疑，似与现行法律已经确立的公、检、法既分工负责又相互配合、互相制约的司法原则有背离，又有混淆当事人应该享有和行使的诉讼权利与检察机关和审判机关在刑事诉讼中应该行使的公权力之间界限的趋向，应该作出调整。

认罪认罚的主体是犯罪嫌疑人、被告人，公诉人依法审查判断后所得出的“指控的罪名和量刑建议”，既不属于当事人认罪认罚的必然附属部分，更不属于最终的司法结论，不能仅仅因为是公诉人审查的案件具有认罪认罚的情形，就改变诉讼法律关于公诉人定位的设置，更不能以此来刚性约束审理案件的法官。因为认罪认罚的法律安排，既没有增加检察权的内涵，也没有减少审判权的内容，检察机关及其公诉人将案件起诉到法院后，法院仍然须履行依法独立行使审判权的法定职责，不应该仅仅因为被告人行使了法律赋予的认罪认罚的诉讼权利，就可以赋予检察机关提起的诉讼意见应当采纳的法律约束力，就可以改变人民法院依法独立行使国家审判权的诉讼设置。

毫无疑问，当事人依法充分地行使法律赋予的诉讼权利，是推进公正司法的必备因素，属于公权力之外的可以依法制约司法权的法定因素，但这种诉讼权利的“推进”和“制约”，仅限于司法机构及其工作人员，既不能减损当事人依法享有的诉讼权利，又需要保障当事人依法充分地行使

---

〔1〕《刑事诉讼法》第7条。
〔2〕《刑事诉讼法》第201条。

属于自己的诉讼权利。满足了这个条件,司法机构及其工作人员依法公正地行使国家赋予的司法权才有了公正的前提和保障。

(三)认罪认罚的范畴

认罪认罚的法律安排,是我国刑事诉讼法律循着刑事司法规律前行的结果,是法律学者和参与立法的各界人士对刑事司法规律认识深化的结果。充分地发挥认罪认罚在刑事司法中的作用,对于节约司法资源、提升司法效率、修复社会关系、助推公正司法有着直接的和积极的社会意义。

从直接的含义上分析,认罪认罚的主体是犯罪嫌疑人、被告人,接受认罪认罚的主体是国家的刑事司法机关。依照现行刑事诉讼法律的设置,认罪认罚既可以是在侦查阶段,也可以是在审查起诉阶段,还可以是在审判阶段。除非符合法定要件依法分别在侦查阶段、审查起诉阶段就可以结案的当事人认罪认罚的案件,其他的凡是提起公诉的认罪认罚的案件,当事人的认罪认罚都要接受人民法院的司法审查,受案法院的司法审查是决定认罪认罚是否具有正当性、是否符合公正司法要求的不可或缺的环节和步骤。在有认罪认罚情形的案件中,法官须依法审查认罪认罚的自愿性和认罪认罚具结书内容的真实性、合法性。[1]

在美国,与我国刑事诉讼法关于认罪认罚规定类似的做法,是称作"plea bargaining"的程序安排,中文名称应该翻译为"认罪协商"。2008年10月,笔者在参加最高人民法院赴美国少年司法考察活动时,在加利福尼亚州的一个法院观摩过有关适用"plea bargaining"程序的审理。事后,在与美籍华人的法官、律师闲聊时,吴瑞卿律师曾专门提到对"plea bargaining"的中文译名问题,她认为,与一般的翻译成"辩诉交易"比较,翻译成"认罪协商"更符合这一程序的本意。"辩诉交易"的说法似乎将

---

〔1〕 参见《刑事诉讼法》第190条。

这种特殊的程序限定在了控辩双方的范畴,给人一种不用经过法官审查判定就可以完成的错觉,而且将严肃的司法程序说成“交易”,也有损司法的本来含义,只有因徇私逐利而枉法裁判的做法才可以称得上是“交易”。在美国,“从嫌犯被提堂开始直到案件审结宣判之前,在任何一个阶段或任何时间内,控辩双方都可以谈判,进行认罪协商。比如被告承认其中一条罪以换取主控官撤销另一条罪,或者以坦白从宽为原则,认罪以求减刑。事实上美国百分之八十的刑事案件是用认罪协商程序解决的。这程序获得法庭的鼓励,因为这可以减轻政府资源的耗费。”〔1〕此外,据法国阿尔斯通公司原高管皮耶鲁齐的体验:美国律师“当中多数人的职业生涯都是从做副检察官或者助理检察官开始的,直至进入大型律师事务所。其中绝大多数人在审判当中并不为人做辩护,因此算不上法国人理解的那种真正的辩护律师,他们充其量只能算是谈判专家,首要任务就是说服委托人同意认罪。然后,他们便与控方交易〔2〕,争取尽可能轻的刑罚。于是这些‘律师’在和检察官讨价还价时,便从那本著名的《美国联邦量刑指南》中‘引经据典’”〔3〕。此外,对在侦查或者起诉中“提供实质性配合”的被告人,国际公约也有体现考虑适当减轻处罚或允许不予起诉的法律安排,如《联合国反腐败公约》第37条第2款、第3款就规定:“对于在根据本公约确立的任何犯罪的侦查或者起诉中提供实质性配合的被告人,各缔约国均应当考虑就适当情况下减轻处罚的可能性作出规定。”“对于在根据本公约确立的犯罪的侦查或者起诉中提供实质性配合的人,各缔约国均应当考虑根据本国法律的基本原则就允许不予起诉的可能性

---

〔1〕 陈纪安:《美国法律》,中国科学技术大学出版社2002年版,第93页。

〔2〕 《美国陷阱》的译者在“检察官可能会给您提出‘辩诉交易’”的“译者注”特别注明:reverse proffer,根据上下文意译为“辩诉交易”。——[法]弗雷德里克·皮耶鲁齐、[法]马修·阿伦:《美国陷阱》,法意译,中信出版集团股份有限公司2019年版,第101页。

〔3〕 [法]弗雷德里克·皮耶鲁齐、[法]马修·阿伦:《美国陷阱》,法意译,中信出版集团股份有限公司2019年版,第98~99页。

作出规定。”

可见,无论是基于我国《刑事诉讼法》的规定,还是参考域外国家的做法,我们都可以得出认罪认罚应该属于协商司法的范畴。这其中,协商的一方是刑事案件的嫌疑人、被告人,而协商的另一方是司法机关及其工作人员,但这种协商,不是所谓的“交易”,而是要接受司法的依法审查和判断。在进入审判程序后,协商的双方表现为“控辩双方”的“协商”,但这种“协商”的结果并不能自动产生法律效力,还需经受法官的依法审查和最后决断,而这正是协商司法的法律意义和助推公正司法的价值所在。

尾篇

一、律师在公正司法中的独特作用

（一）律师是司法文明的促进者

我国是著名的四大文明古国之一，并形成了“以刑为主、诸法合体”的中华法系。中华法系与印度法系、伊斯兰法系、大陆法系、英美法系等五大法系是曾经影响世界不同地区和国家法律发展的主要法系。然而，由于种种原因，汉朝之后的封建制社会制度往往随着王朝的轮换更替，大体上呈现“推倒重来、原样重复”的状态。诚如谭嗣同所言：中国封建社会“二千年来之政，秦政也”[1]。

关于中国历史上的法律变化情况，一些知名的学者也多有论说。如20世纪40年代在云南大学和西南联合大学任教的瞿同祖对中国古代法律自汉至清有无重大变化所作的研究，主要关注的不是那些

---

[1] 刘海年、杨一凡编著：《中国古代法律史知识》，黑龙江人民出版社1984年版，第6、70页。

“烦琐的差异”，而“注意的是重大的变化”，研究的结论是：在中国的法制史上，“以礼入法”、法律的儒家化是秦汉以后的事，“自儒家化的过程完成以后”，“中国古代法律便无重大的、本质上的变化，至少在家族和阶级方面是如此”。“家族主义及阶级概念始终是中国古代法律的基本精神和主要特征，它们代表道德、伦理所共同维护的社会制度和价值观念，亦即古人所谓纲常名教。”[1]历史学者蔡美彪对中国古代王朝历史更替的研究结论是：结束中国最后一个封建王朝——清朝——统治的辛亥革命，“不同于历史上改朝换代的农民革命战争，它推翻了延续数千年的皇权专制的封建政治制度，建立起共和体制的中华民国，是划时代的丰功伟绩”；从此，“民主共和的观念深入人心，帝制不能复活了”[2]。中国政法大学教授张晋藩研究认为：经过晚清修律引进大陆法系以后，中国的法律发生了历史性的变化，其表现不仅是以六个主要部门法组成的“六法”体系开始建立，而且改变了秦汉以来延续两千余年的司法与行政合一的体制，近代的司法制度也开始建立。在论及康有为的变法维新思想时，张晋藩先生还特别指出“清代的典章律例都是因袭前朝的”，“早已不能适应”晚清时期“万国并立竞争的形势”。总体上看，“中国古代的立法是以立法等差、良贱有别、同罪异罚为特征的”，直到晚清修律时，才将“法律面前人人平等”的法治原则写入新拟定的法律草案。[3]

我国古代法律发展史呈现不断“重复”和“反复”的特点，不仅“反复”固化和强化了皇权专制主义的统治，而且在国际上由工业革命、国际贸易推动的经济和社会的快速变革面前，束缚了我国社会的活力和生产力。这也是近代以来我国无数仁人志士为国家独立、民族解放和民主自由前仆后继，英勇奋斗的缘由。

---

[1] 瞿同祖：《中国法律与中国社会》，中华书局1981年版，“导论”。

[2] 蔡美彪：《中华史纲》，社会科学文献出版社2012年版，第382页。

[3] 参见张晋藩：《中国法律的传统与近代转型》，法律出版社1997年版，第355～356、406～407、449、468页。

董必武[1]曾指出：旧中国专门搞法的人有两种，一种是绍兴师爷，另一种是刑房书吏。师爷没有上过什么正式的学校，其组织类似行会，其技能是用师父带徒弟的办法传下来的。那时县太爷办案，都要请一个懂法的人做刑名师爷。在官方认可的师爷和刑房书吏之外，另有部分偷偷活动的自由职业者，当时称为"诉棍"，这种人很坏，地方官可以捉、打、判徒刑。在西方帝国主义国家入侵中国后，清王朝发现中国的法律完全处在落后的地位，到19世纪末便组织考察官到日本学习法律，后来又派人到欧洲去学法；同时，还设立法律编订馆，想废除旧律，并聘请日本人当法律顾问，帮助起草新律。[2] 律师制度就是在19世纪末清王朝变法修律的活动中萌发的。

晚清时期的中国处于内外交困、危机四伏的境地，在与外国签订的不平等条约中还被迫允许外国享有领事裁判权，丧权辱国之痛刺激了清朝的统治者。慈禧在逃往西安以后一反过去"祖宗之法不可变"的说辞而下诏明谕"将一切现行律例，按照交涉情形，参酌各国法律，悉心考订，妥为拟议，务期中外通行，有裨治理"。虽然如此，朝野上下的开明人士、守旧势力和顽固分子对变法修律却有着不同的倾向和看法。以发挥律师的作用为例，为应对涉外民事和刑事案件数量不断上升的压力，洋务派官僚张之洞就建议清廷聘请各国律师，博采各国矿物律、路律、商律，交涉刑律，以"兴利之先资"，"防害之著要"。在法律草案方面，1906年沈家本主持的法律编订馆编成的《刑事、民事诉讼法》草案"吸收了西方国家的陪审制度和律师制度"，尽管沈家本强调采用这两个制度可以补充司法官

---

[1] 参见《董必武法学文集》，法律出版社2001年版，"出版说明"。董必武同志是中国共产党第一次全国代表大会的代表；1914年留学日本，攻读法律专业；1928年还赴莫斯科中山大学、列宁学院学习；1932年回国，在江西中央革命根据地先后担任最高法院院长、工农检察委员会副主任；1945年代表中国共产党领导的解放区参加在美国旧金山召开的联合国制宪会议；中华人民共和国成立后曾先后担任政务院政法委员会主任、最高人民法院院长等领导职务。

[2] 参见《董必武法学文集》，法律出版社2001年版，第307～308页。

“知识之不足”可以防止“贿纵曲庇，任情判断”，做到“裁判悉秉公理，轻重胥协舆评”，是“挽回法权最要之端”。但是各省督抚却依然表示该法与中国现实情况不符，不便执行，请求再行复议，遂被搁置”。后来，虽然由于清朝的覆亡，晚清修律的大部分草案没有能够实施，但是，包括建立律师制度、开始新式的法律教育等在内的晚清修律所取得的成果给后来民国的法律制定和司法建设提供了资料、人才、思想等方面的基础。[1]

辛亥革命后的中华民国临时政府、北洋政府和国民政府时期，尽管都有一些法律，特别是国民政府时期，在晚清修律成果中“六法”体系的基础上，形成了所谓的“六法全书”[2]，但在战乱频仍、地方割据的年代，不管纸面上有多少所谓的“法律”，其实际上的作用和意义都不应高估。

中华人民共和国成立前，尽管在北洋政府和国民政府时期也有律师方面的规定，也有律师执业的零星资料，但由于整个国家的状态和秩序总体上是动荡不定的，律师从业及其作用发挥也具有一定局限性。

随着思想的解放和科学的发展，一些国家与地区的生产技术有了比以往任何时期都更快的革新和更大的进步，18 世纪 60 年代开启的工业革命就是突出的表现。由此，实现了从手工劳动为主向动力机器生产为主转变的重大飞跃。

生产力的巨大进步使过去的生产关系及相附随的上层建筑慢慢地发生着变迁和革新。“1689 年的‘光荣革命’确定了议会对君主权力的控制，结束了君主拥有绝对权力的传统。在新环境下，行政官兼司法官在司法上的特权也逐渐削弱了。18 世纪初，被指控的叛国者和一般重罪被告人，均被赋予传唤证人的权利。在随后的几十年中，越来越多的法官允许

[1] 参见张晋藩：《中国法律的传统与近代转型》，法律出版社 1997 年版，第 398、434～436、454、447～448、470～472 页。

[2] 指宪法、民法、商法、刑法、民事诉讼法、刑事诉讼法六种法律的汇编。

被告人聘请律师。"[1]在英格兰和威尔士,1880 年前的一些时候刑事案件就是由公民雇佣律师提交到法院的;1880 年英国还第一次设了检察长的职位,"当时的检察长仅仅负责为数甚少的特别重要或疑难的案件,包括谋杀、叛国以及诸如此类的案件。其他的所有案件则由在私人事务中代表警方的律师或警方聘用的律师来处理。这个过程在整个 20 世纪还在发展和持续"。可见,英国不仅很早就有了律师这一职业,而且律师在诉讼制度中有着重要的地位。以至于时至当今,尽管依据 1985 年议会通过的《犯罪起诉法》,从 1986 年 10 月 1 日开始,检察院已经主要是一个负责刑事案件起诉的机构了,[2]但是,英国仍然将充任检察官的公诉人员称为控方律师。[3]

英国对检察官的这种称谓体现了英国以法院审判为中心的诉讼理念,蕴含了代表国家负责控诉刑事被告人的检察官与受当事人委托为被告人提供辩护的律师诉讼地位的平等和诉讼价值的对等。由于控方律师行使的是公权力,辩护律师运用的是提供法律服务的权利,将二者置于平等的地位,就从一定意义上更加突出了辩护律师在诉讼程序中的特有价值和特殊重要性。这是因为,一个有志于从事法律职业的法律人,无论是担任法官、检察官还是成为执业律师,固然与机会、条件等诸方面的因素有关,但首先还是其自主自愿的职业选择问题。撇开个人禀赋及其他相关因素,如果仅仅从所接受的法律教育背景和通过国家统一法律职业资格考试的视野看,起码在职业的起步阶段,不同职业的法律人之间的差距不大。

从这个意义上说,在法院工作、在检察院工作、在律师事务所执业,各

[1] [英]萨达卡特·卡德里:《不公正的审判》,杨雄译,华东师范大学出版社 2017 年版,第 101 ~ 102 页。

[2] 参见王晋、刘生荣主编:《英国刑事审判与检察制度》,中国方正出版社 1999 年版,第 46 ~ 51 页。

[3] 控方律师的英文表述为:The prosecuting lawyer。

种不同身份的法律人只有社会身份的不同，在法律业务方面，不同社会身份的法律人同属法律“专门家”。他们能够在大体相同的教育背景和专业知识、法律术语、思维习惯下，理解对方所用的法律专业表述，并容易在基本的法律共识下进行对话和辩论，以判明事实、认定证据和适用法律。尽管律师的社会身份不同于法官、检察官，并基于此衍生出不同的出发点和目标指向，但由于前述的缘由，律师在法律专业知识、法律运用技巧等方面，既可以发挥出有别于公、检、法三机关的司法人员的作用，又可以对公、检、法三机关的司法人员发挥独特而又专业的制约与协作的效能。

律师除了在具体司法案件的办理中发挥其效能外，还可以通过承办大量的具体案件，发现一些法律条款的漏洞，能够结合个案思考并提出有针对性的改进和完善的意见和建议，从而发挥助推法律完善、助推司法公正的独特作用。

固然，律师承办各类案件，立足点首先是其委托人的合法的权利和利益。律师所维护的其委托人的利益，必须是有法律依据的权益，依据的是业已存在的法律条款。这就意味着，在具体的律师业务中，律师不仅在所代理的个案中依法维护着一方当事人的权益，还以国家法治的立场和视角，体现和追求着国家司法的价值和目标。如果所依据的具体法律条款不足以实现具体案件中当事人的正当权益，高水平的有责任感的律师就会直接地感受到改进和完善具体法律条款的必要并指出修改的路径。从这个意义上讲，法律的改进和完善，确实需要那些具有法治情怀并对司法正义孜孜追求的律师们的特别奉献。

正如有的学者所指出的那样，“随着律师在一些法律领域的专门化进展，有些案件中律师精通某个特定领域知识的程度可能超过法官”，而且，“存在的法律规范并不是内容明确到毫无歧义，也不是完全无变化的静止的规范，有时候还可能出现法规不完整不健全的情况，所以律师把具体案件与法律法规联系起来的工作总带有创造的、动态的性质”[1]。

而对于新类型的案件或者需要完善的法律条款,如果缺少了律师的活动,就很难取得通过个案推动法律条款改进和完善的成果。所以有学者指出:“必须承认,今天律师在诉讼的内外都发挥着极其重要的作用。提交并进行所谓现代型诉讼从而使一般人认识到通过审判过程促进形成公共政策功能的原动力正在于律师的活动。”“在通过审判创造新的权利或法规范的场合,律师的作用同样十分重要。”[2]在我国全面推进法治国家建设的新时代,“建立法官、检察官、行政执法人员、律师等以案释法制度”,“强化法律在维护群众权益、化解社会矛盾中的权威地位”,“把信访纳入法治化轨道,保障合理合法诉求依照法律规定和程序就能得到合理合法的结果”,从而引导和支持人们理性表达诉求、依法维护权益,律师都可以发挥积极的作用。

(二)律师在司法活动中的独特角色

在谈到律师在诉讼程序中与司法人员之间应有的制约与协作关系的学理变化时,曾有学者指出:“以前没有充分意识到这个问题可能主要由于诉讼法学理论从来都是围绕裁判官的作用并以判决效力为中心的,但是在基于程序保障的观点上理论重点已经逐渐移向辩论及举证过程的今天,诉讼法学除了作为判决主角的裁判官,似乎应该更加关心作为辩论和举证过程主角的律师。”[3]学理上的这一变迁,完全是基于律师是具有法律专业背景、具有法律职业资格并从事专门法律职业的法律人。律师除

---

〔1〕[日]谷口安平:《程序的正义与诉讼》,王亚新、刘荣军译,中国政法大学出版社1996年版,第78页。

〔2〕[日]谷口安平:《程序的正义与诉讼》,王亚新、刘荣军译,中国政法大学出版社1996年版,第76~77、94页。

〔3〕[日]谷口安平:《程序的正义与诉讼》,王亚新、刘荣军译,中国政法大学出版社1996年版,第77页。

了具有法律的专门知识和专业技能之外，还受到律师这一特殊职业应具有的职业道德和职业伦理的规范和制约。

律师担任辩护人或代理人，虽然是接受委托为委托人提供法律服务并收取服务的费用，但律师不是委托人的化身，更不是委托人的附庸，律师的利益或立场与委托人本身的利益或者立场并不完全等同。因为如果律师不是基于案件的事实和相应的法律规定来向委托人提供服务，后续可能面临律师职业道德和职业伦理方面的非议和谴责，如果问题严重，甚至还可能会牵涉法律上的责任问题。

在刑事案件的审判过程中，被告人可以拒绝辩护律师继续为他辩护，也可以另行委托辩护人辩护。[1] 因此，从总体上说，律师的利益与立场是不能与当事人画等号的，律师在诉讼中的作用，既有别于公、检、法机关的司法人员，也不同于有着自身诉讼利益的当事人。律师是完全从事实和法律的角度来为其委托人提供法律服务的，既维护和保障其委托人的合法权益，又可说服和劝导其委托人放弃无事实根据、无法律依据的主张，还可从预期的司法判决甚至判决执行的可行性方面为其委托人提供辅导，并由此促成对一些案件(如证据不充分而又确实难以收集到有力证据的案件)的和解。律师的所有这些作用，既可以在接受委托后诉讼程序开始之前发挥，也可以在诉讼进行过程中发挥。

律师的利益与立场与其委托人不完全相同的另一个原因，在于律师与法官、检察官同属法律职业共同体的成员，尽管律师为其委托人提供法律服务的报偿来自当事人，而法官、检察官的薪酬来自国家财政拨款。当然了，依法提供法律援助并为当事人提供法律服务的律师，其提供法律服务的报酬也来自国家财政拨款，但这不是律师劳务收入的主流。总体上，律师的收入还是来自委托其的自然人或法人。

律师与法官、检察官同属法律职业共同体的成员，律师与法官、检察

[1] 参见《刑事诉讼法》第45条。

官一样都属于法律人,而且,一个人在成为执业律师以前,也像法官、检察官一样,都必须通过国家统一法律职业资格考试。但是,律师却不属于国家司法机关的工作人员,律师也不附属于国家的司法机关,法律赋予律师的执业权利,只是许可律师依法为其委托人提供法律服务,而法官、检察官却隶属于其所在的法院和检察院,并在具体的诉讼活动中行使国家赋予的司法职权,属于行使国家公权力的人员。

正是由于上述特点,律师既与其委托人在利益与立场方面区分开来,又与法官、检察官区分开来。由此,律师便在国家的司法活动或者说诉讼程序中居于特殊的地位,发挥着独特的职能。近年来,国家的司法机关已经开始了从执业律师中遴选法官、检察官,但由于人事管理、薪酬管理机制等方面的因素,律师被遴选担任法官、检察官的通道还不顺畅,执业律师转换为法官、检察官的人数还很少;相反,法官、检察官转换为律师的新闻报道时有出现。因此,建立从符合条件的律师中招录、选拔法官、检察官的司法人事制度,也应当成为司法规则改善的一项内容。

在一些国家,一个人成为法官、检察官以前,要有多年的执业律师经历。"英美法系国家的传统做法是,从律师中物色法官和检察官,后者如卸任,还可担任律师。"[1] 比如,在英国的英格兰和威尔士,一个人在取得律师资格之后,可决定是否进入公共服务领域如皇家检察院,或者成为一名独立的律师(巴律师),或者是做一名私人开业的沙律师。[2] 除了极少数例外情况,法官是从独立的巴律师中挑选出来的,他们都是经过多年历练,业已证明具有很强的能力和丰富的经验的人。而且,一个人在被任命为职业法官之前,至少得有 10 年,通常是 15 年或 20 年的执业律师经历。在苏格兰,传统的做法是,最优秀的辩护人在被考虑任命为法官之前,还

---

〔1〕 曾宪义主编:《检察制度史略》,中国检察出版社 2008 年版,第 249 ~ 250 页。

〔2〕 "巴律师"是英文 barrister 的通译,"沙律师"是英文 solicitor 的通译;一般大致说来,巴律师指出庭的"大律师",沙律师为"事务律师"。

需有担任检察官的经验，而苏格兰大部分的地方检察官原来就是律师。[1]

在现实中，律师往往容易被社会上的一些人投以怀疑的目光。这种现象并不限于我国，在其他国家也是如此。出现这种现象，主要是由律师接受委托为其委托人提供法律服务并以此取得报酬这一职业特点所决定的。

如前所述，律师除了在依法提供法律援助时是从国家财政拨付的资金中领取报酬外，其余的法律服务都是由委托律师的自然人或法人支付报酬的。正是律师职业所具有的这一特点，才使得与法官、检察官同为法律人的律师既可以在诉讼程序中发挥依法制约司法人员的作用，又能够从法律专业人士的角度，在维护其委托人合法权益的代理意见或辩护意见中对案件事实及应适用的法律作出专业的分析和论证，从而有助于司法人员进一步查明案件的事实、夯实相关的证据，并适用正确的法律。

也如前所述，律师的利益与立场既不完全等同于其委托人的利益与立场，也不同于履行司法职权的法官和检察官（当然也包括履行案件调查、侦查职权的刑事警察等侦查人员）。这一特点还使律师在执业活动中有可能出现自身利益与委托人的利益相冲突，或者是与法官、检察官公正履职相冲突的情况。这是除了上述的律师取酬方式之外，社会上对律师执业颇有微词甚至诟病的又一缘由。

当然了，实践不仅不可能是单一的，而且还是多彩的、纷繁的。在实践中，不仅有当事人虚假诉讼、诬告等违法甚至涉嫌犯罪的情况，更有依法行使司法公权力的司法人员贪赃枉法、徇私舞弊制造冤错案件的违法犯罪情况，任何一个行业都会有违法甚至犯罪的人员，这已为古今中外的

---

[1] 参见王晋、刘生荣主编：《英国刑事审判与检察制度》，中国方正出版社 1999 年版，第 158～159、180～181、192～193 页。

海量事实所证明，无须赘言。

需要特别说明的是，任何一个合格的法律人，都不能也不应该以别的职业的人员所存在的违法犯罪情形，作为自己所在职业可能会有的甚至已有的违法犯罪的托词和借口。法律面前人人平等是法治的基本原则，任何人违法犯罪都应受到法律的追究，而不能以别人也违法犯罪来为自己辩解。因此，对于律师在执业中可能存在的与其委托人的利益冲突，可能存在的与法官、检察官履行司法职权的冲突，要有清醒的认识和判断。

我国法律关于加强对司法活动的监督，也包括对律师在司法活动中是否依法执业的监督。依法规范司法人员与律师的接触、交往行为既为公正司法所需要，也为保护仗义执言、秉公执业的正直善良律师所必需。法律严禁司法人员私下接触当事人及律师，泄露或者为其打探案情、接受吃请或者接受其财务、为律师介绍代理和辩护业务等违法行为，律师也要从自己做起，坚决在法治的轨道上开展代理或辩护业务。从公正司法的角度，要坚决惩治司法掮客行为，对因违法违纪被吊销执业证书的律师，不仅需要终身禁止其从事法律职业，而且，对构成犯罪的，还须依法追究其刑事责任。

(三)律师与司法人员之间的制约与协作

律师之所以可以对同为法律职业共同体成员的法官、检察官、刑事警察等司法人员起到依法制约与协助的作用，其依据在于以法律规定为基础上的当事人委托自愿原则与律师依法履职。

在民事诉讼和行政诉讼中，律师可以被当事人或其法定代理人委托为诉讼代理人，代理诉讼的律师对授权委托书记明的委托事项代理当事人参与诉讼活动，有权调查收集证据，有权按照规定查阅、复制案件的有关材料。在刑事诉讼中，犯罪嫌疑人、被告人除自己行使辩护权外，还可以委托1～2人作为辩护人，在司法实践中，律师通常是被犯罪嫌疑人、被告人委托为辩护人的人。此外，在刑事诉讼中，律师也可以被委托为诉讼代理人。自诉案件的自诉人及其法定代理人、附带民事诉讼的当事人及其法定代理人有权随时委托诉讼代理人；公诉案件的被害人及其法定代理人或者近亲属、附带民事诉讼的当事人及其法定代理人自案件移送审查起诉之日起，有权委托诉讼代理人。[1] 在上述诉讼活动中，律师通过为当事人提供法律服务和帮助，通过依法参与诉讼活动，来发挥独特的专业作用，既依法维护当事人的合法权益，又在客观上助推公正司法。下面以律师担任辩护人为例展开分析。

固然，辩护权来自法律规定基础上的当事人及其近亲属的委托授权，然而，一旦犯罪嫌疑人、被告人及其近亲属委托了辩护人，辩护人接受了犯罪嫌疑人、被告人的委托并告知办理案件的机关之后，[2] 在受托期间，辩护人便拥有了依法独立履行辩护职责的权利。

作为法律职业共同体成员的律师，在维护犯罪嫌疑人、被告人的诉讼权利和其他合法权益方面，虽然与法官、检察官、警察权利来源和履行责任的视角不同，但与同为法律职业共同体成员的法官、检察官、警察依法公正司法的目标是一致的。同样，作为法律职业共同体成员的律师，在维护公共利益方面，也应该负有与同为法律职业共同体成员的法官、检察官等刑事司法人员同样的义务。法律要求辩护律师"在执业活动中知悉委托人或者其他人，准备或者正在实施危害国家安全、公共安全以及严重危害他人人身安全的犯罪的，应当及时告知司法机关"[3] 的法理正是基于此。辩护律师依法负有维护公共利益的义务，丝毫不影响辩护律师有权"对在执业活动中知悉的委托人的有关情况和信息""予以保密"。[4] 这

---

[1] 参见《民事诉讼法》第 61 条，《行政诉讼法》第 31 ~ 32 条，《刑事诉讼法》第 33 ~ 34、46 ~ 47 条。

[2] 参见《刑事诉讼法》第 34 条。

[3] 《刑事诉讼法》第 48 条。

[4] 《刑事诉讼法》第 48 条。

两者一个是基于公共利益的考量,另一个是基于对犯罪嫌疑人、被告人的诉讼权利和其他合法权益的维护,共同维护公正的司法以及个案正义与社会正义的统一。

在刑事案件办理的几个关键环节中,法律设置辩护律师充分参与,既是公正司法的应有之义,也是在设置公、检、法三机关之间的"硬制约"的同时,设置的"软制约"。本书之所以提出这一观点,是由于公、检、法机关是法定的拥有办理刑事案件的国家公权力机关,不同的国家公权力机关之间的依法制约,毫无疑问是具有法律约束力的"硬制约";与公、检、法机关之间的刚性制约不同,辩护律师是以自己提供的法律服务来说服和影响行使国家司法公权力的公、检、法机关的办案人员的,发挥的制约作用是柔性的。辩护律师只是在认知、分析、推理和辩护的层面,通过影响和改变公、检、法机关办案人员对所办案件的思路、认识、看法、观点,并进而影响和改变办案人员对案件证据的采信、对案件事实的认定、对案件的定性以及对案件处置的结果等。辩护律师在刑事诉讼中对公、检、法机关办案人员所发挥的这种柔性的作用,与公、检、法机关办案人员在行使刑事司法公权力时相互之间的刚性的制约相比,可以喻为"软制约"。

当然了,也许有人会说,公、检、法机关的办案人员也是以自己对案件证据的采信、对案件事实的认定和对案件的定性并在此基础上得出案件的处理结论来相互影响和相互制约的。没错,这一说法是对的;但是,如果只停留在这一步,我们就无法将行使国家刑事司法公权力的办案人员与行使辩护权的辩护律师区别开来。主体的不同,国家刑事司法公权力与辩护律师辩护权的不同,使内容大致相同的"言词"的法律效力也有所区别。辩护律师对刑事司法人员的制约之所以是柔性的,之所以是"软制约",关键不在于辩护律师与刑事司法人员对案件分析研究的能力和水平上,而在于刑事司法人员所行使的是国家的公权力,而辩护律师的辩护权却不具有国家刑事司法公权力的特性。

诉讼的各个阶段和环节涉及诸多法律术语和法律规定，其法律的专业色彩是明显的。与案件的当事人相比，律师是法律方面的专业人士，律师具有与刑事警察，特别是检察官和法官同等研判案件事实、适用相关法律等方面的“法的能力”。这种“法的能力”表现在与刑事警察、检察官和法官在司法程序中的“对话”，辩护律师立足于“以事实为根据，以法律为准绳”的原则，来维护委托人的合法利益。因此，律师在诉讼过程中不仅能够依法维护其委托人在实体法方面的合法权益，也能够捍卫其委托人在程序法方面的诉讼权利。律师依法捍卫其委托人的诉讼权利的过程，既是律师依法执业的逻辑结果，同时也促进了公正司法。

在刑事诉讼中，辩护律师的责任是根据事实和法律，提出犯罪嫌疑人、被告人无罪、罪轻或者减轻、免除其刑事责任的材料和意见，维护犯罪嫌疑人、被告人的诉讼权利和其他合法权益。[1]

在案件的侦查期间，辩护律师可以为犯罪嫌疑人提供法律帮助，代理申诉、控告，申请变更强制措施，向侦查机关了解犯罪嫌疑人涉嫌的罪名和案件有关情况，提出意见。犯罪嫌疑人、被告人在押或者是被监视居住的，辩护律师可以同他们会见和通信。除危害国家安全犯罪、恐怖活动犯罪案件辩护律师在案件侦查期间会见在押的犯罪嫌疑人，须经侦查机关许可并由侦查机关事先通知看守所外，对其余的刑事案件，辩护律师持律师执业证书、律师事务所证明和委托书或者法律援助公函要求会见在押的犯罪嫌疑人、被告人的，看守所应当在法律规定的时限内及时安排会见；在会见时，辩护律师既可以了解案件有关情况，又可以为在押的犯罪嫌疑人、被告人提供诸如法律咨询等方面的法律服务。为保障辩护律师依法充分履行受托职责，法律明确规定辩护律师会见犯罪嫌疑人、被告人时不被监听。[2]

---

〔1〕 参见《刑事诉讼法》第 37 条。

〔2〕 参见《刑事诉讼法》第 38 ~ 39 条。

除了案件的侦查环节,在刑事诉讼的其他环节辩护律师发挥的作用同样重要。按照法律的设计,自案件移送审查起诉之日起,辩护律师便可以向犯罪嫌疑人、被告人核实有关证据;自人民检察院对案件审查起诉之日起,就可以查阅、摘抄、复制所承办案件的案卷材料。基于上述活动所了解和掌握的情况,辩护律师认为在侦查、审查起诉期间公安机关、人民检察院收集的证明犯罪嫌疑人、被告人无罪或者罪轻的证据材料未提交的,有权申请人民检察院、人民法院调取。为进一步核实案情,经人民检察院或者人民法院许可,并且经被害人或者其近亲属、被害人提供的证人同意,辩护律师可以向他们收集与案件有关的材料;经证人或者其他有关单位和个人同意,辩护律师可以向他们收集与案件有关的材料,也可以申请人民检察院、人民法院收集、调取证据,或者申请人民法院通知证人出庭作证。同时,辩护律师收集的有关犯罪嫌疑人不在犯罪现场、未达到刑事责任年龄、属于依法不负刑事责任的精神病人的证据,也应当及时告知公安机关、人民检察院。[1]

辩护律师依法开展上述工作,既有助于维护犯罪嫌疑人、被告人的诉讼权利和其他合法权益,又有助于刑事司法人员核实证据、查明案情,从而为公正司法提供更为扎实的基础。因此,辩护律师依法充分行使辩护权不仅是公正司法的应有之义,还是公正司法的助力。

二、案件当事人对司法人员的制约与协助

(一)法律的力量源自人民

1. 人民对法治的信仰和追求是公正司法的后盾

在我国,国家的一切权力属于人民。人民行使国家权力的机关是全

---

〔1〕 参见《刑事诉讼法》第39～43条。

国人民代表大会和地方各级人民代表大会。人民依照法律规定,通过各种途径和形式,管理国家事务,管理经济和文化事业,管理社会事务。在日常的生活和职业活动中,全体公民在享有宪法和法律规定的权利的同时,也必须履行宪法和法律规定的义务。[1]

对于人民与公民的理解,也许有人会认为公民是法律术语,而人民则属于政治学上的表述。可以说,这种理解是有一定道理的,但不完全如此。

首先,我国宪法规定的内容属于法的范畴。宪法具有政治性,宪法序言和第一章总纲的内容,确立了"人民主权"原则,规定了我国的政治制度,是属于法的范畴的明确规定。宪法中所讲的人民兼具政治和法律的双重属性。

其次,在人类的历史进程中,人民的概念、人民主权的理念是欧洲启蒙运动以来杰出的思想家们用以反对和抗衡封建专制和神权统治的基点,他们由此出发,使共和政体理念和理想不断推进和落地。早在18世纪后期,被公认为启蒙运动最卓越的代表人物之一、法国大革命的思想先驱的卢梭(Rousseau)就指出:"由全体个人的结合所形成的公共人格,以前称为城邦,现在则称为共和国或政治体;当它是被动时,它的成员就称它为国家;当它是主动时,就称它为主权者;而以之和它的同类相比较时,则称它为政体。至于结合者,他们集体地就称为人民;个别地,作为主权权威的参与者,就叫作公民,作为国家法律的服从者,就叫作臣民。但是这些名词往往互相混淆,彼此通用;只要我们在以其完全的精确性使用它们时,知道加以区别就够了。"[2]

借鉴思想家卢梭的经典说明,就一般的意义上来讲,我们可以认为,公民全体或全体公众与人民就是一个意思的不同表述。在我国,立法应

---

〔1〕 参见《宪法》第2、33条。

〔2〕 [法]卢梭:《社会契约论》,何兆武译,商务印书馆1980年版,第25~26页。

当从实际出发,科学合理地规定公民、法人和其他组织的权利与义务以及国家机关的权力与责任。法律应当体现人民的意志。人民有权通过多种途径参与立法活动,以努力使明确、具体并具有针对性和可执行性的各种法律规范能够适应经济社会发展和全面深化改革的要求。[1]

由上可见,立法的源泉在人民,执法的后盾也在人民。因为,法律的权威源自公众的内心拥护和真诚信仰。只有全体人民崇尚法治、自觉遵守法律、坚定捍卫法治,法治的精神才能得以弘扬,法治的文化才能得以光大,全社会才能日渐形成守法光荣、违法可耻的风尚和氛围。

2. 人民成为国家的主人并不意味着法律都能理所当然地得到所有人的遵守和执行

我国宪法序言关于人民成为国家主人的历程的经典描述,表明了一个真理:人民掌握国家的权力并成为国家的主人,不是从天上掉下来的,更不是什么人恩赐来的,而是无数仁人志士、杰出人物带领绝大多数人一起,“为国家独立、民族解放和民主自由进行了前仆后继的英勇奋斗”的结果。

诚如宪法序言所指出的:“一八四〇年以后,封建的中国逐渐变成半殖民地、半封建的国家。中国人民为国家独立、民族解放和民主自由进行了前仆后继的英勇奋斗。”“一九一一年孙中山先生领导的辛亥革命,废除了封建帝制,创立了中华民国。”“一九四九年,以毛泽东主席为领袖的中国共产党领导中国各族人民,在经历了长期的艰难曲折的武装斗争和其他形式的斗争以后,终于推翻了帝国主义、封建主义和官僚资本主义的统治,取得了新民主主义革命的伟大胜利,建立了中华人民共和国。从此,中国人民掌握了国家的权力,成为国家的主人。”

人民成为国家的主人,是否意味着国家立法机关通过的法律都能理所当然地得到所有人的遵守和执行呢?

---

〔1〕 参见《立法法》第7、9条。

"人民犯了法,也要受处罚,也要坐班房,也有死刑"[1]的制度构想和多年的实践告诉我们,由于历史的根源和社会的根源[2],由于社会生活的多样和个体经历的差异,违法的事总是会有的,一些人有意或无意地违反法律甚至以一己私利损害社会公共利益的严重违法行为也总是难免的,只不过不同的时期会呈现不同的特点罢了。

实践中曾经比较突出的"执法不严、司法不公、司法腐败"的问题,一些人基于"不问手段、只问发财"的思想意识意图通过虚假诉讼、滥用诉权谋取不义之财的现象等,都使得执法和司法呈现出纷繁复杂的景象。

3. 公正的司法需要人民的监督

对行使国家司法公权力的办案人员的监督与对行使其他国家公权力的公职人员的监督一样,除了国家公权力机关之间的相互制约外,也需要人民群众的参与。

诚然,由于人民群众对司法权运用和行使的监督在表面上并没有直接的和刚性的约束力,而且确实与国家公权力机关之间的监督明显不同,有些人可能会提出疑问,将案件当事人依法行使诉讼权利和主张实体权利,说成是可以制约司法人员的一个因素,是否能站得住脚。产生这种疑问有一定的理由,但经不住深究。

正如律师依法执业、为其委托人提供法律服务既可以依法制约又可以依法协助办理案件的司法人员一样,人民群众充分地行使自己依法管理国家事务的权利,案件当事人依法充分地行使法律赋予其的诉讼权利,同样可以起到制约司法人员的作用。这其中的道理在于,对案件事实的查实、对各种证据的判断,除了需要法律上的专业知识和专业能力外,还需要生活常识和出于公心的良知,还需要对于法治的信仰和追求并附随

---

〔1〕《毛泽东选集》(第4卷),人民出版社1991年版,第1476页。

〔2〕参见《董必武法学文集》,法律出版社2001年版,第349~351页。

于此的对违法犯罪现象的厌恶,如果不具备生活常识,如果缺乏了追求公平正义的良知,如果缺乏了对违法犯罪现象的厌恶,如果没有对法治的信仰和尊崇,掌握的法律专业知识和专业能力完全可能会用偏甚至用错。这些年国家司法机关依法纠正的冤错案件、依法查处的司法人员违法乱纪的案例、依法查处的律师违法办案的案例,已经非常充分地证明了这一点。

正是基于上述的常理和法理,我国法律不仅对公开审判、公开宣判[1]作出了明确规定,还规定公众可以查阅发生法律效力的判决书、裁定书,但涉及国家秘密、商业秘密和个人隐私的内容除外。[2] 我国法律的明文规定为人民群众依法监督司法提供了明确的依据。

(二)当事人依法充分行使诉讼权利本身即构成对司法人员的制约

1. 申请回避的权利

为保证诉讼程序的正当和司法的公正,法律不仅要求办理案件的侦查人员、检察人员、审判人员以及参与办理案件的其他人员具有法定情形的要自行回避,而且,还明确赋予当事人要求他们回避的权利。[3]

在诉讼活动中,如果行使国家司法公权力的办案人员是所办理案件的当事人或者是当事人的近亲属,或者办案人员及其近亲属与所办理的案件有利害关系,或者办案人员具有其他法定情形或者存在其他关系,可能影响对案件的公正审理,当事人都有权申请他们回避。此外,参与案件办理的书记员、翻译人员和鉴定人、勘验人,在案情的查实、庭审的记录、证据的核对中承担着重要的职责,基于诉讼程序正当和公正司法的需要,法律关于侦查人员、检察人员、审判人员回避情形的规定,也同样适用于

---

[1] 参见《刑事诉讼法》第11、202条,《民事诉讼法》第10条,《行政诉讼法》第7条。
[2] 参见《民事诉讼法》第159条,《行政诉讼法》第65条。
[3] 参见《刑事诉讼法》第29~32、190条,《民事诉讼法》第47条,《行政诉讼法》第55条。

参与案件办理的书记员、翻译人员和鉴定人、勘验人。

为确保司法人员秉公用权、依法办案，保障公正司法，法律要求审判人员、检察人员、侦查人员不得接受当事人及其委托的人的请客送礼，不得违反规定会见当事人及其委托的人。审判人员、检察人员、侦查人员违反规定具有上述情形的，当事人依法拥有要求他们回避的权利。同理，如果参与案件办理的书记员、翻译人员和鉴定人、勘验人接受当事人、诉讼代理人、辩护人的请客送礼，或者违反规定会见当事人、诉讼代理人、辩护人，当事人当然也依法拥有要求他们回避的权利。当事人行使要求上述人员回避的权利，不影响国家有关机关依法追究违反规定的司法人员和其他有关人员的法律责任。

当事人依法充分行使申请回避的权利，让具有法定情形，可能影响公正司法的办案人员及参与办理案件的书记员、翻译人员、鉴定人、勘验人回避办案，如果被驳回，当事人还有权申请复议一次。为充分保障案件当事人的诉讼权利，法律不仅规定办案机关应当告知当事人有申请回避的权利，还同时赋予当事人的法定代理人、辩护人、诉讼代理人申请回避和申请复议的权利。

2. 得到司法人员聆听的权利

"司法亲历性是司法工作的重要原理，也是司法规律中行为规律的重要内容。"司法的亲历性，除了包括"司法人员应当亲身经历案件审理的全过程，直接接触和审查各种证据，特别是直接听取诉讼双方的主张、理由、依据和质辩，直接听取其他诉讼参与人的言词陈述，并对案件作出裁判，以实现司法公正"[1]外，还应当包括案件当事人依法能够得到司法人员的聆听。案件当事人可以得到司法人员的聆听，是司法亲历性的一个重要方面。

---

〔1〕 朱孝清：《对司法亲历性的几点认识》，载中国法学会网 2015 年 7 月 6 日，https://www.chinalaw.org.cn/portal/article/index/id/21471/cid/122.html。

众所周知,我国司法的基本原则是“以事实为根据,以法律为准绳”。由此,案件事实的真实、准确、完整,既是正确适用法律的基础和根据,又是公正的司法首先要解决的问题。由于司法需要认定的案件事实都是已经发生了的事实,“要解决的是过去的问题,需要逆向认识和回溯性证明”[1]。同时,又由于诉讼案件涉及的当事人对案件的裁决结果有着不同甚至相反的利害关联,作为居中裁判的司法人员,在对证据的查实和对案件事实的依法认定中,存在的困难是不言自明的。因此,法律赋予当事人得到司法人员聆听的权利,就为公正的司法所必需。在这方面,各国虽有例外,但“直接言词”是司法亲历的主要方式。[2]

(1)对案件办理进展的知情权和得到侦查、审查起诉人员聆听的权利

在刑事诉讼中,案件的侦查环节、审查起诉环节是极为重要的办案环节,这些环节的公正,是公正司法的前提。因此,明确并保障案件当事人在侦查阶段、审查起诉阶段对案件的知情权,充分得到侦查人员、审查起诉人员聆听的权利,对于当事人充分地行使诉讼权利、有效地维护实体权利,对于促进司法公正,都有着极为重要的作用。因而,任何忽视和轻视当事人在侦查阶段、审查起诉阶段的知情权、得到聆听权的行为,都是有违公正司法的理念和价值追求的。

在刑事案件的侦查阶段,当事人即应该拥有对案件的知情权和得到聆听的权利。例如,法律要求侦查机关须将用作证据的鉴定意见告知犯罪嫌疑人、被害人;如果犯罪嫌疑人、被害人有异议,有权利提出补充鉴定或者重新鉴定的申请。此外,对侦查终结的案件,法律要求公安机关将起诉意见书及案卷的材料、证据一并移送同级人民检察院审查决定时,也须

---

〔1〕 朱孝清:《对司法亲历性的几点认识》,载中国法学会网 2015 年 7 月 6 日,https://www.chinalaw.org.cn/portal/article/index/id/21471/cid/122.html。

〔2〕 参见朱孝清:《对司法亲历性的几点认识》,载中国法学会网 2015 年 7 月 6 日,https://www.chinalaw.org.cn/portal/article/index/id/21471/cid/122.html。

将案件移送情况告知犯罪嫌疑人及其辩护律师，以使犯罪嫌疑人知道案件办理的进展。[1]

在案件的审查起诉环节，当事人同样拥有知情权和得到聆听的权利。例如，法律要求人民检察院审查案件须讯问犯罪嫌疑人，听取辩护人或者值班律师、被害人及其诉讼代理人的意见，并记录在案；对辩护人或者值班律师、被害人及其诉讼代理人提出的书面意见，检察院应当附卷。对犯罪嫌疑人认罪认罚的案件，检察院在告知其享有的诉讼权利和认罪认罚的法律规定之外，还须听取犯罪嫌疑人、辩护人或者值班律师、被害人及其诉讼代理人的意见，并记录在案。[2]

(2)当事人在刑事审判中得到聆听权

在法院开庭审理中，充分保障当事人得到聆听的权利至为重要。因为，在法庭上确实了的证据，是认定案件事实的根据，是法院适用实体法律裁决案件的根据。

在刑事案件的法庭审理中，法律要求对与定罪、量刑有关的事实、证据都应当进行调查、辩论。为此，在法庭审理中，经审判长许可，公诉人、当事人和辩护人、诉讼代理人都有权对证据和案件情况发表意见并且可以互相辩论。因而，依法保障被告人及其辩护人、被害人及其诉讼代理人能够得到聆听的权利十分重要。这其中，被告人、被害人依照法律的要求，对公诉人在起诉书中指控的犯罪进行充分的陈述，是当事人所享有的得到法庭聆听权利的重要体现。此外，当事人依法享有的得到聆听的权利还包括：被害人、附带民事诉讼的原告人和辩护人、诉讼代理人向被告人发问的权利；当事人或者辩护人、诉讼代理人对证人证言、鉴定意见提出异议的权利；当事人和辩护人、诉讼代理人对证人、鉴定人当面发问的权利；当事人对公诉人、辩护人向法庭出示的物证予以辨认的权利；当事

[1] 参见《刑事诉讼法》第148、162条。

[2] 参见《刑事诉讼法》第173～174条。

人和辩护人、诉讼代理人对当庭宣读的未到庭的证人的证言笔录、鉴定人的鉴定意见、勘验笔录和其他作为证据的文书发表意见的权利;当事人和辩护人、诉讼代理人申请通知新的证人到庭、调取新的物证,申请重新鉴定或者勘验的权利,申请法庭通知有专门知识的人出庭就鉴定人作出的鉴定意见提出意见的权利;被告人最后陈述的权利。明示并依法保障当事人的上述诉讼权利,使当事人的陈述和意见能够充分地得到法庭的公开聆听,对于约束司法人员公正地司法,是必不可少的。[1]

此外,在二审和死刑复核案件中,保障当事人依法得到聆听的权利同样重要。为此,法律规定,对于被告人、自诉人及其法定代理人对第一审认定的事实、证据提出异议,可能影响定罪量刑的上诉案件,被告人被判处死刑的上诉案件,人民检察院抗诉的案件,第二审人民法院决定不开庭审理的,也须讯问被告人,听取其他当事人、辩护人、诉讼代理人的意见。对最高人民法院复核的死刑案件,法律同样要求须讯问被告人,辩护律师提出要求的,也须听取辩护律师的意见。[2]

(3)民事和行政诉讼案件当事人在法庭中得到聆听权

不同于由检察官提起公诉的刑事案件,民事和行政诉讼案件中的当事人得到聆听的权利,主要体现在当事人在法庭上陈述、在收集和保全证据方面得到法院的帮助、对证据予以质证,当事人之间相互辩论等方面。为此,当事人应该拥有查阅案件有关材料、复制与案件有关的材料和法律文书的权利。此外,虽然当事人对自己提出的主张有责任提供证据,但是,在当事人及其诉讼代理人因客观原因不能自行收集到必需的证据时,为了证明自己的主张,就查明事实的专门性问题,当事人有向人民法院申请鉴定的权利,也有权申请法院予以调取。[3]

---

〔1〕 参见《刑事诉讼法》第191~192、194~195、197~198条。

〔2〕 参见《刑事诉讼法》第234、251条。

〔3〕 参见《民事诉讼法》第68、79、84条,《行政诉讼法》第10、41、43条。

从法院方面讲，除涉及国家秘密、商业秘密和个人隐私的证据不得在公开开庭时出示外，其他证据须在审理时当庭出示，并由当事人互相质证；当事人可以申请人民法院通知有专门知识的人出庭，就鉴定人作出的鉴定意见或者专业问题提出意见；为调查取证，法院派人勘验物证或者现场，不论当事人或者当事人的成年家属是否到场参加勘验，勘验人将勘验情况和结果制成的笔录，须由勘验人、当事人和被邀请的当地基层组织或者当事人所在单位参加勘验的人签名或者盖章。[1]

法庭调查阶段是民事和行政诉讼中查明事实、夯实证据的重要阶段，当事人在法庭上的陈述，既有得到法官聆听的权利，又是向出席审判的其他诉讼参加人以及旁听审判的公众阐明事实、亮明主张的机会。在证人作证、宣读未到庭的证人证言，出示书证、物证、视听资料和电子数据，以及宣读鉴定意见、宣读勘验笔录之后，当事人在法庭上可以提出新的证据，经法庭许可，还可以向证人、鉴定人、勘验人发问，有权利要求重新进行调查、鉴定或者勘验；进入法庭辩论阶段后，原告发言、被告答辩、第三人及其诉讼代理人发言或者答辩之后，当事人各方相互辩论；法庭辩论终结，审判长或者独任审判员按照原告、被告、第三人的先后顺序征询各方最后意见。

为真实记录法庭审理的过程，法律要求法庭审理的全部活动应由书记员记入笔录并当庭宣读，也可以告知当事人和其他诉讼参与人当庭或者在5日内阅读；当事人和其他诉讼参与人认为对自己的陈述记录有遗漏或者差错的，有权申请补正，如果不予补正，应当将申请记录在案；法庭笔录除由审判人员和书记员签名外，当事人和其他诉讼参与人也应签名或者盖章，当事人和其他诉讼参与人拒绝签名盖章的，记明情况附卷。[2]

法庭审理后作出的判决、裁定认定事实的主要证据未经过质证，或者

---

〔1〕 参见《民事诉讼法》第71、79条。

〔2〕 参见《民事诉讼法》第150条。

对审理案件需要的主要证据，当事人因客观原因不能自行收集，书面申请人民法院调查收集，人民法院未调查收集，或者违反法律规定，剥夺了当事人辩论的权利，当事人申请再审的，人民法院应当再审。[1]

（4）缺席审判与得到聆听权

综上所述，当事人得到司法人员的聆听是司法亲历性的要求，是诉讼程序正当的法理所在。但是，司法机关及其工作人员依法通知了当事人到庭接受审判，而被通知的人无故不到法庭参加审判或中途主动退庭的，是当事人主动放弃自己应享有的得到司法人员聆听的诉讼权利，属于自主处分的范畴，与司法机关及其工作人员不予保障当事人享有的诉讼权利是两码事。法定的缺席审判具有程序正当性，正是基于当事人自主自愿地放弃得到聆听权的事实。

第一，关于刑事案件的缺席审判。

对于贪污贿赂犯罪案件以及需要及时进行审判，经最高人民检察院核准的严重危害国家安全犯罪和恐怖活动犯罪案件，犯罪嫌疑人、被告人在境外，监察机关、公安机关移送起诉，人民检察院认为犯罪事实已经查清，证据确实、充分，依法应当追究刑事责任的，可以向犯罪地、被告人离境前居住地或者最高人民法院指定的中级人民法院提起公诉；人民法院进行审查后，对于起诉书中有明确的指控犯罪事实，符合缺席审判程序适用条件的，应当决定开庭审判。[2]

对于上述案件，为保障被告人得到聆听的权利，法律要求人民法院应当通过有关国际条约规定的或者外交途径提出的司法协助方式，或者被告人所在地法律允许的其他方式，将传票和人民检察院的起诉书副本送达被告人；传票和起诉书副本送达后，被告人未按要求到案的，人民法院应当开庭审理，依法作出判决，并对违法所得及其他涉案财产作出处理。

---

〔1〕 参见《民事诉讼法》第 211 条。

〔2〕 参见《刑事诉讼法》第 291 条。

在缺席审判的案件中,为保证司法公正,被告人仍然有权委托辩护人,被告人的近亲属也有权代为委托辩护人;被告人及其近亲属没有委托辩护人的,人民法院还须通知法律援助机构指派律师为其提供辩护。在依法裁判后,人民法院还须将判决书送达被告人及其近亲属、辩护人;被告人或者其近亲属不服判决的,仍然有权向上一级人民法院上诉;辩护人经被告人或者其近亲属同意,也有权提出上诉。[1]

为充分保障被告人依法能够得到聆听的权利,法律要求在审理过程中,被告人自动投案或者被抓获的,人民法院须重新审理;罪犯在判决、裁定发生法律效力后到案的,人民法院在将罪犯交付执行刑罚前,也须告知罪犯有权对判决、裁定提出异议;罪犯对判决、裁定提出异议的,人民法院应当重新审理;依照生效判决、裁定对罪犯的财产进行的处理确有错误的,应当予以返还、赔偿。此外,因被告人患有严重疾病无法出庭,中止审理超过6个月,被告人仍无法出庭,被告人及其法定代理人、近亲属申请或者同意恢复审理的,人民法院可以在被告人不出庭的情况下缺席审理,依法作出判决。被告人死亡的,人民法院应当裁定终止审理,但有证据证明被告人无罪,人民法院经缺席审理确认无罪的,应当依法作出判决;人民法院按照审判监督程序重新审判的案件,被告人死亡的,人民法院可以缺席审理,依法作出判决。[2]

第二,关于民事和行政案件的缺席审判。

民事诉讼中,在法定的情形下,人民法院也可以缺席审理。民事案件的原告经传票传唤,无正当理由拒不到庭的,或者未经法庭许可中途退庭的,可以按撤诉处理;被告反诉的,可以缺席判决。此外,在法院宣判前,原告申请撤诉,人民法院裁定不准许撤诉的,原告经传票传唤,无正当理由拒不到庭的,可以缺席判决。民事案件的被告经传票传唤,无正当理由

---

〔1〕 参见《刑事诉讼法》第292～294条。
〔2〕 参见《刑事诉讼法》第295～297条。

拒不到庭的，或者未经法庭许可中途退庭的，法院可以缺席判决。[1]

在行政诉讼中，经人民法院传票传唤，原告无正当理由拒不到庭，或者未经法庭许可中途退庭的，可以按照撤诉处理；被告无正当理由拒不到庭，或者未经法庭许可中途退庭的，可以缺席判决。[2]

法院作出的缺席判决不属于上述情况，而是严重违反法定程序的、违法的缺席判决，未参加庭审的当事人据此提出上诉的，第二审人民法院经过审理，得裁定撤销原判决，并发回原审法院重审。为保障司法的公正和诉讼当事人实际参与诉讼的权利，法律对于判决已经产生法律效力的情况，也为因正当事由缺席审判的当事人提供了补救的机会。为此，应当参加诉讼的当事人，因不能归责于本人或者其诉讼代理人的事由，未参加诉讼的，或者未经传票传唤，缺席判决的，当事人据此申请再审，人民法院应当再审。[3]

3. 申请变更强制措施的权利及必要时的申诉、控告、复议权利

在诉讼活动中，根据案件情况，人民法院、人民检察院和公安机关在必要时可以依法对当事人采取相应的强制措施。当事人依据相关的法律规定判别司法机关采取的强制措施是否合乎法律以维护自身正当权益的行为本身，即是对司法机关采取的强制措施的一种无形制约。

在刑事诉讼中，犯罪嫌疑人、被告人及其法定代理人、近亲属或者辩护人有权申请变更强制措施。收到申请后，采取强制措施的机关应当在3日以内作出决定；不同意变更强制措施的，须告知申请人并说明不同意的理由。此外，对犯罪嫌疑人、被告人被羁押的案件，办案机关不能在法律规定的侦查羁押，审查起诉，一审、二审期限内办结的，须依法释放犯罪嫌疑人、被告人；需要继续查证、审理的，可以对犯罪嫌疑人、被告人采取

[1] 参见《民事诉讼法》第146～148条。
[2] 参见《行政诉讼法》第58条。
[3] 参见《民事诉讼法》第177、211条。

取保候审或者监视居住等非羁押性措施。对被采取强制措施法定期限届满的犯罪嫌疑人、被告人,办案机关应当依法予以释放、解除取保候审、监视居住或者依法变更强制措施。法定期限届满强制措施未解除的,犯罪嫌疑人、被告人及其法定代理人、近亲属或者辩护人有权要求办案机关依法解除强制措施。此外,为保障当事人依法拥有的诉讼权利,法律还赋予了当事人和辩护人、诉讼代理人、利害关系人对与司法强制措施相关的不法行为进行申诉或者控告的权利,与司法强制措施相关的不法行为主要是:采取强制措施法定期限届满,不予以释放、解除或者变更的;应当退还取保候审保证金不退还的;对与案件无关的财物采取查封、扣押、冻结措施的;应当解除查封、扣押、冻结不解除的;贪污、挪用、私分、调换、违反规定使用查封、扣押、冻结的财物的。对于申诉或者控告,受理的机关应当依法及时处理;当事人和辩护人、诉讼代理人、利害关系人对处理不服的,有权向同级人民检察院申诉(对人民检察院直接受理的案件,向上一级人民检察院申诉);人民检察院对申诉应当及时进行审查,情况属实的,通知有关机关予以纠正。[1]

为保证民事和行政诉讼依法正常进行,对妨害民事和行政诉讼的违法人员,法律也规定了人民法院可以采取相应的强制措施;如果法院采取的强制措施不符合法律的规定,当事人可依法申诉和控告。在民事和行政诉讼中,当事人对人民法院采取的保全措施或者先予执行的裁定不服的,有权申请复议一次,尽管在复议期间不影响法院裁定的执行,但当事人所拥有的申请复议的权利,在认知和法理层面仍对司法工作具有一定影响。为保障当事人申请复议的权利,法律规定人民法院在采取查封、扣押、冻结或者法律规定的其他方法保全财产后,要立即通知财产被保全的当事人。[2]

---

〔1〕 参见《刑事诉讼法》第 97 ~ 99、117 条。

〔2〕 参见《民事诉讼法》第 106、111 条,《行政诉讼法》第 101 条。

(三)当事人行使权利的必要性与承担的义务

1. 当事人主动作为的必要性

尽管宪法和法律赋予了自然人、法人以及其他组织诉讼权利和实体权利,但是在发生了法律纠纷或面临诉讼时,要将纸面上的诉讼权利和实体权利落到实处,除了期望掌握国家司法公权力的具体的办案人员秉公用权、依法办案外,除了委托律师提供法律服务外,还同时需要当事人积极作为、奋力争取。切不可认为,反正有法律上的明文规定,反正案件已经到了掌握国家司法公权力的司法人员手中,反正已经花钱请了律师,自己就可以坐等一份公正的判决了。

在一桩具体的案件中,无论是与办理案件的司法人员比较,还是与委托的律师比较,当事人都是与案件处理结果有最直接利害关系的主体。因而,无论在什么案件中,当事人依法积极主动地参与诉讼,依法充分地表达自己的诉求,依法充分地行使自己的诉讼权利,对于维护自己的合法权益,都是必要的。如果当事人甘当“懒汉”,不主动依法行使自己的诉讼权利和主张自己的实体权利,那完全有可能会得到一份不公正的判决。无数的案例表明,这种情况是存在的。

保障人民群众参与司法,依靠人民推进公正司法,是司法公正的应有之义。司法的公正,正义的实现,既需要办案机关及其工作人员依法维护案件当事人的诉讼权利和实体权利,更需要案件当事人依法充分地行使自己的诉讼权利、维护自己的实体权利。因此,无论是刑事诉讼案件,还是民事和行政诉讼案件,法律都赋予了当事人对各级法院第一审判决、裁定的上诉权,同时,对已经产生法律效力的法院判决、裁定,如果具有法定事由,当事人也有申诉权、申请再审权等诉讼权利。[1]

---

〔1〕 参见《刑事诉讼法》第227、229、252条,《民事诉讼法》第171、210条,《行政诉讼法》第85、90条。

2. 当事人行使权利需有时效意识

在现代社会，社会事务的繁杂、社会节奏的加快使得社会成员和行使公权力的机构在维护个体的权益、捍卫公共的利益方面比以往任何时候都更需要具备时间的意识和效率的观念。这其中，当事人依照法律规定的时限，尽量及时地主张自己的实体权利、行使自己的诉讼权利，对促进司法公正也是不可或缺的。

除法律另有规定的外，当事人向人民法院请求保护民事权利的诉讼时效期间为 3 年。诉讼时效的意义在于，诉讼时效期间届满的，义务人可以提出不履行义务的抗辩。但是，诉讼时效期间届满后，义务人同意履行的，不得以诉讼时效期间届满为由抗辩；义务人已经自愿履行的，也不得请求返还。法律明确规定，人民法院不得主动适用诉讼时效的规定，将是否选择提出诉讼时效抗辩的权利赋予了义务人，体现了国家尊重当事人自主处置自己民事权益的态度和立场。诉讼时效期间自权利人知道或者应当知道权利受到损害以及义务人之日起计算，但法律另有规定的除外。虽然如此，但自权利受到损害之日起超过 20 年权利人还未提出请求的，人民法院原则上不予保护，有特殊情况的，人民法院可以根据权利人的申请决定延长。[1]

在行政诉讼和刑事诉讼中，鉴于涉及的法律关系及其当事人与民事诉讼不完全一样，法律规定的诉讼时效和追诉时效直接体现了法律的刚性。在行政诉讼中，除法律另有规定外，公民、法人或者其他组织直接向人民法院提起诉讼的，应当自知道或者应当知道作出行政行为之日起 6 个月内提出；因不动产提起诉讼的案件自行政行为作出之日起超过 20 年，其他案件自行政行为作出之日起超过 5 年提起诉讼的，人民法院不予受理。在刑事诉讼中，对经过了法定的追诉时效的犯罪，则不再追诉。但

---

〔1〕 参见《民法典》第 188、192、193 条。

是,在人民检察院、公安机关、国家安全机关立案侦查或者在人民法院受理案件以后,逃避侦查或者审判的,不受追诉期限的限制;被害人在追诉期限内提出控告,人民法院、人民检察院、公安机关应当立案而不予立案的,也不受追诉期限的限制。追诉期限从犯罪之日起计算;犯罪行为有连续或者继续状态的,从犯罪行为终了之日起计算。在追诉期限以内又犯罪的,前罪追诉的期限从犯后罪之日起计算。[1]

诉讼时效、追诉时效之外,在民事诉讼和行政诉讼的过程中和一审判决后的上诉,不服生效判决、裁定等司法文书时的申请再审以及申请法院执行等,都需要依照法律规定的时限及时行权、维护权益。在刑事诉讼中,当事人如不服检察院的不起诉决定以及不服地方各级人民法院的判决、裁定等,也都需要按照法律规定的时限及时行使权利。

当事人依法及时行使自己的诉讼权利,还应该包括对司法人员不符合法定时限的作为或不作为,提出请求、申诉、控告等。如此,即可形成对司法人员的无形制约,对促进司法公正的意义,应该是不言自明的。

3. 当事人在依法行使权利的同时也负有依法协作的义务

无论是刑事案件中的受害人与犯罪嫌疑人、被告人,还是民事及行政案件中的原告和被告,如果他们都充分地行使了自己依法所享有的诉讼权利,他们对于案情的陈述、对于证据的意见、对于有可能违背诉讼程序的行为的质疑,尽管囿于其自身的利益和考虑会有所取舍和偏颇,但对于办理案件的司法人员和其他诉讼参与人,在查实案情、夯实证据方面,都有独特的价值和极其重要的作用。

我国有着长期皇权专制的历史,自辛亥革命以来我国才开始对“人民共和”相关思想的传播及实践,中华人民共和国的成立,实现了中国从几

---

〔1〕 参见《行政诉讼法》第46条,《刑法》第87~89条。

千年封建专制政治向人民民主的伟大飞跃。[1] 基于此,人们的思想深处官本位的意识根深蒂固,致使人们对案件当事人依法充分地行使自己的诉讼权利可以制约行使公权力的司法人员的观点还有不同的理解。在此,有必要特别明确:案件当事人依法充分地行使自己的诉讼权利可以制约办理案件的司法人员的法理和依据,正是国家的一切权力属于人民,“人民依照法律规定,通过各种途径和形式,管理国家事务”[2]的宪法规定。案件当事人对办理案件的行使国家公权力的司法人员的法律监督本身,客观上就可起到依法制约行使公权力的司法人员的作用,而支撑这种制约的“公民法律监督的权利是我国人民所拥有的国家权力的必不可少的表现形式和组成部分”[3]。

在法治的原则下,法律上的权利与法律上的义务是相辅相成、对立统一的关系。因此,无论与案件是否有利害关系,任何人都既享有监督司法人员的权利,同时也负有协助司法机关及其人员的义务。

在刑事诉讼中,法律赋予司法机关向有关单位和个人收集、调取证据的权力,并要求有关单位和个人如实提供证据;不仅如此,法律还明确规定凡是伪造证据、隐匿证据或者毁灭证据的,无论属于何方,必须受法律追究。在民事诉讼中,法律规定凡是知道案件情况的单位和个人,都有义务出庭作证。有关单位的负责人应当支持证人作证。人民法院有权向有关单位和个人调查取证,有关单位和个人不得拒绝。在行政诉讼中,人民法院有权向有关行政机关以及其他组织、公民调取证据。[4]

---

〔1〕 参见本书编写组:《中国共产党简史》,人民出版社、中共党史出版社2021年版,第146~147页。
〔2〕 《宪法》第2条。
〔3〕 沈宗灵主编:《法理学》,北京大学出版社2014年版,第387、397页。
〔4〕 参见《刑事诉讼法》第54条,《民事诉讼法》第70、75条,《行政诉讼法》第40条。

三、网络信息技术助力司法便捷

网络时代对人类社会的巨大影响不仅表现为信息的获取、处理与传递,更表现为构建在信息技术之上的人们的生活方式、产业形态、商业模式以及社会治理思路和路径等的巨大变化。相较于传统技术对社会政治经济发展等所产生的影响,网络信息技术不仅在于技术的变革,而是一场前所未有的综合革新。因为人们的生活和每一个传统的行业都或多或少,或深或浅地受到了网络信息技术的冲击和改变。

网络信息技术与传统技术的一个明显不同在于尽管参与某一社会关系的人员分处不同地域或区域,但由于网络互通,可以使文字型的、数字型的乃至音视频型的信息、图像、数据等实现随时在线,万物万人实时互联。传统的血缘、地域等因素在强有力的网络信息技术的渗透和支撑下,整个社会已变得人不分亲疏、地无论远近,人们通过一般的社交网络、媒体网络、商业社交网络、电子政务网络等随时可以联系沟通、交流信息、办理业务、完成工作、便捷互通,已经远远地超越了以往血缘和地域对人们的限制和影响。与之相应,分享共享、实时即时、快速便捷等网络信息思维大行其道,并深刻地冲击和重塑着社会生活的方方面面。

网络信息技术对司法的影响的一个突出特点,就是网络信息的随时在线特点,正在改变着传统的诉讼方式,以至于"线上法院"[1]的思路和实践也呈兴盛之势。依托网络信息技术,我国已先后设立了杭州、北京、广州三家互联网法院,上海、深圳、成都、厦门等地法院也都设立了互联网审判庭或互联网法庭,开启了在线诉讼新机制的探索。2018 年 9 月最高人民法院制定下发的《关于互联网法院审理案件若干问题的规定》,对在

---

〔1〕 参见[英]理查德·萨斯坎德:《线上法院与未来司法》,何广越译,北京大学出版社 2021 年版,第 1～16 页。

线诉讼规则的进一步明确规范,就构成了支撑“线上法院”的规则成果;而2021年5月最高人民法院审判委员会第1838次会议通过的《人民法院在线诉讼规则》,更是在总结前期实践探索的基础上,确立了在线诉讼的基本原则,明确了电子化材料的效力和审核规则,确定了区块链存证效力范围和审查标准,建立了在线庭审规范,确认了非同步审理机制效力,细化完善了电子送达规则。该规则是最高人民法院颁布的首部指导全国法院开展在线诉讼工作的司法文件,为各方诉讼主体参与在线诉讼提供了明确的程序指引。更进一步的是,2023年9月全国人大常委会修正的《民事诉讼法》第16条更是明确规定,“经当事人同意,民事诉讼活动可以通过信息网络平台在线进行。民事诉讼活动通过信息网络平台在线进行的,与线下诉讼活动具有同等法律效力”,在国家基本法律的层面为在线诉讼提供了支撑和引领。

网络信息技术是通用类技术,其渗透和影响的是所有行业和社会生活的方方面面。随着时间的推移和实践的演进,网络信息技术生成的思维将在渐变传统思维的过程中与传统的思维日益融合,并在此基础上孕育出新的思维方式。因此,将网络信息思维和技术融入司法,在目前我国已有互联网法院司法实践的基础上,循着可能和渐进的路径,将网络信息的思维和技术应用于全部司法流程和所有诉讼法的塑造,必将提升司法理念、改善司法规则,而人工智能、大数据、区块链等现代信息技术,更会为司法人员及各方诉讼参与人在查明“事实真相”,适用“确当法律”,实现司法公正的活动中提供更加便捷的助力。

后　记

虽然“审判无法满足每个人的期望”，但在司法公正的视角，程序正当合法与实体公正合理，是理想的目标。曾有学者在论及司法裁决的难处时指出：“试图以其他人的观点来定义一个事实，一直是一些哲学家毕生思考的难题。”〔1〕研究司法公正问题的难度由此可见一斑。尽管司法裁决不易，但面对已经发生的案件，总是需要解决的；至于是采用法官主导全部审判的做法还是采用由陪审员裁决案件事实的做法，有学者研究认为，“依赖专业人士与信任陪审团一样，都是一种信仰”，“都没有可靠的理由作为基础”〔2〕。由有学问的人来主导司法，专业化的司法存在的风险仍然存在。由此，不断完善司法的规则，成为我们对司法公正孜孜以求的努力方向。

基于以上，我结合曾经的工作经历和体会选择

〔1〕［英］萨达卡特·卡德里：《不公正的审判》，杨雄译，华东师范大学出版社2017年版，第319页。

〔2〕［英］萨达卡特·卡德里：《不公正的审判》，杨雄译，华东师范大学出版社2017年版，第334页。

了从司法规则入手研究司法公正问题。研究这一选题所面对的法规和资料浩如烟海，撰写本书的过程耗掉了我多年来几乎全部的业余时间和节假日；我曾几度难以坚持，其间的艰辛和困惑，难以言表。现本书即将付梓，尽管由于各种因素的考虑，最终版本相对初稿有不少调整，略有遗憾，但总算有个结果！

感谢我所阅研过的所有资料的作者、译者们，他们的研究成果给予我许多灵感和启发，有的甚至是我研究观点的重要理论支撑。感谢我的导师中国政法大学赵相林教授及与我共事过的领导和挚友们所给予的关心、启发和鼓励！感谢我的家人给予的理解和支持！这些启发与支持，触发了我的思考和研究，成为我研究司法公正问题的间接实践源泉！在此特别感谢我的挚友吴德星博士，他不仅多次提醒我注意休息，还把自己在大学学习时的相关资料、在中国人民大学读研究生时收集的许多宝贵资料提供给我。深情厚谊，倍感温暖。其他挚友，种种原因，恕我此处不再一一列名。

感谢法律出版社和各位编辑老师，各位编辑老师特别是责编徐菲老师的全力付出和高效协调，对本书的顺利出版至关重要。

对司法公正规则的探究，没有“完成时”，只有“进行时”，我将继续不断地思考和深耕。敬请关注司法公正领域的各界专家学者多多指教！

曹　俊

2024 年 8 月